“十三五”国家重点出版物出版规划项目
农地制度改革与流转研究丛书
国家自然科学基金资助项目（71173056）
全国文化名家暨“四个一批”人才项目
贵州大学文科重点特色学科重大项目（GDZT201504）

丛书主编 洪名勇

农村土地承包经营权抵押贷款试点效果研究

安海燕◎等著

中国财经出版传媒集团
中国财政经济出版社

图书在版编目（CIP）数据

农村土地承包经营权抵押贷款试点效果研究/安海燕著．—北京：中国财政经济出版社，2017.7

（农地制度改革与流转研究）

ISBN 978-7-5095-7431-7

Ⅰ．①农…　Ⅱ．①安…　Ⅲ．①农村-土地-产权-抵押贷款-研究-中国　Ⅳ．①F832.43

中国版本图书馆 CIP 数据核字（2017）第 090861 号

责任编辑：马立祥　　责任校对：黄亚青

封面设计：孙俪铭

中国财政经济出版社 出版

URL：http：//www.cfeph.cn

E-mail：cfeph@cfeph.cn

社址：北京市海淀区阜成路甲 28 号　邮政编码：100142

营销中心电话：88190406　北京财经书店电话：64033436　84041336

北京财经印刷厂印刷　各地新华书店经销

710×1000 毫米　16 开　14.75 印张　300 000 字

2017 年 11 月第 1 版　2017 年 11 月北京第 1 次印刷

定价：60.00 元

ISBN 978-7-5095-7431-7

（图书出现印装问题，本社负责调换）

本社质量投诉电话：010-88190744

打击盗版举报热线：010-88190414　QQ：447268889

序

土地是财富之母、发展之基、民生之本，关系国计民生。土地问题不仅是关系我国现代化进程中的重大经济问题，而且是一个社会问题、政治问题，关系到国家的兴衰成败。对于农业发展、农村发展、农民增收而言，土地不仅是财富的重要源泉，而且还为人们提供了生活、生产及行为活动的空间。从财富生产的视角来看，土地要素发挥作用的大小，不仅取决于土地禀赋的具体情况，而且还取决于土地要素与其他生产要素的配置效果与配置效率。而这种配置效果、配置效率的高低与资源配置效率的土地制度安排密切相关，因为不同的土地制度安排将激励有关行为主体与土地配置的要素的投入，不同要素的投入将影响土地资源的产出结果与效率。正因为如此，对于农业发展、农村发展、农民增收来讲，土地制度是最为根本的制度安排。而就中国土地制度对发展的影响而言，不同土地制度安排的绩效是不一样的。

中华人民共和国成立之初，由于封建土地制度的废除和农民土地产权制度的建立，让农民将自己的资源及劳动力时间配置到生产活动之中，短期内使单位土地资源的产出大幅度增加，实现了中国农业快速增长。农用土地入股自愿、退社自由的制度安排，不仅给农民充分的资源配置权，而且农民还拥有“用手投票”权和“用脚投票”权，这将给合作社经营主体足够的经营压力，使其在竞争中将更多的时间、精力投入经营之中。结果，土地合作社超越了土地农民产权制度安排，推进了中国农业持续发展。在人民公社土地产权制度安排下，农民被强制捆绑在人民公社之内，不仅失去了“用手投票”的权利和“用脚投票”的退出机会，而且还失去了劳动时间的配置权利。这样，人民公社的负责人的前途与经营无关，公社负责人完全没有经营、管理好公社的动力和压力。在人民公社土地产权制度安排下，中国农业生产停滞不前，不少地区农村面临生存危机。为了使生活于村庄之内的村民能够生存，安徽凤阳县小岗村的农民才会在知道自己面临非常严重的政治惩罚时，小岗村18位农民仍然以“托孤”的方式，冒险在土地承包责任书按下鲜红手印，实行包产到户。正是这一“包”推进农地产权制度创新，不仅赋予农民耕地要素、劳动时间、品种选择等进行灵活配置的权利以及对生产过程的控制权，而且还赋予农民生产剩余的财产索取权。这一制度安排激发了农民的生产积极性，提高了土地资源配置的效率，而且解决了中国农民的吃饭问题，促进了农业生产发展和农村经济繁荣。

对于学习和研究经济学的人来讲，我们都知道，在一定条件下，土地、资本和劳动力投入都会呈现出边际报酬递增递减规律。与土地要素投入一样，如果其他条件不变，某一制度安排也有边际报酬递增递减规律。不可否认，以土地产权制度为核心的承包制，对解决农民吃饭问题、减少贫困及促进农业农村发展，起了巨大作用。随着市场环境的变化及人们认知心理及观念等的变化，农地家庭承包制的边际报酬也由递增走向边际报酬递减。因此，从20世纪80年代中期开始，国家选择贵州湄潭、江苏苏南、广东南海、北京顺义等地进行农地制度改革试点。在这些地区进行的农地制度改革试验取得了丰硕成果，不少成功经验已经得到国家认可并在全国推广。我们知道，中国制度改革走了一条渐进之路，农地制度改革也一样。针对农地制度运行中存在的具体问题，走了一条渐进改革之路。近年来，在农地"三权分置"这一政策之下，结合本区域的实际情况，各地区在推进农地流转方面做了非常大的工作。农地流转一方面促进农地由"资源"向"资产"、农村闲置"资金"向"资本"、农户身份由"农民"向"股民"的变化，推进农地制度安排的创新；另一方面，在农地制度改革与创新过程中出现一些新情况、新问题，需要学术界进行总结和研究。例如，农地流转空间规律性、农地"三权分置"的路径、农地流转与非就业的内在逻辑、农地流转与农民增收、农地抵押贷款、城乡土地制度分割带来的危害、农地流转过程对农民权益损害，等等。这些问题迫切需要我们进行理性反思与探讨。更何况自2013年以来，中央"1号文件"均用相当的篇幅对农地制度改革与流转进行了阐述，习近平总书记在党的十九大报告中明确指出："深化农村土地制度改革，完善承包地'三权'分置制度。保持土地承包关系稳定并长久不变，第二轮土地承包到期后再延长三十年"。可见，党和国家高度重视农地制度改革与创新。因此，对农地制度改革与流转问题进行深入、全面、系统研究是我们义不容辞的责任，正是基于这一认知，瞄准农地制度改革与流转中存在的重大实现与理论问题，我们组织有关学者、专家对此进行深入研究，形成了系列成果。这些成果以"农地制度改革与流转"丛书形式，由中国财政经济出版社出版出版发行，意义重大。本套丛书的出版不仅得到各位专家、学者的支持，而且还得到中国财政经济出版社的鼎力相助，没有他们的努力，丛书是不可能入选"十三五"国家重点图书出版规划的。在此，对他们的支持和努力表示最诚挚的感谢。

丛书主编　洪名勇

2017年11月7日

目　录

第一章 绪 论

第一节 研究背景及意义

一、研究背景

（一）推动农业现代化发展，需要土地承包经营权抵押贷款

我国正处于全面推进农业现代化时期，无论是现代化所需要的技术要素还是人力资本要素投资都需要大量资金，迫切需要创新农村改革以促进金融供给，进而服务于农村改革的发展。

舒尔茨在《改造传统农业》[①] 中指出，传统农业是有效的但却是低效的，其原因是传统要素配置已经实现了帕累托最优化，要实现农业经济的发展，须改造传统农业，引进新生产要素，通过新要素的配置实现新的经济增长。中国现阶段正经历着从传统农业到现代农业的转变，从传统劳动力密集型、自给自足的生产方式转换为资本密集型、技术密集型、市场导向型的现代化生产方式。主要的转换途径有三个，一是规模化生产，通过土地流转，将细碎土地整合为规模土地，利用农业生产的规模效应增加农业的收益。数据显示截至 2015 年底，全国土地流转面积达到 4. 43 亿亩，占总耕地面积的 33. 3%。二是发展新型农业经营主体，培育高人力资本的新型农业经营主体，利用新技术、新管理、新经营方式，改变传统农业的生产经营方式，提高农业生产经营效率。截至 2015 年，全国平均规模 200 亩的家庭农场有 87. 7 万家，农民合作社 153 万家，产业化经营组织 35. 6 万家（张红宇，2016）[②]。三是完善现代农业的生产基础设施，鼓励农业生产高科技化。

---

① 舒尔茨. 改造传统农业［M］. 梁小民（译）. 北京：商务印书馆，2006.

② 张红宇. 关于深化农村改革的四个问题［J］. 农业经济问题，2016（7）：4 – 11.

传统农业转变为现代农业需要大量的资金支持，无论是土地要素的集聚、新型农业经营主体的培育，还是基础设施的建设，都需要大量的资金投入。这便迫切地需要增加农村金融供给，让农业经营主体获得农业现代化建设所需的资金。土地承包经营权抵押贷款正是此背景下的一种金融改革探索，2016年在《全国农业现代化规划（2016—2020年）》[①] 中指出，发展现代农业，需要“稳妥推进农村承包经营权和农民住房财产权抵押贷款试点”。可见，赋予农户土地的可抵押权，增加农业经营主体的融资渠道，提高农业经营主体的融资能力，可促进农业现代化的建设。因此，中国农业现代化之路迫切需要土地承包经营权抵押贷款。

（二）破解农户贷款难问题，需要土地承包经营权抵押贷款

农业经营主体贷款难一直是制约我国农业与农村发展的“瓶颈”，缺乏金融机构认可的抵押品是造成贷款难的关键。扩大农业经营主体可抵押物范围，提高获贷率，刺激农业投资，迫切需要土地承包经营权抵押贷款。

现今的农村金融现状有以下几个特点：①从农业信贷机构来看，农村信用联社是现在农村信贷的主力军。1996年中国农业银行逐步退出了农村金融市场；邮政储蓄银行尽管在农村营业网点发展迅速，但它只吸储，不放贷，资金全部转存中国人民银行；②从农村资金供给来看，农村资金需求缺口较大。宏观来看，《三农互联网金融蓝皮书》[②] 中统计，2014年三农领域的贷款投入需求约8.45万亿元，而缺口高达3.05万亿元。微观来看，由于农业的高风险、周期长、监管困难等原因，大量农业经营主体受到了金融机构的信贷约束。刘艳华（2014）[③] 研究表明，农民信贷约束高达45%，其中由于农业经营主体缺乏抵押品而遭受到的约束比例为40%。可见，缺乏金融机构认可的抵押物是导致信贷约束的主要原因：一方面农户所拥有的固定资产不具有法律意义上的抵押资格，如土地、住房；另一方面，农业作为一种职业因为没有固定收益而不具有抵押价值。因此，贷款难，缺乏抵押物也就成为制约农村发展、农业投资的“瓶颈”。

2009年中国人民银行、银监会、保监会联合下文《关于进一步加强信贷结构调整、促进国民经济平稳较快发展的指导意见》[④]，意见中提出“试点地区，有条件的地方可以探索开展土地经营权抵押贷款。”尝试赋予农户土地承包经营

---

① 国务院．全国农业现代化规划（2016—2020年）［Z］．2016－5－18.

② 李勇坚，王弢．三农互联网金融蓝皮书［M］．北京：社会科学文献出版社，2016.

③ 刘艳华，辉敏敏，李明．农户信贷配给程度的空间异质分析［J］．农业经济问题，2014（7）：52－58.

④ 中国人民银行，银监会，证监会，保监会．关于进一步加强信贷结构调整，促进国民经济平稳较快发展的指导意见［Z］．2009－3－18.

权抵押贷款权利，增加农户信贷可抵押物。2016 年中国人民银行联合其他部门印发了《农村承包土地的经营权抵押贷款试点暂行办法》①，从贷款对象、贷款管理、风险补偿等方面进行了规定，从真正意义上全面推动了土地承包经营权抵押贷款工作。可见，破解农户融资难、贷款难困境，迫切需要赋予土地承包经营权的可抵押权利。

（三）推动普惠金融，需要土地承包经营权抵押贷款

农村金融是我国金融体系中最为薄弱的环节。土地承包经营权抵押贷款有利于完善农村金融服务，推动我国普惠金融发展。

农村金融产品单一、金融服务层次较低、金融资源流失、农村金融发展滞后于农村改革等问题依然存在。为解决问题，国家一方面鼓励金融机构创新，扩大农村金融的有效供给；另一方面改善农村金融环境，建设农村征信机制和融资担保、农业保险等风险分担体系，提升农村金融的放贷环境。土地承包经营权抵押贷款正是在此背景下的一种探索，通过创新农村金融产品，提高农村金融竞争力。2008 年 10 月中国人民银行、银监会、证监会和保监会联合下文《关于加快推进农村金融产品和服务方式创新的意见》②，意见指出“从 2008 年下半年起，中部 6 省和东北 3 省各选择 2～3 个有条件的县（市）开展试点方案设计和试点推动落实工作，每个省集中抓好 2～3 个金融产品创新和推广”。2009 年在《关于进一步加强信贷结构调整、促进国民经济平稳较快发展的指导意见》③ 中提出“试点地区，有条件的地方可以探索开办土地经营权抵押贷款”。2010 年在《关于全面推进农村金融产品和服务方式创新的指导意见》④ 中明确指出“探索开展农村土地承包经营权和宅基地使用权抵押贷款业务”。可见土地承包经营权抵押贷款作为一项金融创新产品，是促进我国推动普惠金融的一种尝试。

普惠性金融是我国现阶段金融发展的方向，让更多的弱势群体特别是农户、贫困地区农户共享资源。国家在《推进普惠金融发展规划（2016—2020 年）》⑤ 中指出，普惠性金融的目标包括“提高金融服务覆盖面、提高金融服务可得性、提高金融服务满意度”。土地承包经营权作为农户所拥有的“身份资产”，利用

---

① 中国人民银行，银监会，证监会，保监会．农村承包经营权抵押贷款试点暂行办法［Z］．2016－3－18.

② 中国人民银行，银监会，证监会，保监会．关于加快推进农村金融产品和服务方式创新的意见［Z］．2008－10－30.

③ 中国人民银行，银监会，证监会，保监会．关于进一步加强信贷结构调整，促进国民经济平稳较快发展的指导意见［Z］．2009－3－18.

④ 中国人民银行，中国银行业监督管理委员会，中国证券监督管理委员会，中国保险监督管理委员会．关于全面推进农村金融产品和服务方式创新的指导意见［Z］．2010－7－28.

⑤ 国务院．推进普惠金融发展规划（2016—2020 年）［Z］．2015－12－31.

其开展金融服务，可覆盖到所有拥有土地承包经营权的农户，扩大金融服务覆盖面，提高了农户特别是贫困地区农户的金融可得性。由此可见，开展土地承包经营权抵押贷款是我国实现普惠金融的一项有效方法。

（四）完善我国土地产权需要赋予农业经营主体土地可抵押权

赋予农村土地可抵押权是我国土地产权完善的举措之一。产权的完善体现：一方面是巴泽尔（1997）[①] 提出的产权束不断细分，另一方面是德姆塞茨（2003）[②] 所指出的产权内容完整。我国土地制度的演变正是遵循着产权佃分上，建国之初土地产权划分为所有权和承包经营权，形成“两权分置”。而今，承包经营权细化成“承包权”和“经营权”，形成“三权分置”。2016 年 10 月中共中央办公厅、国务院办公厅发文《关于完善农村土地所有权承包权经营权分置办法的意见》[③] 明确指出“三权分置是农村基本经营制度的自我完善，符合生产关系适应生产力发展的客观规律，展现了农村基本经营制度的持久活力，有利于明晰土地产权关系，更好维护农民集体、承包农户、经营主体的权益；有利于促进土地资源合理利用，构建新型农业经营体系，发展多种形式适度规模经营，提高土地产出率、劳动生产率和资源利用率，推动现代农业发展”。产权内容上，德姆塞茨（2003）[④] 指出“产权的基本内容包括行动团体对资源的使用权与转让权，以及收入的享用权。产权是否完整关键看所有者对它是否具有排他性与可转让性，如果权利所有者对他所拥有的权利是排他的使用权、收入的独享权和自由转让权，则称权利是完整的。如果权能受到限制或禁止，则产权缺失”。在此框架下，土地承包经营权抵押是属于产权完善的一个内容，将农户所拥有的土地承包经营权获得排他的使用权。从我国土地产权完善角度来看，土地承包经营权抵押贷款也是其必然的发展。党的十八届三中全会提出“稳定农村土地承包关系并保持长久不变，在坚持和完善最严格的耕地保护制度前提下，赋予农民对承包地的占有、使用、收益、流转及承包经营权抵押、担保权能。在落实农村土地集体所有权基础上，稳定农户承包权、放活土地经营权、允许承包土地的经营权向金融机构抵押融资”[⑤]，首次从国家层面尝试赋予农村土地承包经营权抵押贷款权能，完善土地产权内容。2015 年国务院下发的《国务院关于开展农村承包土地的经营权和农民住房财产权抵押贷款试点的指导意见》中也指出“赋予土地承

---

① 巴泽尔．产权的经济分析［M］．上海：三联书店上海分店，1997.

② 哈罗德·德姆塞茨．产权的理论［M］．北京：北京大学出版社，2003.

③ 中共中央办公厅，国务院．关于完善农村土地所有权承包经营权分置办法的意见［Z］．2016－10－30.

④ 哈罗德·德姆塞茨．产权的理论［M］．北京：北京大学出版社，2003.

⑤ 中共中央办公厅．关于全面深化农村改革加快推进现代化的若干意见［Z］．2013－11－12.

包经营权抵押功能……为稳步推进农村土地制度改革提供经验和模式”①，以试点推动全面以土地承包经营权抵押贷款为主的农村土地制度改革。2016 年《关于完善农村土地所有权承包权经营权分置办法的意见》中指出“完善三权分置……积极开展土地承包权有偿退出、土地经营权抵押贷款、土地经营权入股农业产业化经营等试点，总结形成可推广、可复制的做法和经验”②。可见，开展农村土地承包经营权抵押贷款是我国土地产权完善的必经之路。

二、研究意义

（一）理论意义

在制度经济学、农村金融学、农户行为的理论基础上，对我国试点的农村土地承包经营权抵押贷款的运行模式及效果进行研究。该研究具有以下几点理论意义：

（1）模式研究深化制度经济学理论。对多个模式运行机制的对比分析，可加深农村土地承包经营权抵押贷款制度设计的认识，深化制度经济学理论。

（2）农户土地承包经营权抵押贷款行为分析丰富了农户行为理论。中国三权分离背景下，土地制度下的农户土地承包经营权抵押贷款行为分析，能深化农户行为理论认识；中国三权分离制度下的农户行为决策分析，能丰富现有的农户行为理论。

（3）模式效果分析深化了自我履约与交易成本的理论。选择自我履约理论与交易成本理论，对试点贷款模式效果进行分析，拓展了两种理论的运用。

（二）现实意义

（1）模式总结便于其他试点区借鉴。从实施背景、原始制度设计、操作流程、风险防范等方面对我国主要试点地区的土地承包经营权抵押贷款模式进行归纳总结，一方面能对其他地区开展土地承包经营权抵押贷款提供模式借鉴，另一方面也能为主要试点地区的模式完善提供参考。

（2）效果分析提供评价参考与完善内容。对主要试点地区贷款模式制度效果及模式实施效果进行分析，不仅能厘清模式效果与实施效果的差异，清晰认识到后期试点地区需要完善的内容；也为后期全国开展土地承包经营权抵押贷款提

---

① 国务院．关于开展农村承包土地的经营权和农民住房财产权抵押贷款试点的指导意见［Z］．2015－8－24.

② 中共中央办公厅，国务院．关于完善农村土地所有权承包经营权分置办法的意见［Z］．2016－10－30.

供效果评价的参考。

（3）供需市场分析利于辨析市场均衡情况。对试点地区土地承包经营权抵押贷款的供方和需方分别作可行性、可得行与福利性分析，其分析结果不仅能清晰认识现阶段我国土地金融制度的市场均衡情况，也为后期完善土地承包经营权抵押贷款市场提供实证参考。

第二节 研究内容及方法

一、相关概念界定

（一）农村土地承包经营权抵押贷款

本研究中的农村土地承包经营权抵押贷款是指利用农村土地产权以及与土地相关的资产进行的抵押贷款。抵押标的物包括以下三类：一是农村土地承包权，即农村居民依法集体所分配的、家庭继承而获得的土地承包权。二是农村土地经营权，即农业经营主体在土地上的劳动与收益权。三是以农村土地为载体的资产，包括地上以及地下的附着物。

（二）农业经营主体、农户、新型农业经营主体

本研究中的土地承包经营权抵押贷款需求方，涉及农业经营主体、农户、新型农业经营主体。其中农业经营主体包括了农户与新型农业经营主体，是需求方的总称。农户指的是传统农户，即运用传统生产工具，选择传统生产方式，以家庭经营为主的农业经营主体。新型农业经营主体与农户相对应，采用新技术新管理方法的农业经营主体，具体包括农业企业、农业合作社与家庭农场。具体新型农业经营主体中家庭农场与农户的区分，在本研究中以土地经营规模为标准。经营土地规模大于20亩的算作家庭农场，小于20亩的计入农户范围。三者之间的关系如图1－1所示。

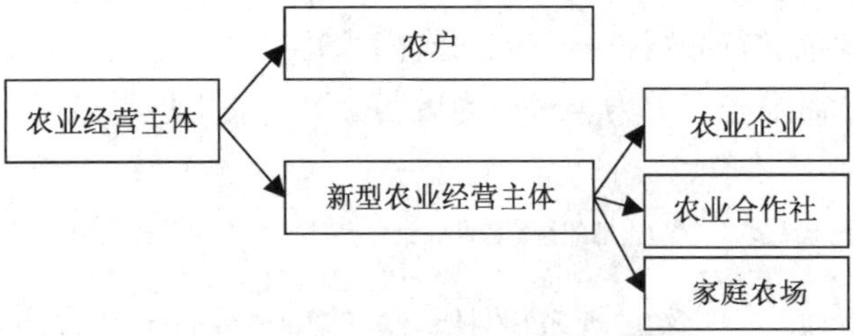

图1－1 农业经营主体、农户、新型农业经营主体界定

二、主要研究内容

本研究围绕着我国土地承包经营权抵押贷款试点效果这个中心任务，运用经济学方法科学地评价模式设计效果与后期实践绩效，在此基础上，提出后期我国土地承包经营权抵押贷款发展可操作性的对策建议。具体研究内容包括以下六章：

第一章：绪论。对本研究的研究背景与意义、研究主要内容与方法、调研与数据说明等进行介绍，以获取整体的研究总概。

第二章：模式介绍。借鉴农村金融学理论，对贵州凤冈县的政府供给推动型模式、嘉兴南湖区的金融机构供给推动型模式、宁夏同心县的农户需求推动型模式以及重庆江津区的多模式共存型进行介绍。该章节主要关注的问题有：（1）原始制度设计是什么？（2）实际操作模式是什么，与原始制度设计有何差异？（3）该模式下的风险控制是如何设计的？（4）如何设计各模式下的风险控制？

第三章：模式效果评价。在借鉴产权理论、契约经济学理论的基础上，对试点地区土地承包经营权抵押贷款制度设计效果进行量化评估。该章主要回答的问题有：（1）用何种指标评估制度效果？（2）制度效果现状如何？（3）原始制度效果与实际运行总体效果是否具有一致性。

第四章：模式运行效果评价。借鉴农村金融学理论，分别从抵押贷款的供给方和需求方两方面，对制度实际运行效果进行分析。主要回答的问题有：（1）供需双方效果的量化指标是什么？（2）试点地区土地承包经营权抵押贷款需求方效果如何？是否具有需求可行性？在可行性基础上农业经营主体的可得性如何？在可得性基础上，农业经营主体的福利性又如何？（3）试点地区土地承包经营权抵押贷款供给方效果如何？是否具有供给可行性？其实际操作的供给程度有多大？金融机构开展土地承包经营权抵押贷款的福利水平有多大？

第五章：效果影响因素分析。在经济学、行为学、社会学与心理学理论基础上，对影响土地承包经营权抵押贷款效果的因素进行分析。该章主要关注的问题有：（1）影响需方不同层次效果的主要因素有哪些？（2）影响因素以何种方向、何种程度作用于实施效果？

第六章：存在的问题与对策建议。从供需两方探索我国土地承包经营权抵押贷款存在的主要问题，如何完善我国土地承包经营权抵押贷款，提高土地承包经营权抵押贷款效果的对策建议。在此基础上，提出完善我国土地承包经营权抵押贷款的几点对策建议。

上述逻辑分析框架如图 1－2 所示。

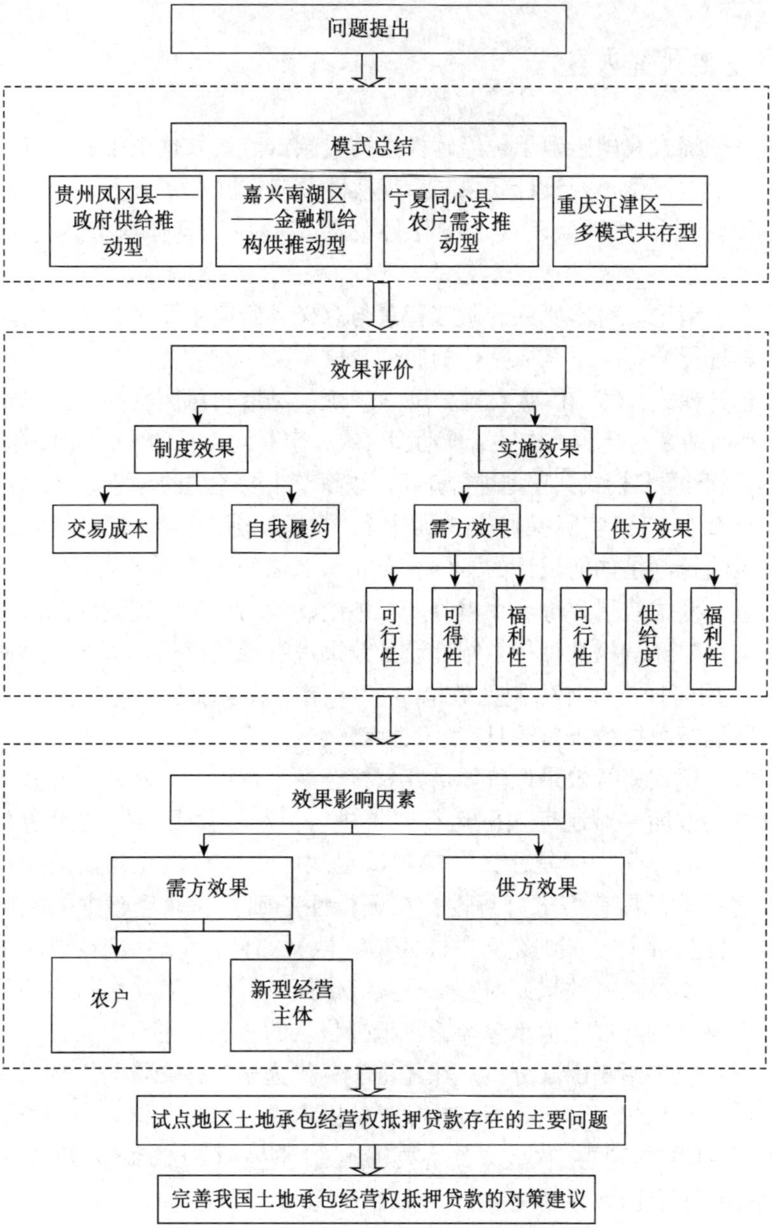

图 1－2 整体逻辑框架图

三、主要研究方法

本研究采取理论分析与实证相结合、定性分析与定量分析相结合、案例分析与比较相结合的研究方法。

（一）理论分析与实证相结合

充分借鉴国内外农村金融理论、产权理论、交易成本理论、农民行为理论等，形成本研究的理论框架。对全国主要试点地区的土地承包经营权抵押贷款的做法、效果进行呈现，利用试点地区的数据进行实证分析实地调研。

（二）定性分析与定量分析相结合

本研究在对试点地区土地承包经营权抵押贷款的制度设计、制度效果、各变量对实施效果的影响途径分析中运用了定性分析方法。第四章利用调研数据分别对土地承包经营权的可行性、可得性、福利性，采用分类统计方法对数据进行定量分析，第五章利用调研数据对影响土地承包经营权抵押贷款的实施效果进行影响因素模型定量分析。

（三）案例分析与比较分析相结合

本研究的案例分析方法主要运用在两个内容：一是在模式介绍中，运用案例分析进行具体化证明。二是在效果分析中，用案例分析方法对试点地区出现的典型案例进行分析，以辅助定性分析的结论。对贵州凤冈县、嘉兴南湖区、宁夏同心县、重庆江津区选取典型案例进行分析，本研究对四个试点地区土地承包经营权抵押贷款模式的构成、运行背景、交易成本、自我履约、实施效果等进行较为全面的比较分析，比较分析方法主要运用在试点地区模式介绍、制度效果、实施效果分析上，以此辨析模式之间的差异，加深对试点地区土地承包经营权抵押贷款模式的认识。

第三节 调研及数据说明

一、调研说明

本研究的调研由两部分构成：一是由课题主持人带队的主要试点区调研组。2014 年立项开始，课题主持人组建了“农村土地承包经营权抵押贷款试点效果”课题组，课题组成员分别由贵州大学农林经济管理专业 4 位教师、浙江大学农林经济管理专业 3 位博士、贵州大学农林经济管理专业 6 位研究生、贵州大学企业管理专业 2 位研究生组成。主要试点区调研组对中国土地承包经营权抵押贷款的四个试点进行深入调研，获取地方政府、金融机构、农业经营主体的一手资料。二是由贵州大学本科生组成的普通试点区调研组，利用本科生暑、寒假时间，对开展了土地承包经营权抵押贷款的地区进行问卷调查，获取金融机构、农业经营主体的一手资料。

调研小组地点选择依据以下三个原则：第一，能较好覆盖我国的不同经济水平与地理位置。第二，试点地区具有不同的土地承包经营权抵押贷款模式，能最大范围地覆盖模式分类全集。第三，调研地区试点效果凸显，即调研地区已经开展试点工作一定时期，且已有一定的效果数据支撑。依此原则，选择贵州凤冈县、嘉兴南湖区、宁夏同心县、重庆江津区四个试点进行调研。其中贵州凤冈县处于中国西南部，欠发达地区，农户人均可支配性收入 2013 年为 4752 元，2009 年开展土地承包经营权抵押贷款，贷款模式以地方政府推动为主；嘉兴南湖区地处我国东部经济发达的地区，农户人均可支配性收入 2014 年为 24676 元，2009 年开展土地承包经营权抵押贷款工作，是金融机构供给推动型贷款模式；宁夏同心县地处中国西部，是回族自治区，2014 年农户人均可支配收入为 6123 元，2006 年开始探索土地承包经营权抵押贷款，是典型的农户需求推动型模式；重庆江津区地处中国西部，2015 年农村居民可支配收入为 7723 元，2010 年开展土地承包经营权抵押贷款工作，是多种抵押贷款模式共存的代表。主要试点调研小组分别在 2014 年 12 月—2015 年 2 月前往贵州凤冈县调研，2015 年 3 月—2015 年 4 月完成嘉兴南湖区调研，2015 年 10 月—2015 年 12 月前赴重庆江津区调研，2016 年 2 月—2016 年 3 月完成对宁夏同心县的调研。调研由三部分构成：一是与试点地区的地方政府进行座谈，邀请当地参与土地承包经营权抵押贷款的相关机构负责人进行座谈，获取当地土地承包经营权抵押贷款政策文件、运行模式、总体运行情况等数据。二是与当地开展土地承包经营权抵押贷款金融机构进行半开放式的座谈，获取金融机构开展土地承包经营权抵押贷款业务的流程、业务绩效、运行过程中存在的问题等信息。三是对农业经营主体的调查，包括对传统农户与新型农业经营主体的问卷调研，获取农业经营主体参与土地承包经营权抵押贷款情况的数据。

普通试点区调研组调研地点的选择只需满足该地区已经开展或者正在开展土地承包经营权抵押贷款的条件即可。调研的内容包括两部分：一是对开展土地承包经营权抵押贷款金融机构的问卷调研，二是对试点地区农业经营主体进行的问卷调查。

二、数据说明

利用 SPSS 软件对调研问卷进行简单的统计分析，获取此次课题调研样本的基本情况。

（一）问卷构成

将样本数据按调研小组进行统计，具体见表1－1。

表1－1 调研样本发放回收汇总

分类	调研地点	金融机构			新型农业经营主体			农户		
		发放	回收	有效	发放	回收	有效	发放	回收	有效
主要试点区重点调研组	贵州凤冈县、嘉兴南湖区、宁夏同心县、重庆江津区	24	21	20	88	74	58	1300	1206	1112
普通试点区调研组	贵州、宁夏、河北、河南、湖北、湖南、辽宁、山东、浙江、云南、青海、甘肃	326	279	205	88	29	23	1000	979	841
合计		350	300	225	176	103	81	2300	2185	1953

本研究共发放问卷2826份，回收问卷2588份，剔除重复作答、无效作答及错误作答的问卷，有效问卷有2259份，回收率为91.5%，有效回收率为79.9%。按照调研小组来分：主要试点调研小组共发放问卷1412份，回收1301份，有效问卷1190份，回收率与有效回收率分别是92.1%与84.3%；普通试点调研小组共发放问卷1414份，回收1287份，其中有效问卷1069份，对应的回收率与有效回收率分别是91%与75.6%。从调研对象来分：其中金融机构样本的回收率为85.7%，有效样本率为64.3%；新型农业经营主体的回收率为58.5%，有效样本率为46%；农户问卷的回收率为95%，有效样本率为84.9%。

（二）样本描述

将样本按主体来统计，具体见表1－2。

表1－2 调研样本主体分布表

分类	分类指标	样本数	百分比（%）
农户	贵州凤冈县	792	40.6
	嘉兴南湖区	138	7.1
	宁夏同心县	501	25.7
	重庆江津区	282	14.4
	其他试点地	240	12.3

续表

分类	分类指标	样本数	百分比（%）
新型农业经营主体	合作社	40	49.4
	家庭农场	10	12.3
	农业企业	31	38.3
金融机构	农信社	108	47.9
	四大国有银行	86	38.4
	地方银行	31	13.7

本研究的数据均来自调研数据，具体所需数据之处的详细分析见各章节的数据描述。

第二章　农村土地承包经营权抵押贷款主要模式

本章内容包括两个：第一，通过文献研究，对现有农村土地承包经营权抵押贷款模式进行归纳总结，形成了本章的研究基础；第二，通过实地调研，对四个具有代表性的农村土地承包经营权抵押贷款模式进行介绍，具体包括实施背景、贷款流程、风险防范、典型个案。

代表性模式选择的依据是具有完善性和涵盖性。完善性体现在拥有较为完备的制度设计以及具有一定的实施经验，涵盖性体现在分类标准要尽量涵盖分类全集。依此原则，本研究借鉴杨婷怡（2014）[①] 对农村土地承包经营权抵押贷款模式的分类方法，按照抵押贷款推动力量与贷款风险主要承担方的不同分为政府供给推动、金融机构供给推动以及农户需求推动三种模式。依据此分类，本章结合文献研究与实地调研，选取贵州凤冈县、嘉兴南湖区、宁夏同心县与重庆江津区四个地区的土地抵押贷款作为典型模式。它们分别对应政府供给推动型、金融机构供给推动型、农户需求推动型、多模式互补型。这四个试点地分别从 2009 年、2010 年、2006 年和 2009 年开始推行农地产权抵押贷款。

第一节　文献综述

从农村土地承包经营权抵押贷款模式、模式存在的主要问题及对策建议三方面进行该章的文献综述。

2009 年央行允许“有条件的地方可进行农村土地承包经营权抵押贷款试点工作”。随后，全国多地开始了试点，各地方也根据本地经济、社会发展特色创新了多种土地产权抵押贷款模式。其中典型的有宁夏同心县、重庆开县、四川成都市、陕西高陵县和杨凌示范区。创新的贷款模式吸引了学者们的关注，并从理

① 杨婷怡，罗剑朝．农户参与农村产权抵押融资意愿及其影响因素实证分析——以陕西高陵县和宁夏同心县 919 个样本农户为例［J］．中国农村经济，2014，4：42 -57.

论层面进行模式解读。主要的研究有以下几个方面：

第一，地方试点工作的单模式研究。宁夏同心县2006年开始探索农村土地承包经营权抵押贷款模式，并引起了大量学者的关注。伍振军等（2011）① 通过对宁夏同心县土地抵押协会的调查，对其模式与基本流程进行梳理，并指出其模式实质是“抵押+保证+信用”。王平等（2011）② 对重庆市开县土地抵押贷款进行调研，2008年开县出台了《关于进一步加强农村金融服务的意见》文件，以此探索农村土地流转经营权作抵（质）押向商业银行融资贷款的模式。马智利等（2014）③ 按照参与主体将其归纳为“政府+担保+银行+农户”的贷款模式。洪名勇（2015）④ 对贵州凤冈县2009年实施的“三资转换”模式进行解析，认为该项土地产权抵押贷款改革是我国土地产权从“虚”变“实”的实现。于丽红、陈晋丽（2014）⑤ 对辽宁昌图县土地承包经营权抵押贷款模式与主要特征进行了介绍。

第二，多试点地的多模式对比。学者们将不同的模式进行对比，以此寻找出模式之间的差异以及共性。汪险生（2014）⑥ 称宁夏同心县的农村土地承包经营权抵押贷款为关系主导型模式，并将其与江苏新沂市的资产主导型模式进行对比；徐婷婷（2013）⑦ 将宁夏同心县试点方法归纳为“土地承包经营权间接抵押贷款模式”，将宁夏平罗县试点方法归纳为“土地承包经营权直接贷款”模式；杨婷怡等（2014）⑧ 则按照贷款主导者将宁夏同心县试点方法归纳为“自下而上”的“农户主导模式”，并将其与陕西高陵县“自上而下”的“政府主导模式”进行贷款效果比较。张龙耀等（2015）⑨ 将湖北武汉、山东枣庄试点方法归

① 伍振军，张云华，孔祥智．交易费用，政府行为和模式比较：中国土地承包经营权流转实证研究［J］．中国软科学，2011（4）：175－183.

② 王平，邱道持，李广东．农村土地抵押贷款发展浅析——以重庆市开县为例［J］．西南大学学报，2011，33（3）：90－95.

③ 马智利，董瑾等．农村三权抵押贷款运行机制分析与建议——以重庆为例［J］．武汉金融，2014（10）：49－51.

④ 洪名勇，龚丽娟．三资转换与农地产权制度改革——基于贵州凤冈县改革的调查与思考［J］．农村经济，2015（2）：21－29.

⑤ 于丽红，陈晋丽．农村土地承包经营权抵押贷款的经营与启示：昌图县案例［J］．农村经济，2014（4）：83－86.

⑥ 汪险生，郭忠兴．农地承包经营权抵押贷款：两权分离及运行机理——基于对江苏新沂市与宁夏同心县的考察［J］．经济学家，2014（3）：49－60.

⑦ 徐婷婷．农村土地承包经营权抵押融资的实践及启示——基于宁夏两种典型模式的研究［J］．青海金融，2013（9）：51－54.

⑧ 杨婷怡，罗剑朝．农户参与农村产权抵押融资意愿及其影响因素实证分析——以陕西高陵县和宁夏同心县919个样本农户为例［J］．中国农村经济，2014，4：42－57.

⑨ 张龙耀，王梦珺，刘俊杰．农民土地承包经营权抵押融资改革分析［J］．农业经济问题，2015（2）：70－78.

纳为“交易—签证—抵押”模式和“交易—使用产权证—抵押”（2008—2013年）、“交易—签证—抵押”（2014 年后）模式。部分学者将国内典型的农村土地承包经营权抵押贷款模式进行理论归纳总结，并指出后期模式发展的趋势。李伟伟等（2012）① 认为，现实中产权抵押贷款的模式可分为两种：一种是贷款人直接将土地承包经营权向银行抵押贷款，另一种是贷款人将土地承包经营权作为担保公司、土地协会等担保人的反担保品向银行担保贷款。程郁等（2014）② 将我国的土地产权抵押分为“信用 + 抵押”、“担保 + 抵押”、“反担保 + 抵押”、“信托 + 抵押”与“土地证券化 + 抵押”五种模式。文章指出，我国农村土地承包经营权抵押贷款存在的主要问题有：法律制约导致土地抵押权难以获得保障；农村土地市场发育不完善，抵押物价值实现存在问题；风险分散机制不健全，风险控制面临严峻挑战；农村土地融资运行机构管理不规范，潜藏较大风险；以及对高土地收益的追求带来农业生产经营不平衡的问题。因此，建议加强法律支持和保障，修改针对农村土地抵押相关的法律法规；设计农村土地抵押顶层制度，建立农村土地抵押的专营机构和组织运行体系；加快推进农村土地确权，完善农村土地权益价值评估和流转机制；鼓励农村土地抵押融资与担保、保证、信用、保险相结合；建立多层次的风险防范和保障机制等。

第三，国外模式的介绍与借鉴。史卫民（2011）③ 对美国、德国与日本农地金融制度的演变、组织形式及基本情况进行考察，在对我国湄潭、宁夏平罗、重庆、山东的农村土地承包经营权抵押贷款介绍的基础上，提出我国农村土地承包经营权抵押贷款发展的政策建议。

回顾现有文献，国内学者对我国现有的农村土地承包经营权抵押贷款模式的研究已经取得丰富的成果。研究逐渐从单一模式发展到多模式比较以及模式理论归纳总结，从国内模式研究完善到国外模式借鉴，为后续相关研究提供了宝贵的研究基础。但是依然有以下几个方面需要拓展研究：一方面，现有文献多以模式的流程、特色介绍为主，而对模式所涉及的风险防范、土地作价方法、评估方式等细节并没有作进一步的解释。然而，这些正是贷款的核心，贷款的成本，是农户是否做出农村土地承包经营权抵押贷款决定的关键；另一方面，全国各地不断地增加农村土地承包经营权抵押贷款的试点，已有研究的试点也经过实践进行了一定的调整，需要不断地跟进与补充。

---

① 李伟伟，张云华．土地承包经营权抵押标的及其贷款操作：11 省（区，市）个案［J］．改革，2011（12）：76－84.

② 程郁，张云华，王宾．农村土地产权抵质押：理论争论，现实困境和改革路径［J］．金融监管研究，2014（10）：10－27.

③ 史卫民．农地抵押贷款模式的比较考察与我国的路径选择［J］．现代经济探讨，2010（9）：40－43.

第二节 地方政府供给推动型——贵州凤冈县

政府供给推动型模式即由地方政府出台相关指导文件，并由政府主导实施的农村土地承包经营权抵押贷款模式。在农地产权交易市场不成熟的情况下，因为农地资产处置难问题，银行不愿意直接进行抵押贷款，因此，政府设立国有担保公司将抵押贷款转换为反担保贷款形式进行。在该种模式下，地方政府是风险第一方。此模式对应的是国内学者们所总结的“担保模式”、“间接贷款模式”等。

一、实施背景

（一）贵州省凤冈县的基本概况

凤冈县位于贵州省东北部，地处大娄山南麓、乌江北岸，总面积1885.09平方公里，辖13镇1乡86个村（社区），总人口44万人。凤冈县属于典型的山区农业县，全县有91%的农业人口，耕地面积2.65万公顷。2013年农业产值为126281万元，农民平均收入为4752元。

凤冈县具有地理、传统文化、制度上的种茶优势，其土壤含丰富的锌硒元素，形成了凤冈茶叶含锌硒元素的特点，茶叶是凤冈县的主要经济作物。凤冈县是少数民族聚居地，以苗、土家、仡佬族为主。凤冈土家族人一直有着喝“油茶”的传统，至今仍有“一日不喝油茶汤，干起事来心发慌”的说法。全县茶园面积32万亩，其中有机茶基地面积1.87万亩，茶叶产值达到1.5亿元。2013年荣获“中国富锌富硒有机茶之乡”的称号。

（二）改革发展背景及制度设计

2009年凤冈县被贵州省委省政府定位为“湄潭实验区政府辐射凤冈”，成为“城乡一体化改革试点”。凤冈县的改革现状是农民收入相对较低，低收入导致大量年轻农民外出打工，农地大量闲置或者低效产出等。凤冈县政府提出了“茶产业拉动经济”“四生一有”（生态农业、生态工业、生态旅游、生态城镇和有机田园文化）的发展战略。2009年，凤冈县政府制定并实施农地流转、土地金融、种茶补贴等措施来发展茶产业，本课题研究所关注的农村土地承包经营权抵押贷款就是土地金融改革中的一项。

2009年凤冈县下发了《中共凤冈县委、凤冈县人民政府关于开展农村改革试验试点工作的实施意见》，指出凤冈县以“农村产权制度改革、农村金融服务改革和农村基层治理方式改革”为试点改革突破，其中“农村产权制度改革和农村金融服务改革”则落实为凤冈县所提出的“三资转换”。农村产权制度改革以资产确权、产权中心建立为主，文件有如下规定：“①完善对农村集体土地的确权登记。在原有确权登记工作基础上，进一步对合法取得的农村集体土地使用权进行核实和登记造册，并由县人民政府核发使用权证书。县国土局负责集体建设用地使用权的核实和登记管理，县农业局负责农村土地承包经营权的登记管理；②完善对农村集体林地的确权登记；③对农村房屋进行确权登记；④建立农村产权交易平台。由县农业局负责完善我县、乡、村三级农村土地承包经营权流转服务中心。县国土局、县房管局、县林业局分别建立农村集体建设用地流转服务中心、农村房屋交易服务中心和农村林权交易中心，并分别制定农村集体耕地、建设用地、林地、房屋产权的流转管理办法和操作细则，通过转包、出租、入股、转让、互换、托管、合作开发等形式，促进农村土地及附着物有效流转”。农村金融服务改革的主要内容包括开展多种抵押贷款、增加金融机构等。相关的文件规定如下：“①开展产权担保抵押贷款。在农村产权确权登记前提下，由县国土局、县农业局、县房管局、县林业局、县农行、县农发行、县联社、县邮政局等单位共同研究，组建县农村产权流转担保公司，分别在县国土局、县农业局、县林业局、县房管局等相关部门内部成立评估机构，对土地及附着物（森林、茶叶、烤烟、水稻、油菜、房屋、厂房）等资产进行评估，转变为有效担保抵押物后，制作相应贷款流程，开展产权担保抵押贷款。②开展无实物抵押担保贷款；③开展仓单质押贷款；④扩大政策性农业保险试点；⑤建立和完善农村金融服务机构。在延伸现有金融服务网络、创新农村金融产品、健全完善现有贷款担保公司前提下，由县监办、县人行、县经贸局、县工商局共同探索创建“小额贷款公司”“资金互助社”。

2010 年凤冈县下发具体“三资转换”的实施意见，包括评估意见、土地流转意见等。《凤冈县农村资产评估管理工作实施方案》对农村资产评估进行规定，文件指出“①组建资产评估组织。县、乡镇人民政府分别成立农村资产评估委员会，由各级政府分管领导任评估委员会主任，政府办、农林畜牧、国土、房管、工商、金融等单位负责人任副主任，指导各行业组建专家委员会。②资产评估范围。包括茶园、森林、土地承包经营权、房屋、机器设备及其他地上附着物等农民所拥有的合法资产。产权主体包括农民、农民专业合作社，涉及种植、养殖、加工企业，以及其他农村经济组织等。③确定资产评估程序。按照分级评估的原则对标的物进行评估，其中 50 万元以下的由乡镇评估委员会评估，50 万元以上的由县级行业专家评估委员会评估。评估流程为申报人自评、专家评估委员会主评、行业主管部门备案认可的三级评估程序。④加强资产评估管理。一是成立农村产权服务中心，在县农林畜牧农经站，负责日常事务。二是加强对各专家评估委员会工作的监督和管理。三是县农村产权服务中心要配合金融机构加强对评估资产的管理。四是农村产权服务中心要积极筹备评估资产的流转交易平台。⑤确认资产评估成果。通过以上程序完成的评估可以作为金融、司法、行政机关共同认可和采信的依据。”2010 年 1 号文件下发了《凤冈县农村资产产权服务中心关于印发〈凤冈县茶叶资产评估办法（试行）〉等评估办法的通知》，通知包括《凤冈县茶叶资产评估办法（试行）》、《凤冈县农村集体土地承包经营权评估办法（试行）》、《凤冈县森林资源资产评估办法（试行）》、《凤冈县果园资产评估办法（试行）》、《凤冈县农村集体土地房屋评估办法（试行）》，文件分别对凤冈县政府所认可的茶叶、集体土地承包经营权、森林资源、果园资产、农村集体土地房屋五类可抵押资产进行详细的价值认定，并制定了评估公式。如茶叶的评估价值公式为：评估指数 = 平均分值/100 × 100%，茶园资产价值 = 评估指数 × 茶园面积 × 现行市价，其中评估指数由茶园管护等级、茶树品种的归类、茶园年限、茶园类型的划分构成。果园的评估价值公式为：评估指数 = 平均分值/100 × 100%，果园资产价值 = 评估指数 × 果园面积 × 现行市价，其中评估指数由果园的区位条件、果园管理状况、果园种植品种（类）、果园种植年限、果园产地认证情况的评估共同决定。房屋的评估价格公式为：房屋评估值 = 房屋重量价值 × 成新率 × 建筑面积。2010 年下发关于成立产权服务中心的文件《县人民政府办公室关于成立凤冈县农村资产产权服务中心的通知》，文件中对机构名称、机构人员设置和机构工作职责进行了规定。凤冈县农村资产产权服务中心下设在县农林畜牧局，由县绿产办副主任兼任主任，县农林畜牧局农经站站长兼任副主任。他们的工作职责包括，承担县级农村资产评估委员会的日常事务工作，指导和管理全县农村资产评估工作的开展，负责对各农村资产专家评估委员会工作的监督和管理；配合县金融机构加强对评估资产的管理，搞好对评估资产的流转及交易的服务工作，并建立有关交易平台。

此外，为了促进农村金融发展，保障农村土地承包经营权抵押贷款的良好实施，凤冈县人民政府还下发了促进、规范流转的相关文件，如《凤冈县茶园、果园、中药材基地经营权流转管理办法（试行）》、《凤冈县畜牧水产养殖物权流转管理办法（试行）》等。

由此可见，凤冈县政府在农村经济发展中，以农村土地承包经营权抵押贷款为金融、产权改革的着力点。通过政府文件认可农村可抵押资产、制定资产评估方法、设计抵押贷款流程、成立产权中心、规范性流转等政策来保障改革的顺利进行，同时也为凤冈县的农村土地承包经营权抵押贷款提供了良好的制度环境。

二、模式介绍

2009 年，在凤冈县政府的推动下，农村土地承包经营权抵押贷款开始试点实施，它形象地被称为“三资转换”——资源变资产、资产变资本。资源即农业经营主体手头所拥有的生产要素，包括农地、农地上的附着物、厂房、设备等。资产即政府认可的资源价值，将农业经营主体手上的无作价资产变成可作价的资产，可对外标识其价值。资本即资金，资产没有很强的流动性，政府将其从相对固定的作价资产转变成可流动性的现金。

本节模式的介绍分成两部分，第一是政府文件制度中的原始设计，第二是文件实施至今，现实中经过调整后的实际抵押贷款模式。

（一）原始制度设计

依据《中共凤冈县委、凤冈县人民政府关于开展农村改革试验试点工作的实施意见》《凤冈县农村资产评估管理工作实施方案》《凤冈县农村资产产权服务中心关于印发〈凤冈县茶叶资产评估办法（试行）〉等评估办法的通知》等文件，结合《凤冈县“三资转换”工作实用手册》，本研究介绍凤冈县原始制度所设计的农村土地承包经营权抵押贷款模式。

凤冈县政府所设计的完整“三资转换”的流程如图 2 - 1 所示。

第一，相关机构设计。为了落实三资转换，凤冈县政府设计成立了四个重要机构。包括农村产权流转担保公司（计划成立两个国有担保公司，FM 担保公司和 XF 担保公司）、资产评估组织、农村产权服务中心以及收储中心。产权服务中心下设在农林畜牧局下，由相关部门人员兼职；评估组织是非常设机构，由相关部门负责人以及专家组成；收储中心主要针对交易市场上没有成功交易的资产，做进一步的资产处置。

第二，农村土地承包经营权确权。政府明确指出，三资转换的基础是产权的确权，因此，从 2009 年开始，政府开始全面实施土地确权工作。

第三，农村土地承包经营权价值评估。《凤冈县农村集体土地承包经营权评估办法（试行）》明确规定了土地承包经营权的评估流程及评估办法规定：①评估对象是凤冈县农村集体土地承包经营农户、流转土地承包经营权发展农业产业的种植大户、流转土地承包经营权发展农业产业的企业法人及其他经济组织。②评估组织是相关人士组建的农村集体土地承包经营权评估专家委员会，它接受农村资产评估委员会的监督管理。③具体评估流程如图 2 - 2 所示。

农业经营主体向所在的县、乡资产产权服务中心提交资产评估申请，并提交自评表、申请表以及其他规定材料（a）；产权服务中心首先对资料的完整性进行检查，并在接受申请后的十五天内，提交给专家委员会进行评估（b）；专家委员会在现场对资产进行评估，随后形成资产评估结果报告表（c）；产权服务中心将资产评估结果报告表提交给主管部门进行审批（d），主管部门确认后发放他项权证给产权服务中心（e）；产权服务中心将表明资产价值的他项权证颁发给申

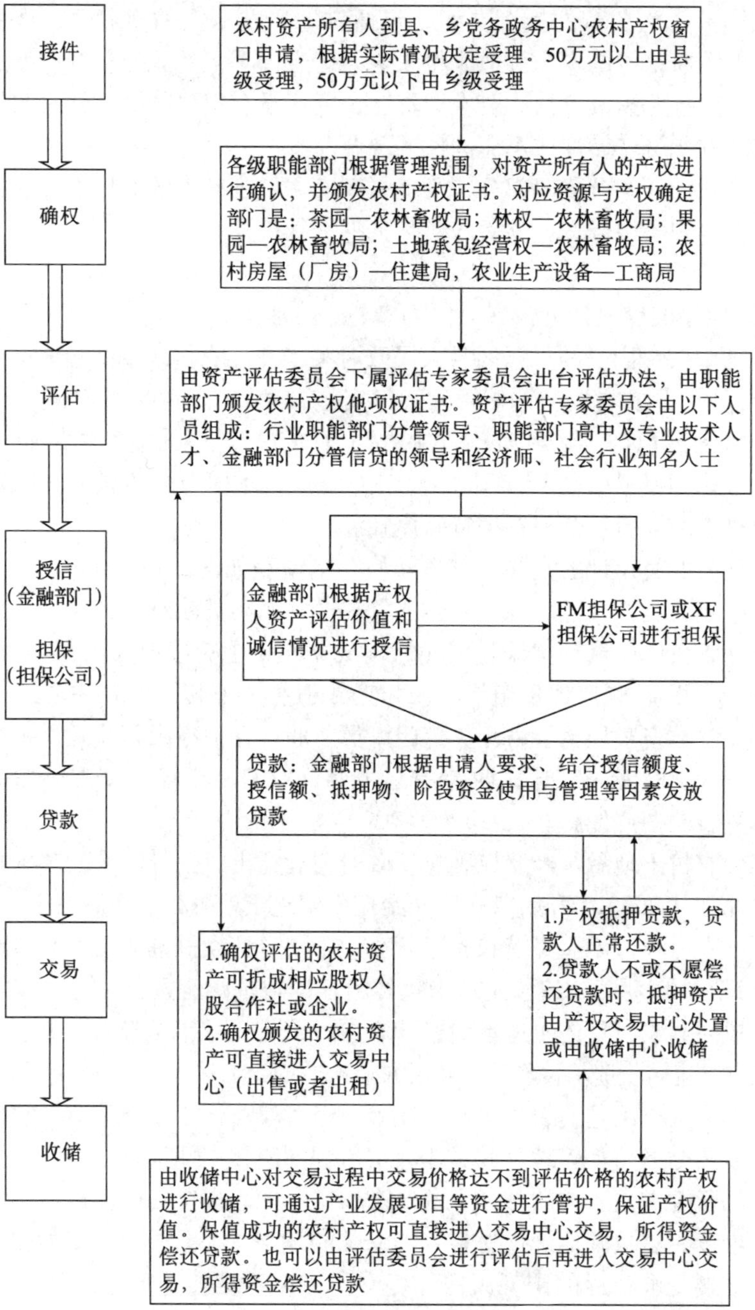

图 2－1　贵州省凤冈县农村土地承包经营权抵押贷款制度设计流程

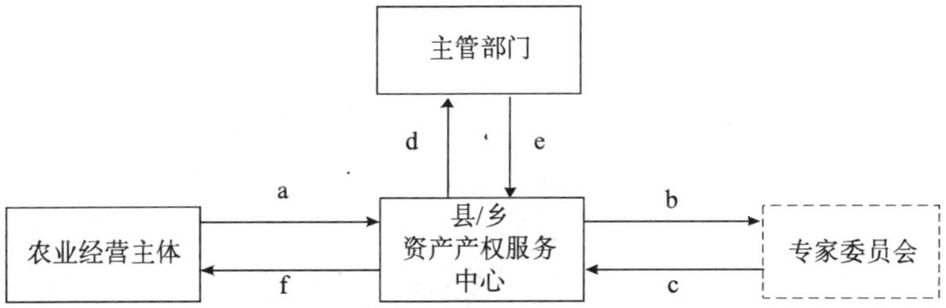

图2-2 贵州省凤冈县农村土地承包经营权抵押贷款资产评估流程

请者，完成县政府的评估流程（f）。关于评估费，文件规定专家委员会进行的资产评估是有偿服务，评估价值50万元以下的，资产评估收费最低500元，其余按照评估总价值金额的1.5‰，最高不超过750元。资产价值50万元以上的，最低收费为1000元，剩余评估费按总价值金额的1.5‰，最高不超过5000元。

土地价值资产评估方法：文件中明确指出农地价值评估方法，其公式如下：

$$
\begin{cases}
\text{农地价值} = \text{平均分值} \times 5000\text{元/亩} \times \text{抵押年限}/10 \times \text{实际亩数} \\
\text{平均分值} = \text{土质评分} + \text{土地分布状况评分} + \text{土地承包经营期限评分} \\
\text{土质评分} = f\text{（好，45～50分；中，40～45分；差，30～40分）} \\
\text{土地分布状况评分} = f\text{（坝子，25～30分；平地，20～25分；山地，10～20分）} \\
\text{土地承包经营期限评分} = f\text{（3～5年，10～15分；6～10年，15～20分；} \\
\qquad\qquad\text{10年以上，20分）}
\end{cases}
$$

其中平均分值由土地的土质、区位、承包年限及土地分布共同决定，总值不超过100分。每亩5000元价格的评估是以抵押10年为标准，算上抵押的年限与抵押的土地面积可形成最终农地价值。

资源被评估为资产后，有两种途径进入市场获取资产的附加价值：一种是具有价格后的资产直接进入交易中心，可以按价格入股合作社或者企业，获取股份分红，或者直接依托交易中心平台，对资产进行出售或者出租；另一种是评估后的资产进行抵押贷款，设计了两种抵押贷款方法：一是直接和金融部门接洽，根据资产价值以及授信情况获得贷款，二是通过担保公司进行反抵押担保获得贷款。

若贷款人按约偿还贷款则三资转换完成一个周期，若贷款人违约，则贷款人资产进入交易中心进行变现，若不能按价值变现则进入收储中心，等待合适机会再变现。

由此可见，凤冈县政府在制度上设计了完整的农村土地承包经营权抵押贷款模式。通过确权与评估完成资源到资产过程，通过金融部门、担保公司、交易中心的职能完成了资产到资本的转变，通过交易中心和收储中心进行了风险处置。

（二）实际运行模式

在实际操作中，“三资转换”并没有完全按照计划实施，而是以担保反抵押的模式进行的农村土地承包经营权抵押贷款。

土地承包经营权抵押反担保贷款指的是农户在获得第三人的保证担保进行贷款后，将土地承包经营权作为抵押反担保品抵押给第三人。抵押担保贷款与直接贷款模式比，多介入了一个担保机构，这从本质上来说是一种担保形式的贷款。具体流程如图2－3所示。

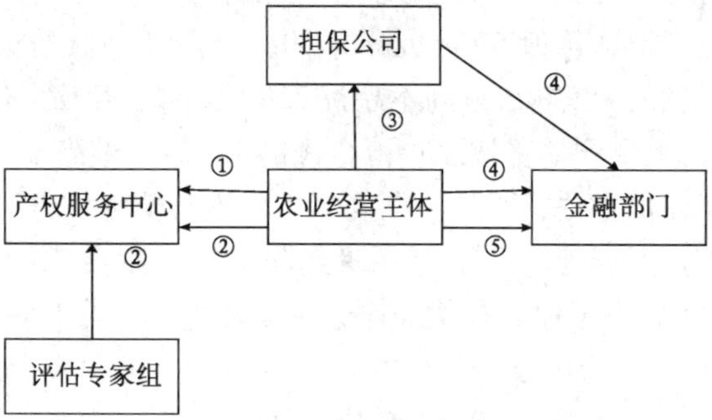

图2－3 贵州省凤冈县农村土地承包经营权抵押贷款运行模式

①农业经营主体向产权服务中心申请资产确权，获取产权证；②农业经营主体向产权服务中心申请资产评估，获取他项权证；③农业经营主体向担保公司申请农地抵押担保，担保公司对抵押物价值以及申请人资信进行评估，签署担保协议；④农业经营主体和担保公司分别与金融部门签署贷款协议与担保协议；⑤金融部门向农业经营主体发放贷款，分批发放贷款，每期贷款需获得担保公司的许可，担保公司根据农业经营主体上一期的经营情况、还款力动态评估等决定是否继续发放剩余贷款。

（三）模式特征分析

贵州凤冈县农村土地承包经营权抵押贷款模式具有以下几个特点：

第一，政府供给推动型的农村土地承包经营权抵押贷款模式。贵州凤冈县农村土地承包经营权抵押贷款是典型的政府主导型模式。其模式从设计上来看是地方政府依据当地社会经济情况制定的，这是至上而下的一种强制性改革植入。从机构上来看，确权、评估、担保、处置相应的机构均由地方政府建设并管理。

第二，以土地承包经营权为主的一篮子资产为抵押标的物。首先，贵州凤冈县农村土地承包经营权抵押贷款模式中可作为抵押的是农村土地的经营权，而非承包权。其次，担保公司不接受单独的农村土地承包经营权作为抵押物，只接受与农村土地承包经营权相关的一篮子资产，包括农村土地上/下的附着物、厂房等。由此可见，在贵州凤冈县，土地承包经营权并不能单独成为真正意义上的可抵押品。

第三，本质上是政府信用担保贷款。实质上金融机构并不接受土地承包经营权作为抵押物而直接放贷，而政府建立的担保信用才是金融机构可接受的放贷条件。可见，在贵州凤冈县，农村土地产权依然没有成为真正意义上的可抵押品。

第四，初始模式设计与现实运行模式之间存在差异。在设计之初，政府预成立完备的农村土地承包经营权抵押贷款所需机构，如被认可的评估组织、产权服务中心、交易中心及收储中心。在实际运行中，交易中心及收储中心没有建立，产权服务中心也仅是农牧局下的业务之一。基于此，初始所设立的直接抵押模式并未实际运行，而土地产权可直接入股入市的计划也没有实现，最后仅有政府成立的担保公司所进行的反抵押担保模式在实施。

三、风险防范与处置

风险防范指对农村土地承包经营权抵押贷款模式进行风险控制设计，以此降低借款人的违约风险率的一种手段。风险处置机制是指当违约风险发生后启动什么样的风险处置程序。

信贷风险主要是由双方信息不对称造成的。金融部门或担保部门要付出庞大的成本代价才能完全掌握贷款方的信息，因此，一般来说借款人比贷款人有更充分真实的信息，这就造成了信贷风险中事前的逆向选择及事后的道德风险。

（一）凤冈县农村土地承包经营权抵押贷款风险防范

贵州凤冈县政府供给推动型模式的信贷风险主要集中在担保公司，因此以担保公司为视角来考察风险防范机制。

控制逆向选择的手段。担保公司通过收集大量信息、甄别信息、控制抵押品标准、增加抵押成本来控制逆向选择。具体而言，有以下几种方式：①选择高能力的负责人。担保公司负责人应该有丰富的社会资本，同时还要对信息高度敏感。丰富的社会资本有助于信息的收集及快速与借款人建立人际关系联系，信息高度敏感的负责人具有甄别信息真伪的能力及处理有效信息的能力。②高抵押品。要求申请贷款人的抵押品不能只是农地经营权，而是综合的资产包，比如农地经营权+农地附着物+固定资产。此外，担保公司对抵押农地的数量要有一定的要求，比如不接受小于10亩的农地贷款申请。③担保成本。总成本包括3%的担保费及1%的还款保障金。

控制道德风险的手段：在担保模式下，银行将审批的权限转移给担保公司。

担保公司要求贷款人对前一笔款项的使用进行说明，并由担保公司根据使用情况和预期判断来决定是否继续发放贷款。

（二）凤冈县农村土地承包经营权抵押贷款风险处置

抵押担保模式下的主要风险集中在担保公司，具体风险处置流程如图2－4所示。

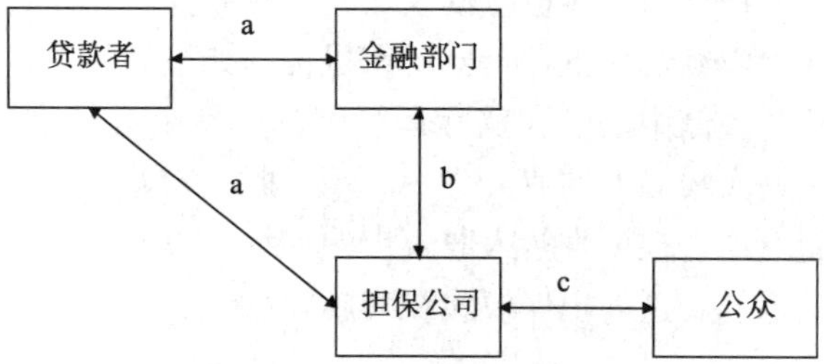

图2－4 贵州省凤冈县农村土地承包经营权抵押贷款模式风险处置流程

首先，延长还贷期限，贷款者向金融部门提出延长还贷期限，应由银行和担保公司共同决定a。其次，担保公司偿还。在贷款者无法偿还债务的情况下，金融机构申请由担保公司偿还，而担保公司拥有了贷款者担保物的处置权b。最后，拍卖抵押物。担保公司委托第三方对抵押物进行拍卖，拍卖款用来偿还贷款c。

四、案例分析

（一）案例情况

案例公司基本情况：贵州省凤冈县MN茶叶有限责任公司于2008年3月20日成立，注册资本50万元，公司法人代表ZZJ，无其他股东。公司主要经营业务是茶叶的生产、加工和销售，拥有247亩有机茶园。该茶园由环保部南京有机产品认证中心认证，投产茶园总面积600亩。公司办公楼、厂房占地2800平方米。截至到2012年3月31日，公司的总资产为487.53万元，其中货币资金3.56万元，应收账款14.56万元，存货49.13万元，固定资产326.59万元（茶园468亩，120.85万元；厂房及办公室2859.35平方米，115.36万元；机器设备，90.38万元），无形资产49.27万元（24684.83平方米的土地使用权）。负债合计323.01万元，其中短期借款110万元，应付账款215.19万元，应付职工工资85万元。所有者权益164.51万元，其中实收资本50万元，资本公积金85万元，未分配利润29.51万元。

贷款缘由：MN茶叶有限责任公司拟投资扩大公司经营管理规模。2011年改造办公楼区域的1000平方米房屋，投入90万元；新修茶叶加工厂房600平方米，投入资金60万元；新增茶园200亩，投入资金12万元；新增30万元茶叶加工机器设备。公司在2012年继续扩建茶叶加工厂房和新增茶叶机器设备。在设备投资资金较大的情况下，又适逢茶青收购，该公司急需资金，故向凤冈县农村合作社抵押资产贷款300万元。

抵押物：MN茶叶有限责任公司向凤冈县FM担保有限公司申请反担保贷款。抵押资产包括以下七项：第一是占地1350.32平方米的、有房产证的厂房；第二是占地153.58平方米、建筑面积460.71平方米的办公楼；第三是机器加工设备，包括茗优茶加工设备12台、大宗茶加工设备15台及红茶加工设备9台；第四是法人所拥有的、占地面积47.47平方米的私人成套住宅；第五是已获取土地使用权证号、面积为2684.83平方米的土地使用权；第六是法人和法人家属的工资；第七是法人亲戚所拥有的住房。公司所抵押的2684.83平方米的茶园土地分别是与政府签署的承包土地（150亩的《茶园承包合同》，租赁期为30年）、与村民租赁的流转土地（110.99亩《土地租赁合同》，承包期限为15年）。抵押物的评估价值如表2－1所示。

表2－1　　MN茶叶有限责任公司抵押物价值表

抵押内容	数量	评估价值
茶园	247亩	79万元
土地使用权	2684.83平方米	12万元
厂房	1858.53平方米	92.92万元
机器设备	31台	10.2万元
家人工资及住房		103.1万元
合计		294.3万元

贷款流程：①2012年3月，ZZJ向凤冈县FM担保公司申请反担保抵押，用土地使用权等其他七种资产申请县农村信用社贷款300万元。②2012年3月，FM担保公司对申请人的资产、公司运营情况等进行调查，随之形成担保的可行性报告。③2012年3月28日，FM担保公司召开董事会议纪要，通过ZZJ的担保申请，其担保贷款为300万元，担保期限为36个月。④2012年6月，FM担保公司与ZZJ签署反担保抵押合同。⑤2012年6月4日，FM担保公司、ZZJ与县农村信用社签署借款合同、额度借款合同、固定资产借款合同与最高额保证合同。⑥2012年6月12日，第一笔放款到达ZZJ的MN茶业有限责任公司。

贷款担保内容：①担保期限36个月，即2012年6月4日到2015年6月4日，担保金额是300万元，担保费用为借方实际使用资金的1.5%。在贷款发放前，借款人需一次性向担保公司缴纳保障金5万元。②违约责任，借方若不按时清偿贷款，除把所交保证金做违约金外，还需每日按总代偿金额的1%支付违约金给担保公司。③放款情况，分5次发放贷款，包括1次厂房建设和购置机器100万元，4次茶青收购200万元。

放贷和还贷情况：①担保公司放贷审批后，银行共放贷4笔，2012年6月12日放贷100万元，主要用于厂房建设、购置机器设备；2012年8月3日放贷100万元，主要用于茶叶经营周转；2013年1月22日，信用社放贷45万元，用于茶叶生产周转；2013年3月11日，发放最后一笔贷款55万元，用于茶青收购。②第一笔贷款未归还，第二笔贷款有60万元未归还，第三笔有45万元未归还，第四笔有50万元未归还。③茶青收购款200万元担保费未交。

违约后的情况处理：MN茶业有限责任公司违约后，按规定FM担保公司、ZZJ的家属具有代偿义务。但ZZJ已多日下落不明，代偿公司与代偿人均未代偿。于是2014年凤冈县农村信用合作社对MN茶业有限责任公司、凤冈县FM担保公司、ZZJ家属提起民事诉讼。法庭判决，被告人立即偿还信用合作社借款2889500元及利息（利息按合同约定利率算到还清时止）、承担执行申请费用31295元。查封与冻结其所有抵押资产等候拍卖与变卖。2014年10月，农村信用合作社委托遵义市XS拍卖有限公司进行公开拍卖，但由于评估价格过高无人竞拍；2014年11月调整拍卖价格后再次拍卖，结果依然无人竞拍而流拍。2014年12月17日，经当事人双方协商，均同意将上述拍卖财产以第二次拍卖保留价2172950元变卖给凤冈县旅游投资发展有限公司，其中法院判决MN茶业有限责任公司的247亩茶园经营权归买受人凤冈县旅游投资有限公司所有。

（二）案例点评

该案例中，新型农业经营主体以流转土地承包经营权及一篮子物品（茶园、厂房、机器设备、家人工资及住房）抵押获取贷款，以此扩大茶园经营规模。其贷款方式是反抵押担保（FM担保公司反抵押担保）。其中土地承包经营权（2684.83平方米估价为12万元）与其他资产抵押共获得贷款300万元。获得贷款后，MN茶叶有限公司扩大茶园种植面积、购买机器设备等，但由于后期规模扩大过快，资金链断裂，贷款无法按期偿还。土地承包经营权是以拍卖的形式处置，但经过多次流拍，最终由国有投资公司进行兜底处理。从该案例中可以看到以下问题：第一，政府供给推动型农村土地承包经营权抵押贷款模式下的贷款和最后违约后的处置都是以政府行为为主、市场行为为辅的。其好处是推动力强，实施效果显著，但其劣势是政府开支增加、农村土地承包经营权抵押贷款产品的竞争性较弱。第二，农村土地承包经营权抵押贷款增加了农业经营主体的融资能力，但如果农业经营主体不能科学合理规划资金，盲目规模扩张就会导致失败。

第三节　金融机构供给推动型——嘉兴南湖区

嘉兴市位于浙江省东北部，具有宜于农业发展的自然、地理和文化优势。嘉兴市位于长江三角洲杭嘉湖平原腹心地带，东临大海，南倚钱塘江，北靠太湖，西接天目之水，大运河纵贯境内，有着其他城市不可比拟的丰富水资源。市境地势低平，平均海拔 3.7 米，耕地平坦，素有“六田一水三分地”之说。从地理位置来说与上海、杭州、苏州等城市距离不超过百公里，交通便利。这种区位优势使得其农业生产与相邻城市的农业市场融合度很高。

一、实施背景

（一）嘉兴南湖区基本概况

南湖区位于嘉兴市的中心，其总区面积为 425.83 平方公里，下辖 5 个镇、8 个街道、57 个行政村。总人口数为 48.39 万人，其中农村人口 19.71 万人，占总人口的 40.79%。耕地总面积为 28.95 万亩，其中水田面积为 26.53 万亩，具有良好的农业种植基础。南湖区的优势产品是生猪、特种水产、蔬菜、水果和优质粮油，2013 年这五大特色产品的总产值达到 28.77 亿元，占该地区农业总产值的 90.5%。粮食作物播种面积为 31.8 万亩，经济作物播种面积为 21.89 万亩。2013 年南湖区农民人均收入为 20091 万元，高于全国平均水平。

（二）经济环境

嘉兴市的涉农银行竞争激烈。一方面，嘉兴近邻中国金融中心上海，上海的大量正规金融机构辐射到嘉兴的农业金融市场。目前在嘉兴市，金融机构就有中国人民银行嘉兴市中心支行、中国工商银行、中国农业银行、中国建设银行、中国银行、中国农业发展银行、交通银行、中信银行、上海浦东发展银行、兴业银行、招商银行、浙商银行、深圳发展银行、嘉兴银行、省联社、中国邮政储蓄银行等。在 2015 年 12 月存款总额就高达 5934 亿元，放贷总额 4907 亿元。此外，在与温州、台州大量丰富的民间融资竞争下，金融机构通过改革推广新型的农业信贷产品，获得了更多的利润。2010 年农村信用社下发《嘉兴市农村土地流转经营权抵押贷款实施办法》，开启了规范性的嘉兴市农地产权抵押之路。据统计，截至到 2015 年，禾城农商银行（前身为农村信用社）开展了针对农村信贷的 27 种贷款。

（三）制度环境

2009 年嘉兴南湖区人民政府下发《南湖区农村土地流转经营权登记管理办法》，该办法规范了嘉兴南湖区土地流转行为，提升了南湖区的土地流转率和流转质量。2010 年农业信用社下发《农地产权抵押贷款的办法》，2011 年农业站下发与此相关的农地流转经营权证发放的文件。2011 年 8 月浙江省嘉兴市农经局联合浙江省农村信用合作联社下发《浙江省嘉兴市农村土地流转经营权抵押贷款专项贷款实施办法（试行）》。该办法对土地流转经营权抵押贷款发放原则、条件、贷款流程、土地流转经营权进行了抵押价值确定、抵押登记和抵押物监管与处置。文件中明确指出该办法的最终解释权归属农村信用合作社嘉兴办事处。文件中还对抵押的土地做了额外的要求，需同时具备以下四个条件：①具备一定生产规模的种植/养殖基地和设施农业、现代休闲农庄及其他符合抵押条件的农村土地；②土地流转经营权合法取得，并拥有具备法律能力的权属证明；③土地流转经营权具备相应的抵押价值；④经营土地不改变农业用途，土地流转经营权抵押金额不得超过土地流转经营权价值评估的 70%。此外文件设定的贷款流程如图 2－5 所示。

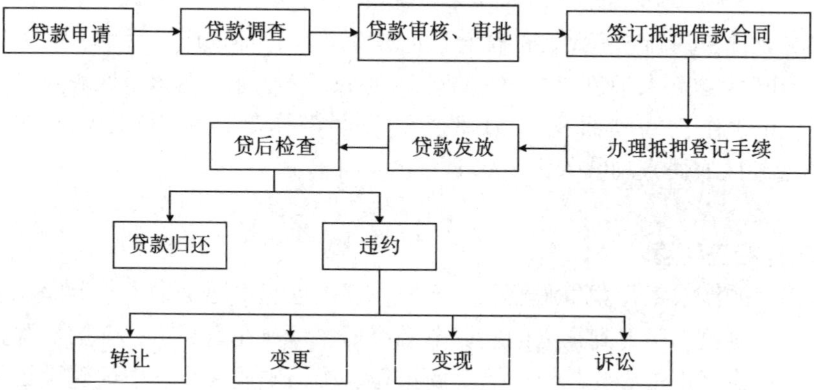

图 2－5　嘉兴南湖区农村土地承包经营权抵押贷款制度设计流程

二、模式介绍

（一）模式介绍

南湖区农地流转经营权抵押贷款是建立在南湖区高农地流转基础之上。2013 年、2014 年嘉兴市农地流转面积分别为 99.7 万亩和 101.2 万亩，流转率高达 41.2%、41.8%。具体流程如图 2－6 所示。

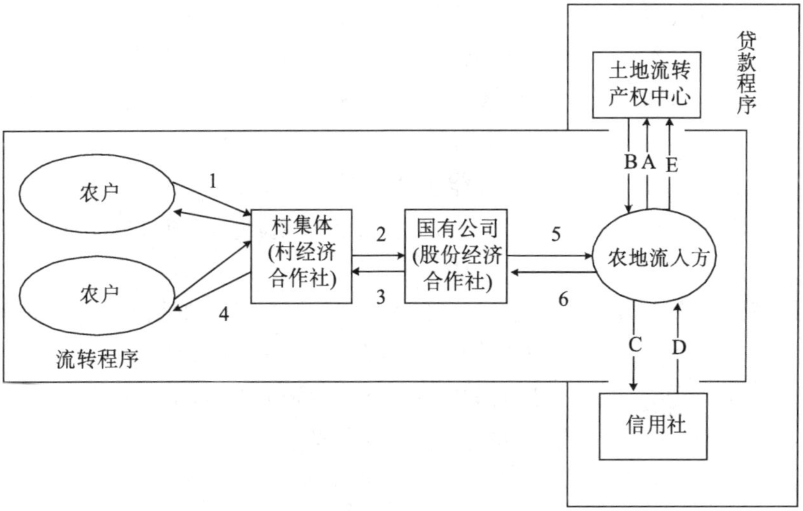

图 2－6　嘉兴南湖区农村土地承包经营权抵押贷款运行流程

在分析农地经营权抵押贷款模式之前，须先对嘉兴市农地流转的模式进行介绍。图 2－6 中横向方框是农地流转流程，纵向方框是农地贷款流程。

农地流转流程：①农户将农地经营权流转给村集体。在村集体内成立村经济合作社，该经济合作社既可处理村土地股权，也可处理村集体土地流转。②如果流转给村集体的农地及时有人来流转，那么村集体直接将规模的农地流转给转入方，收取租金，支付给农户。③如果农户的农地流转给村集体后暂时没有流入方，村集体就将农地流转给村集体成立的国有投资公司，由投资公司支付农地租金给村集体，村集体再将租金支付给农户。以上三步是农地流转两种情况下的程序。嘉兴的流转模式中出现了村集体和国有投资公司，并且国有投资公司承担着流转中的中介责任。农地流转存在着两处风险：第一是供需时间不同步的风险。农户流转农地给村集体后要求立即支付租金，但找到合适的流转方需要一定的时间，这样带来的可能成本预付便是时间不同步的风险。第二是流转后的管理风险。农地流转后，由于双方信息不对称，都有可能出现道德风险，甚至是违约风险。这两类风险都深深地制约了农地流转以及农地流转后的发展。嘉兴市的流转方法有效地将两类风险转移给了村集体和国有投资公司。时间不同步风险由国有投资公司来承担，管理风险由村经济合作社或者国有投资公司来承担。同时，嘉兴市对承担风险的动力和成本也做出了一系列的规定：首先，政府每年会补贴国有投资公司资金，防止出现支付租金时间过长而引起的问题。其次，村经济合作社与国有投资公司两个独立发包方，在农地流转后，都须向流入方收取每亩 50 元的管理费用。此外，当时间风险较大时，而短期内又没有流入方来流转土地的时候，可能的风险就是田地抛荒，此时国有投资公司要支付巨额的租金费用。在这种情况下，国有投资公司往往选择化整为零的方法，将农地以较低的价格短期流转出去，比如半年、一年，将两种可能的风险降低。在实际操作中，甚至是国有投资公司以每亩800元价格从A农户手里流转过来，而又以560元价格将农地短期流转给A农户。国有投资公司和村集体有了资金保障，以及农户有低价租赁自己土地种植的动力，两个发包方就能更好地选择“信用”度更高的农地流入方。农户有了土地流转的动力，嘉兴市的规模流转也就更容易实现，也更能吸引有实力的农地流入方。

农地流转经营权抵押贷款流程：①农地流入方（以下统称农地经营主体）与农地发包方（可以是村经济合作社、国有投资公司，也可以是农户）签订流转合同后，农地经营主体方可向嘉兴市土地流转服务中心和产权中心申请办理土地流转经营权证。往往土地流转服务中心与产权中心是一个部门，设在农业局农经站下。②土地流转服务中心/产权中心收到申请后审核无误，发给申请人土地流转经营权证。该证证明申请人在确认的流转土地上有一定限期的经营权。③农地经营主体按照银行抵押办法规定向银行申请农地流转经营权抵押贷款。④银行审核通过后和经营主体签订贷款合同，并按规定发放审核后的贷款款项。具体银行内部的操作流程如图2－7所示。

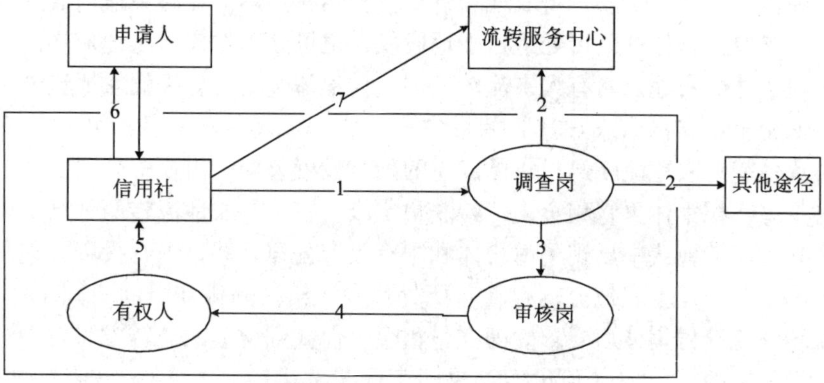

图2－7　嘉兴南湖区农村土地承包经营权抵押贷款银行放贷流程

农商银行接到申请人的贷款申请后，将申请移交给农商行的调查岗，调查岗对申请人的资信、流转面积以及农地种植项目进行调查并形成调查报告。调查的对象包括两部分：一部分是向嘉兴市流转服务中心也就是颁发给经营主体流转经营权证的地方求证，证实申请人已经将下一年的流转租金交付完成。流转服务中心会和流转发包方求实、确认。另一部分是调查员通过其他途径进行了解，比如咨询村里面的村民、村集体等。农商银行每个调查员往往负责几个有限的区域，比如一两个村，所以负责该村的调查员对村的熟悉程度不亚于当地的村民。他们往往与村民同吃同住，或者有的本身就是该村的村民，因此对该区域申请人的情况非常熟悉。成型后的调查报告附同申请书交到农商银行的审核岗，审核岗对资料的真实性审核后形成审核意见，递交到农商银行的贷款有权人。贷款有权人按照银行内部合同和依据调查报告形成的贷款评级来确定贷款申请人的贷款金额、利率、期限、还款方式等。最后放贷员将款项放贷给申请者。贷款结束后，信用社将所有合同递交一份给产权中心登记备案。

（二）作价方法

马克思的土地价格的理论指出："自然状态的土地是不存在价值的，土地只有因投入劳动而成为有价值的东西，土地价格的实质是地租的资本化。"美国经济学家伊利（1982）① 认为土地的价格就是土地收益的资本化，是土地年纯收益，即总收益扣除总成本。在市场化程度高的地方，土地的租金价格往往和土地的纯收益相接近。农户在权衡是自己种还是租给别人的时候，通常会将自己种的纯收益和租金收益进行比较，只有在相当的情况下才可能进行流转。

嘉兴南湖区的土地流转抵押贷款和贵州省凤冈县的抵押贷款相似之处是同样选择打包贷款方式，即以土地及土地附着物的共同资产抵押贷款。作价办法如下：

总评估价格 = 土地流转经营权价值 + 地上/地下附着物价值

土地流转经营权价值 = 每亩土地年租金 × 剩余承包年限 × 流转面积

剩余承包年限 = 已支付租金的期限 - 已经营流转土地的期限

其中年租金以流转合同的签订租金为准，地上地下附着物包括厂房、地上附着物的预期价值等。

比如 J 农户，2012 年 9 月向银行提出申请土地流转经营权抵押贷款，流转南湖区某村土地 974.3 亩，土地流转期限是 2012 年 6 月 1 日到 2013 年 5 月 31 日，流转价格是 560 元/亩，已经支付完流转期限的所有租金。管理用房 2 间，仓储房一间。银行贷款评估价格核算如下：

土地流转经营权价值 =（2013 年 5 月 -2012 年 9 月）× 流转价格（560）× 流转面积（974.3）= 37.33（万元）

管理用房价值 = 管理用房面积 × 单位价格 = 600m^2 × 300 元/m^2 = 1.8（万元）

仓储房价值 = 仓储房面积 × 单位价格 = 100 m^2 × 200 元/m^2 = 2（万元）

总评估价值 = 37.33 万元 + 1.8 万元 + 2 万元 = 41.13（万元）

最终 J 农户土地流转经营权抵押贷款总的评估价格是 41.13 万元。

① 伊利．莫尔豪斯．土地经济学原理［M］．北京：商务印书馆，1982.

三、风险防范与处置

（一）嘉兴南湖区土地流转经营权抵押贷款风险防范

南湖区流转经营权抵押贷款的风险主要在银行。与传统金融理论一样，银行往往会从逆向选择和道德风险防范上进行风险化解。

逆向风险防范。银行的逆向选择防范方法也就是对贷款对象的选择。除了银行对贷款人资信进行评估审核外，南湖区农商银行在土地流转贷款上还有其他要求。首先，农商银行要求申请抵押贷款的必须是有一定的基础建设。农商银行在进行调查评估的时候，不仅仅对贷款人的品行和能力进行评估，还会对申请人经营的项目进行评估。项目评估，一方面是项目的预期收益、预期市场程度；另一方面是项目的进展情况，往往倾向于项目在实施过程中的贷款，而不是启动或者创业阶段的贷款。其次，禾城农商银行在流转经营权抵押贷款办法中明确规定，贷款对象是流转面积为20亩以上、在流转中心与产权中心获得土地流转经营权的经营主体。以上两个条例，在一定程度上就决定了贷款申请主体会受到土地流转发包方，特别是农村经济合作社和国有投资公司的审核、监督与约束。此外，贷款申请主体在从村集体或者国有投资公司流转土地的时候，往往缴纳违约保证金，这也加大了贷款申请人的违约成本。因此在双重监督控制的情况下，违约风险大大减少。土地经营主体既是土地流入方又是贷款人，重叠流转发包方的监督，银行的风险相对会被部分化解，具体如图2－8所示。

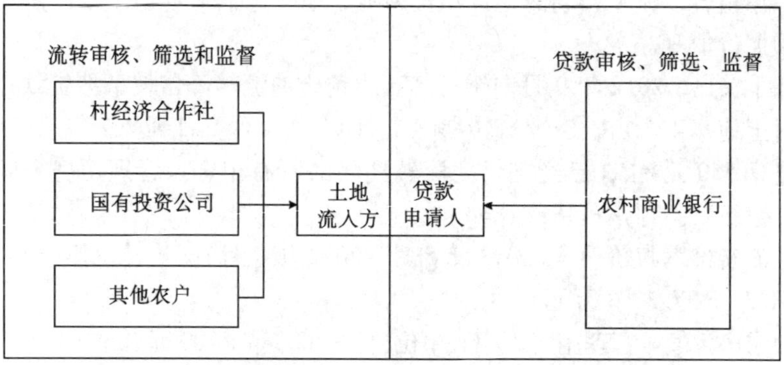

图2－8 嘉兴南湖区农村土地承包经营权抵押贷款风险防范

道德风险防范。农业特征注定了事后道德风险防范很困难、成本很高，因此，南湖区对抵押贷款的事后监督也是有限的。首先，贷款的发放程序设定规避道德风险。其次，农商银行的调研员常年驻在农村，通过自己对贷款户农业的经营观察和周围邻里对贷款户的“闲言碎语”来防范贷款户的道德风险。

(二) 嘉兴南湖区土地流转经营权抵押贷款的风险处置机制

当出现贷款者到期无法还贷的时候，南湖区农商银行有以下的风险处理方法如图 2－9 所示。

图 2－9 嘉兴南湖区农村土地承包经营权抵押贷款风险处置

借款人未按期还款，则银行拥有资产的处置权，包括抵押土地流转权的再流转权及其他资产的拍卖和转让权。银行将资产委托给产权交易中心，由产权交易中心统一处置。经过拍卖、再流转或转让后的回收资金补偿银行的风险。

嘉兴市人民政府于 2010 年组建农村产权交易中心，下发《嘉兴市农村产权交易中心组建方案》文件。文件指出，嘉兴市农村产权交易中心负责市的产权交易活动，将原南湖区、秀洲区的农村土地流转服务中心纳入嘉兴市农村产权交易中心，各县将原农村土地流转服务中心改造升级为农村产权交易中心。农村产权交易中心属于市行政审批服务中心下的准公益类事业单位，挂牌于嘉兴市公共资源交易中心。市行政审批服务中心负责日常管理，接受嘉兴市农村产权交易监督管理委员会及其办公室的指导和监督。农村产权交易中心职责包括发布农村产权交易信息、组织开展农村产权交易活动、提供政策咨询，开展为农业经营主体提供融资服务和农村住房贷款担保服务、履行农村签证等服务工作。交易中心产权包括农村土地承包经营权流转、农村集体经济组织养殖水田流转、农村集体资产股份流转、林权和林地流转、农民住房贷款担保、农村宅基地使用权流转、农村房屋所有权流转、农村集体建设用地流转等八大类。

农村产权交易中心为嘉兴南湖区农村土地承包经营权抵押贷款的风险处置提供了有效的处理途径。

四、案例分析

(一) 案例情况

贷款方基本情况：嘉兴市 WF 牧业有限公司成立于 2010 年 1 月，主要从事生猪养殖和饲料销售业务。公司最初注册资本是 100 万元，共有股东 3 人，均以货币形式出资入股。2010 年 8 月注册资金增加到 300 万元，股东从 3 人增加到 4 人。

土地流转情况：2009 年 11 月 WF 牧业有限责任公司与嘉兴南湖区 XFZ 经济

合作社共流转土地154.29亩，涉及村民51户、村合作社1家，流转期限是2009年12月到2028年4月30日，流转期19年。土地流转用途为农业开发项目，流转价格为每亩每年700元，每亩每隔3年递增70元直到合同期满。如果后期价格波动较大，则用560市斤粮食计算租金。WF牧业有限公司应于每年6月10日前向南湖区XFZ经济合作社支付流转租金。此外，WF牧业有限责任公司在每年12月底前，需向XFZ经济合作社支付其工作经费0.5万元。若土地流出户为60周岁以上无任何社会养老金保障老人时，WF牧业有限责任公司需额外支付每人每月100元的补偿金。

抵押物及评估情况：2012年WF牧业有限责任公司向浙江禾城农村合作银行XF支行贷款5万元。抵押物包括土地流转价值、房屋及其他地上定着物、地下设施等，评估机构为农村信用社，具体面积与评估价值如表2－2所示。

表2－2　WF牧业有限责任公司抵押物评估价值表

抵押内容	数量	评估价值
土地流转经营权	154.29亩，每亩每年租金700元	8.195万元
生产用房	1000平方米	60万元
猪棚	6500平方米	260万元
围墙	600米	15万元
道路及场地	3500平方米	28万元
沼气池及储液	1000立方米	100万元
合计		471.195万元

其中土地流转经营权用剩余期限价值来评估，即WF牧业有限责任公司于6月缴纳2012年流转租金共10.8万元，9月份申请土地流转经营权抵押贷款，还剩下9个月的流转租金价值，共计8.195万元。因此，土地流转经营权价值为8.195万元。

贷款情况：2012年WF牧业有限责任公司获取XFZ经济合作社租金缴纳证明，经过浙江禾城农村合作银行初审同意，南湖区土地流转服务中心审批登记备案，与浙江禾城农村合作银行XF支行签署土地流转经营权抵押合同。贷款期限是2012年9月18日到2013年9月16日，贷款金额为人民币5万元。

放款与还贷情况：2012年9月25日禾城农村合作银行向WF牧业有限责任公司一次性放贷5万元，2013年9月20日WF牧业有限责任公司还贷结束。

（二）案例点评

该案例是金融机构供给推动型农村土地承包经营权抵押贷款。新型农业经营主体直接将流转的土地承包经营权及一篮子货物（生产用房、猪棚、围墙等资产）抵押给金融机构获取贷款。抵押的是流转的土地承包经营权，价值是剩余期限的流转租金（剩余9个月，剩余租金价值为8.19万元），最终获贷资金为5万元。从该案例可以看到以下情况：第一，在嘉兴南湖区金融机构推动型土地抵押贷款模式中，土地流转是抵押贷款的重要前提。因此，规范的土地流转能为后期的借贷提供便利的信用条件，剩余流转租金作为实质抵押物可以节约借款方的交易成本和金融机构违约资产处理的成本。第二，评估价值与贷款额度差异巨大。案例中，土地流转经营权租金价值与一篮子资产的价值合计471.195万元，但154亩土地仅借贷5万元。在浙江禾城农村合作银行XF支行签订的20笔中就有18笔以大抵押价值低借贷情况。由于农村土地承包经营权抵押贷款在嘉兴南湖区还处于摸索阶段，金融机构为降低放贷风险谨慎放贷，压低了农村土地承包经营权抵押贷款的金额。就上文的案例而言，WF牧业有限责任公司同时用公司的厂房、机器设备向金融机构申请大金额的贷款，农村土地承包经营权抵押贷款仅作为整体贷款中的一个附加部分。

第四节 农户需求推动型——宁夏同心县

宁夏同心县从2003年开始探索土地融资，经过10多年的运作已形成成熟的融资模式，也引起了学术界众多学者的关注。通过对宁夏同心县土地承包经营权抵押贷款的模式介绍与运作机理分析，积累了大量的文献资料。这促使我们想要去了解民间如何在法律不允许、政府不介入、银行积极性不强的情况下形成的土地融资？是否这种凝聚着民间智慧的做法交易成本更低？是否更能持续长久运行？能否全国范围内推广？带着这些问题，2016年3月，课题组前往宁夏同心县进行了调研。

一、实施背景

（一）宁夏同心县基本概况

宁夏同心县位于宁夏中部干旱带核心区。从自然条件上来说并不是一个宜农耕种的县份。一方面，宜农面积小，全县丘陵、沟壑、山地、沙漠等占总面积的65.4%。总耕地面积为212.45万亩，其中水田仅有40.05万亩。另一方面，同心县属于温带大陆性气候，日照充足，昼夜温差大。年均降水量为259mm左右，而蒸发量却高达2325mm。因此，干旱缺水是同心县最大的自然特征。同心县2012年人口总数为391037人，其中农业人口数为293607人，占总人口数的

75.1%。2014年总人口数为377977人，农业人口数为283448人，占总人口数的74.99%。人均耕地面积有7.23亩。同心县是回族自治县，其中回族人口334859人，占总人口数的85.6%。2014年全县地区生产总值是442317万元，其中一产产值是109254万元，占总产值的24.7%。2014年，全县城镇居民人均收入17131元，农村居民人均收入6123元。

（二）改革发展背景及制度设计

宁夏同心县经济基础薄弱，种植业发展缓慢。大多农户以发展牛、羊养殖业为主，而养殖业又需要大量的资金投入，因此形成了同心县农民对农业资金的需求动力。同心县拥有85.6%的回民，传统的生活方式、农业养殖方式让农民形成了传统的熟人社会。在同心县，农户每年的最大开销是亲戚朋友间的人情往来，村民之间尤其重视声誉，互帮互助是同心县农民生活的主要方式，是一个稳定的乡村熟人社会。

2006年，由村合作社和信用社共同创新了土地承包经营权反担保贷款方式，利用同心县熟人社会和有较大权威的村集体力量，解决农户融资难问题，并进行了大范围的运行。为规范农村土地承包经营权抵押贷款，2010年吴忠市政府下发了《吴忠市农村土地承包经营权反担保贷款管理办法》。办法中规定，反担保贷款的标的物包括具备持续生产能力的农业、渔业、牧业、林业及其他符合反担保条件的农村土地；土地承包经营权合法取得，并拥有具备法律效力的权属证明材料，如农村土地承包经营权证、合法合规的承包经营或租赁合同等；土地承包经营权关系清晰，依法自愿有偿的土地流转原则，承包经营租赁协议和手续符合国家法律政策；经营土地没有改变农业用途。文件中对土地承包经营权流转合作社进行了规定，即土地承包经营权流转合作社按照《中华人民共和国农民专业合作社》规定的程序进行设立，以行政村为单位，由村民作为发起人向工商部门申请登记注册，吸收农民的土地承包经营权作为股份，并为入股农户贷款进行担保。农户可以选择除去留足生活保障土地后的土地入股加入土地承包经营权流转合作社，一般是40%以下的土地入股。入股后的土地不得随意再次流转，如确需流转，应当解除农户与土地流转合作社的入股法律关系后再进行。文件中对土地承包经营权反担保贷款流程进行了制度设计，具体流程如图2-10所示。

农户用部分土地入股土地承包经营流转合作社后，合作社为入股农户发放股权证，并获得合作社担保贷款的权利。需求资金的农户可以采用“多户联保”（多户联保的农户必须是农村土地承包经营权流转合作社成员）的方式向银行业金融机构申请贷款。土地承包经营权流转合作社为贷款农户向银行业金融机构提供担保，并签订担保协议。金融机构按合同向农户发放贷款。土地承包经营权流转合作社为贷款农户提供担保后，贷款农户需以其入股的土地承包经营权向合作

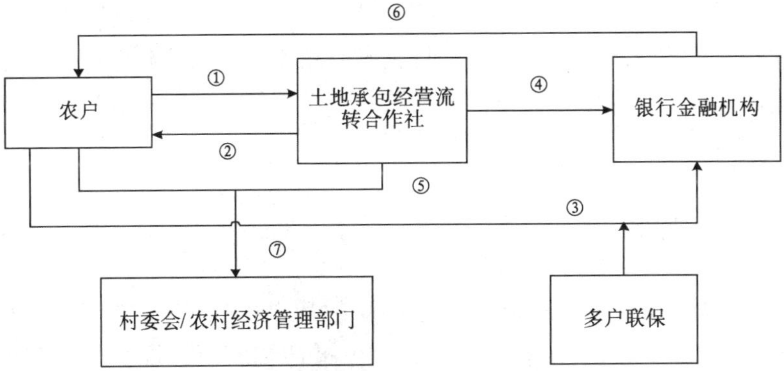

图 2－10　宁夏同心县农村土地承包经营权抵押贷款制度设计流程

社提供反担保，并向当地村委会和乡镇农村经营管理部门登记备案。

文件中对反担保的土地也进行了一定的规定：第一，贷款金额不得超过反担保土地承包经营权认定价值的 80%。反担保土地价值的认定原则是“土地承包经营权价值＝年租地平均收益×经营权期限＋土地上种植养物价值”；第二，反担保的土地不得再次流转；第三，贷款的期限不得超过贷款农户提供反担保土地承包经营权剩余价值存在的时间；第四，贷款农户的土地承包经营权在入股和反担保期间，土地承包经营权流转合作社不得对其进行任何处分。

文件对农户不能按时偿还债务做出了处理，如图 2－11 所示。

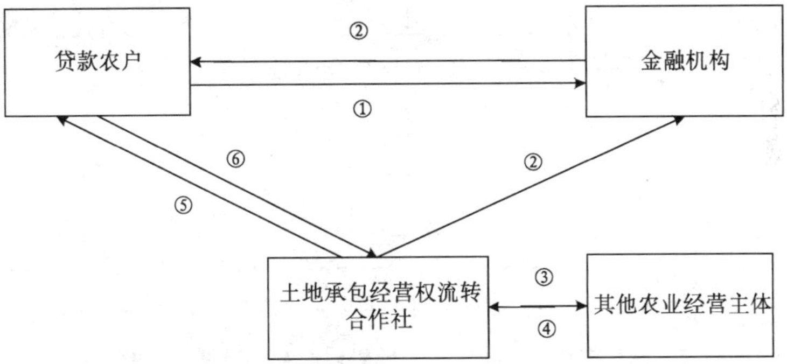

图 2－11　宁夏同心县农村土地承包经营权抵押贷款制度违约处置

贷款农户不能按期偿还贷款时，在贷款到期一个月内向银行金融部门提出协商解决申请①；若协商成功，则按协商处置②；若协商不成功，则土地承包经营权流转合作社代贷款农户清偿欠款②；土地承包经营权流转合作社有权对贷款农户的抵押土地进行处置，即对抵押土地进行流转。流转对象可以是承包农户，也可以是其他按照有关法律及有关规定允许从事农业生产经营的组织和个人。在同等条件下，多户联保中的其他农户及贷款农户所在的集体经济组织成员享有优先权③；流转抵押的土地到期后，土地承包经营权流转合作社收回土地的经营权④，继续作为贷款农户的股份⑤；若贷款农户在流转期限达到前向土地承包经营权流转合作社补全贷款资金，可以申请收回土地承包经营权，但应该得到受让方的同意，并给予受让方相应的经济补偿⑥。

二、模式介绍

宁夏同心县农村土地承包经营权抵押贷款从2003年开始萌芽，2006年开始全面实施，2010年政府下发规范文件，至今抵押贷款模式发生了一些改变。本章节的研究更加关注模式的变迁，分别对新旧贷款模式进行介绍，并对其进行对比分析。旧模式主要建立在文献基础上，新模式资料是本课题组在2016年3月深入调研所获取。

（一）宁夏同心县农村土地承包经营权抵押贷款旧模式

汪险生等（2014）[①] 将同心县的农村土地承包经营权抵押贷款归纳为关系主导型，是“群体信用”的融资典型。这种方式成功地避开了国家法律的禁止和银行不接受土地抵押贷款的法令法规，将抵押贷款转变为信用担保贷款。具体的运作流程如图2－12所示。

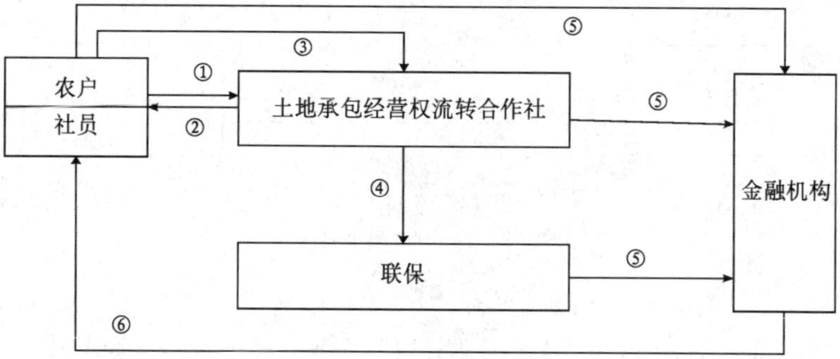

图2－12 宁夏同心县农村土地承包经营权抵押贷款旧模式

①成立土地承包经营权流转合作社，农户申请加入。以村为单位召开村民代表大会，成立土地承包经营权流转合作社。社长一般由村书记或村主任担任，副社长由村其他干部担任。农户加入合作社须提出书面申请，以自家承包土地总面积的2/5的土地承包经营权入股。②合作社审核通过成为社员。合作社对申请农

① 汪险生，郭忠兴．农地承包经营权抵押贷款：两权分离及运行机理——基于对江苏新沂市与宁夏同心县的考察［J］．经济学家，2014（3）：49－60.

户的资产以及资信进行调查，对其进行信用等级评分。审核会剔除信用不好的“不良分子”，选择资信较好的农户入股，同意对其担保贷款。③有贷款需求的农户向合作社申请贷款担保。④合作社审核同意对其担保。合作社同意对申请者担保贷款后，申请人分别与合作社、担保人签订《土地承包经营权抵押协议》。协议规定，如果贷款到期不能偿还，将所抵押土地承包经营权转让担保人或由协会进行转让处置，直到贷款本息还清后才能赎回土地承包经营权，且取消其会员资格。每个普通社员只能担保三户，常务会员只能担保十户。⑤农户和合作社向银行申请贷款。农户以担保形式向银行申请担保贷款，其中合作社作为总担保。⑥银行向申请人放款。银行审核后，与贷款人与担保人签定担保贷款协议后，放款。

（二）宁夏同心县农村土地承包经营权抵押贷款新模式

2016年3月课题组前赴宁夏同心县，通过对农户、土地承包经营权流转合作社以及金融机构进行访谈，根据访谈资料形成了现行的农村土地承包经营权抵押贷款模式。具体模式如图2－13所示。

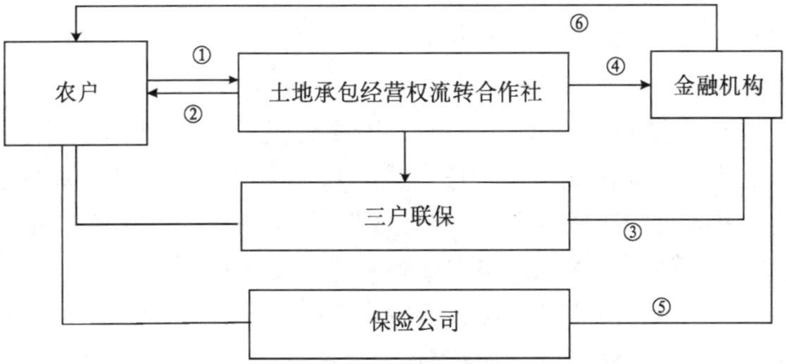

图2－13　宁夏同心县农村土地承包经营权抵押贷款新模式

农户将自己所承包或者租赁的土地入股土地承包经营权流转合作社，成为合作社社员，并享有合作社的贷款担保权利。土地承包经营权合作社以村为单位，在文件《中华人民共和国农村专业合作社》规定下成立，设立会长、副会长各一名，常务会员（没有固定数量）。通常会长和副会长是村干部，常务会员的选举充分考虑选举对象的威望、信用和经济条件，此外还会考虑常务会员在每个民族或者村民小组中的分布，保证他们有公平的贷款权利。农户在入股会员的时候，原则上要求以自家土地承包经营权证上记载面积的一定比例入股，即留足基本生存口粮土地，剩余可酌情入股，但在实际操作中有农户全部入股①。合作社对入股申请的农户进行审查，审查内容包括申请人的信用历史、家庭经济情况、入股土地质量等信息，经2/3会员同意后颁发合作社社员入股证，正式入股成为会员，享有会员的权利和义务②。有贷款需求的农户向金融机构提出贷款申请，贷款条件有三个：第一是需要三户联保，即借款农户选择其他两户已经加入土地承包经营权流转合作社的农户为其担保，自愿组成三户联保体。合作社对会员担保数量做出相应规定，即每户每次只能担保一户③；第二是土地承包经营权流转合作社为贷款农户提供总担保④；第三是贷款农户需向保险公司购买意外伤害保险，有条件的农户还要购买其他农业保险，保险公司出具保单后，农户递交相关证明给金融机构⑤。金融机构对农户的资信、贷款用途、还款来源、担保情况、保险情况进行综合考虑后，以一定的利率金额放贷给农户⑥。

（三）宁夏同心县农村土地承包经营权抵押贷款新旧模式对比

宁夏同心县农村土地承包经营权抵押贷款模式在不断运行中完善，有以下几个方面的调整：

第一，土地承包经营权流转合作社覆盖面更广。一方面，入社的条件放宽门槛降低，更多农户有入社的资格。在旧模式下，农户入社不仅仅要有符合条件的土地、良好的资信和良好的经济条件，还需要向合作社缴纳1000元的入社保障金。新模式下，农户不需要缴纳入社保证金，只需提供符合条件的土地和个人资信信息，这减少了入社的经济和时间成本。另一方面，常务会员的数量和覆盖面增加让更多的农户受益。在旧模式下，常务会员的人数通过投票选举控制在10∶1的会员比例。在新模式下，常务会员的数量不再有限制，选举原则是常务会员要能覆盖村里的每个氏族每个村民组，保证每个农户能获取合作社的信息。

第二，银行调整还款保障，丰富保障种类，减少联保强度。银行的放贷条件也是农户的还款保障，放贷条件设计得越合理，还款越有保障。在旧模式下，同心县的还款保障由多户联保和合作社总体担保。2011年，联保需要3名普通会员和1名常务会员，或者5户普通会员，常务会员担保数量不超过10户，普通会员担保数量不超过3户。常务会员申请贷款需要协会内2名常务会员和会长或者副会长共同担保。2014年，联保条件是3户联保。在新模式下，银行调整了放贷条件，银行将还款保障在关系联保、合作社担保的基础上，增加了农业保险。银行要求农户在申请贷款的时候要投保意外伤害险，在贷款未清偿期间，如出现意外伤害情况（如贷款人受伤、无能力继续耕种、丧失还款能力），按照保险条款约定的理赔资金全额归还金融机构本息。同时，银行降低了关系联保的条件，只需要2户联保社员即可，每个社员只能联保一户。

第三，农户违约后的代偿顺序发生变化，土地处理更加市场化。违约后的代偿、土地问题处理是整个贷款模式的关键，新旧模式之间也发生了较大的变化。在旧模式下，第一代偿人为土地承包经营权流转合作社，第二代偿人为关系联保户。合作社将抵押的土地在合作社内部流转，联保户具有优先流转权。在新模式下，第一代偿人为保险公司，第二代偿人为联保户，第三代偿人为合作社。土地处理也是先交由保户处置；若是合作社代偿，则交由合作社处置。抵押的土地可以自耕种，也可以流转给其他农业经营主体，不局限在本合作社内、集体范围内流转。

三、风险防范与处置

（一）宁夏同心县农村土地承包经营权抵押贷款风险防范

金融机构将贷款风险部分转嫁给保险公司和以土地承包经营权流转合作社为代表的熟人社会，同样我们也从逆向选择和道德风险上进行风险防范分析。

逆向风险防范。宁夏同心县土地承包及经营权抵押贷款没有从规模土地、高抵押品（一篮子资产）进行贷款对象的筛选，而是选择双重担保的方式进行风险防范。第一是通过农业保险减少贷款者的逆向风险。银行要求贷款农户必须投保人身意外险或者其他农业保险，保证在农户遇到意外事故丧失还款能力时有还款保障。第二是通过村合作社、村民对贷款农户的筛选信息，减少逆向风险。土地承包经营权流转合作社在审查农户是否具有入社资格的时候，会通过一系列的程序对农户的家庭资产情况、收入来源、个人资信等多方面信息进行评判。这个过程与银行对贷款人的资信审查是一致的，因此，银行通过农户的入社信息和合作社是否替农户做总担保，间接地获取了农户的资信情况，以此减少农户的逆向风险。此外，社员对农户的关系联保也是减少逆向选择最好的方法，“最了解贷款农户的人往往就是自己的左邻右舍，左邻右舍会根据对贷款农户的了解选择是否替他做担保。如果贷款农户找不到基本的两户为其担保，也就说明这个人的资信是有问题的”，信贷员这样描述关系联保的作用。宁夏同心县农村土地承包经营权抵押贷款模式通过以上方法分解了银行的贷款风险，确保了贷款的可靠性。风险防范的具体示意图如图 2 – 14 所示。

道德风险防范。在宁夏同心县抵押贷款模式下，银行将道德风险转移到联保组织和联保户身上，由进行担保的土地承包经营权流转合作社和联保的两户社员进行事后风险防范。土地承包经营权流转合作社和联保户与贷款农户在地理位置上的相邻，在农业事务的相关，他们可以监督和及时了解贷款农户的事后资金使用情况。这种监督一方面保障贷款资金的合理利用，另一方面对贷款农户的行为带来压力，有效减少农户的道德风险，如图 2 – 15 所示。

银行将道德风险的防范转嫁给熟人社会（合作社、联保户）的好处在于：一方面节约银行的监督成本。银行监管农户的资金使用情况是一件耗时耗精力的工程，而熟人社会的监管往往在聊天、看、听中就能解决。另一方面熟人社会的

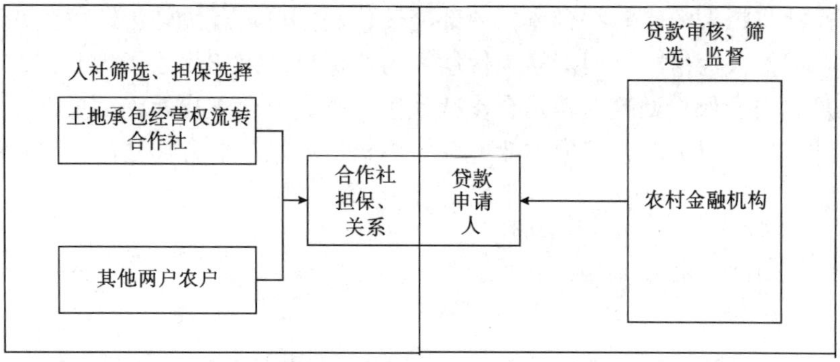

图 2-14　宁夏同心县农村土地承包经营权抵押贷款逆向选择风险防范

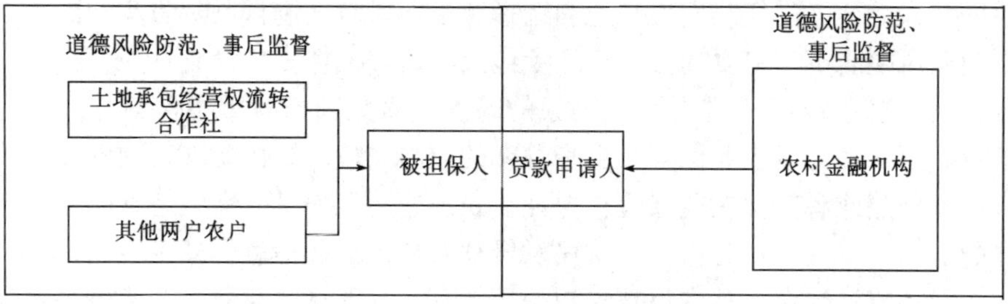

图 2-15　宁夏同心县农村土地承包经营权抵押贷款道德风险防范

监管更加有效，正如费孝通所言，中国人是活在熟人和人情世故中的，熟人社会的舆论和其连带作用是最具有影响规范能力的，在舆论的压力下，贷款农户选择道德风险的成本太大。因此，熟人社会的监管是低成本而有效的。

（二）宁夏同心县农村土地承包经营权抵押贷款的风险处置机制

当贷款者到期无法或者不愿意还贷的时候，宁夏同心县模式下的风险处理机制如图 2-16 所示。

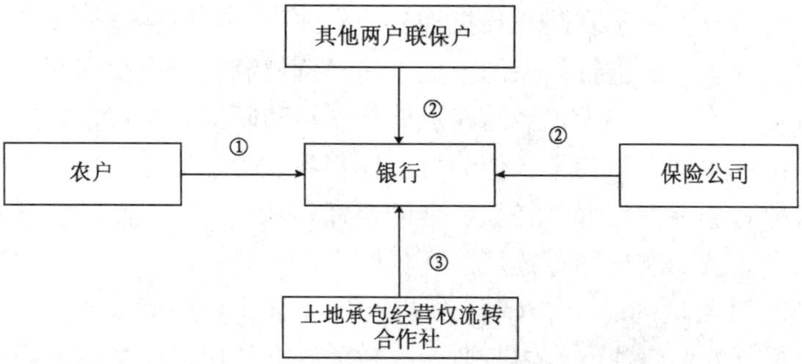

图 2-16　宁夏同心县农村土地承包经营权抵押贷款风险处置

借款农户不能按期还款时应提前与银行协商延期还款①，若协商未果或者延期后依然不能归还，则进入风险处置阶段。如果是贷款农户遇到自然灾害或者人为伤害失去工作能力，无法还款时，则银行有保险公司保险赔偿的优先受偿权②；如果是农户不在承包范围内失去偿还能力，或者不愿意偿还，则由其他两户联保户代偿银行款项，还款后拥有抵押土地的处置权②，若联保户不愿意代偿，则由土地承包经营权流转合作社替贷款农户偿还，还款后拥有抵押土地在抵押期间的处置权③。保险公司与熟人社会为宁夏同心县农村土地承包经营权抵押贷款模式的风险处置提供了有效的途径。

四、案例分析

（一）案例情况

借款人：农户 A，50 岁，初中文化，从外乡搬迁至宁夏同心县。农户 A 转包村里 10 亩土地获得了 3 万元的贷款，主要用以发展养殖业，以牛羊育肥为主。现有牛棚 2 个，饲养 11 头牛，羊圈 1 个，饲养 50 多只羊。

合作社：××村土地承包经营权流转合作社，成立于 2008 年 11 月，是以××村为单位成立的。运行初期为土地协会，但由于土地协会地位得不到承认存在一定的法律风险，在 2008 年的时候被新成立的××村土地承包经营权流转合作社代替。合作社有会长、副会长各 1 名，常务会员 6 名，村里 85% 以上的农户是其土地承包经营权流转合作社成员。

金融机构：同心县农村信用合作联社

案例简述：农户 A 养殖牛羊，2014 年前每年只养殖一两头牛、几只羊，以小规模养殖补贴家用。2014 年 3 月，A 打算扩大养殖规模，但是缺少足够的启动资金。A 通过村里人了解到农村土地承包经营权抵押贷款制度后，首先以转包的 10 亩土地入股××村土地承包经营权流转合作社，获得合作社 3 万元的贷款担保资格，签订《农户土地承包经营权入股申请》《土地承包经营权流转合作社担保承诺书》《土地承包经营权反担保贷款协议书》《农户土地承包经营权流转委托书》。其次 A 找到同是合作社成员的哥哥和已经分家的儿子为贷款担保。然后，A 与保险公司签订意外伤害险，保费为 45 元/年，保险合同约定，如在贷款未偿还期间，出现人身意外情况，由保险公司代为偿还贷款。最后，A、合作社、担保人与农信社签订《保证合同》《个人借款合同》。3 日后，贷款全额发放，利息为 1 厘，贷款期限一年。但是 3 万元不能满足 A 扩大养殖规模的资金需求，故又分别向哥哥、儿子共借款 3 万元。A 的哥哥、儿子以自己的土地承包经营权为抵押，同样通过合作社与其他两名社员联保的方式分别向金融机构贷款 3 万元。A 共获得资金 9 万元扩大自己的养殖规模。2015 年 3 月，A 在牛羊育肥出售后，及时清偿欠款，并继续以同样的方式获得贷款共计 9 万元，贷款期限 1 年，利息降为 0.9 厘。2016 年 3 月又再次贷款，贷款期限 1 年，利息降为 0.8 厘。现在，A 在农村土地承包经营权抵押贷款政策的扶持下，已建起牛棚 2 个，饲养 11 头牛，羊圈 1 个，饲养 50 多只羊，下一步，A 正考虑申请办理养殖合作社。

（二）案例点评

该案例是宁夏同心县农户需求推动型农村土地承包经营权抵押贷款，贷款方是当地农户。农户将转包的土地承包经营权入股村土地承包经营权流转合作社，获得合作社贷款担保资格；请合作社社员的哥哥和儿子作为关系联保；购买人身意外险。农户 A 满足三个贷款条件后获得 1 年期的 3 万元金额贷款，用以扩大养殖规模。从该案例可以看到以下情况：第一，合作社担保，关系联保是宁夏同心县农村土地承包经营权抵押贷款的实质。土地承包经营权抵押发生在获得合作社贷款担保的资格但违约后的资产处置中，与金融机构、地方政府相关性不大。第二，农村土地承包经营权抵押贷款获贷金额小，可通过多人申贷获得多笔资金整合使用。而且小金额的放贷可防止农户盲目扩大生产规模。第三，宁夏同心县的农村土地承包经营权抵押贷款属于典型的“熟人社会关系贷款”，比如在村范围内取得成员资格、在亲缘关系内取得关系联保、在合作社内处置违约资产。这种熟人社会的行为会通过声誉机制保证合约的自我履约，从而达到一个很好的社会协作状态。

第五节　多模式共存型——重庆江津区

江津区位于重庆东南部，是重庆重要的农村改革试验地。江津区下辖 8 个县、225 个村、1703 个村民小组。江津区是一个农业大区，从农业人口数来看，2014 年总人口为 150 万人，其中农业人口占 66.7%，即 100 万人。农户数为 36.38 万户，其中纯农户有 22.07 万户，兼业户为 12.05 万户，非农户数为 2.26 万户。从土地面积来看，江津区总面积为 3129 平方公里，其中集体所有农用地面积有 301.47 万亩，占总区面积的 64.23%。江津区农业主要以花椒、柑橘、生猪养殖为主，依托“长寿之乡”之名，大力发展富硒农产品，如富硒茶、富硒花椒等。

一、实施背景

重庆市江津区实施农村土地承包经营权抵押贷款背景分别从政策、经济和社会来阐述。

（一）政策背景

江津区在开展土地承包经营权抵押贷款时获得了重庆市、江津区政府的大力支持，具有扎实的政策背景基础。

重庆市在2010年出台了文件《重庆市人民政府关于加快推进农村金融服务改革创新的意见》（渝府发［2010］115号）。文件指出，为推动城乡统筹发展、创新金融服务，可将农村“三权”（农村土地承包经营权、农村居民房屋、林权）进行抵押贷款。同时，文件对三权进行了界定，明确了其合法性，大致规定了抵押贷款制度。该文件指出了农村金融改革的方向，为江津区的土地产权抵押贷款提供了制度保障。随后，2011年重庆市出台了多份农村土地承包经营权抵押贷款的保障性文件，如《关于开展农村土地承包经营权居住民屋和林权抵押贷款即农户小额信用贷款工作的实施意见》、《重庆农村“三权”抵押登记实施细则》、《重庆市农村土地承包经营权登记实施细则（试行）》、《重庆市农村“三权抵押融资风险补偿金管理暂行办法》、《关于为推进农村金融服务改革创新提供司法保障的意见》等，这些文件从金融机构、风险补偿、登记等方面对农村土地承包经营权抵押贷款提供了制度保障。

江津区出台了具体开展农村土地承包经营权抵押贷款的细化文件。2011年出台的文件《重庆市江津区人民政府关于加快推进农村金融服务改革创新的意见》（江津府发［2011］31号），将重庆政策文件中的三权扩展到五权，即增加了农村集体建设用地使用权、农村塘库堰承包经营权。文件指出，以农村五权抵押融资为核心创新农村金融制度，以发展新型农村金融机构为重点创新农村金融组织体系，以推动农村信贷资产和权益流动、建立农村金融风险分担机制为中心创新农村金融服务配套支撑体系，这些都为农村经济社会发展提供了全方位的金融支持。以此文件为基础，江津区政府及各个相关职能部门制定了相关的实施文件，如《江津区农村土地承包经营权抵押登记办法（试行）》（江津府发［2011］312号），该试行办法分别对抵押贷款的主体资格、抵押登记材料进行了界定，并制定了规范性的文本，如江津区农村土地承包经营权抵押登记申请表、江津区农村土地承包经营权抵押担保承诺书、江津区农村承包土地价值确认书及江津区农村土地承包经营权抵押登记证；《重庆市江津区人民政府关于加快推进农村金融服务改革创新的意见》（江津府发［2011］31号）中的农村金融担保机制创新（五权抵押）是江津金融服务改革创新的一个重点，该意见对农村金融改革的目标、具体内容、组织保障做了详细的规定；为了规范、促进农村土地承包经营权抵押贷款工作的开展，江津区政府还出台了《江津区农村土地承包经营权流转实施细则》（江津府发［2011］2号）。

（二）经济社会发展背景

重庆市江津区与农村土地承包经营权抵押贷款相关的经济社会发展背景有以下几个特点：首先，农村打工经济较多，土地供给空间大。2013 年外出打工劳动力人数是 41.44 万人，占江津区总劳动力数的 57.32%，其中常年在外打工的人数为 37.36 万人，在省外打工的人数为 19.51 万人。2014 年外出打工人数为 40.97 万人，占江津区总劳动力数的 56.97%，其中常年在外打工的人数上升到 38.40 万人，在省外打工的人数上升到 19.73 万人。可见，江津区农村存在大量的外出打工现象，且以长期外省打工为主。其带来的直接后果就是江津区存在大量抛荒、代耕或出租土地的现象。其次，新型农业经营主体发展迅速，土地规模流转较大。江津区大力培育新型农业，通过政策扶持、完善社会服务体系，发展了大量的新型农业经营主体。截至到 2015 年 6 月，全区各类种养专业大户 2765 个；家庭农场 433 家，其中工商注册的有 199 家；农民合作社 593 家，农民参合率达 57.1%；农业企业 151 家，其中国家级 1 家，市级 23 家，区级 127 家。2014 年底，全区农村土地流转面积 64 万亩，流转度为 38.2%。在 64 万亩流转土地中，有 63.3% 的土地面积流向新型农业经营主体，占流转总面积的 98.8%，其中专业大户流向 32.5 万亩，农民合作社 10.9 万亩，家庭农场 4.4 万亩，农业龙头企业 15.5 万亩。截至 2015 年 7 月，流转面积上升到 65.66 万亩，流转度上升了 1 个百分点。最后，土地确权率高。江津区在 2010 年开展农村土地确权工作，截至 2013 年底，共确认集体所有耕地面积 169.40 万亩，其中已确认的家庭承包经营权面积 168.99 万亩，共确权农户 360995 户，确权率为 99.76%。

二、模式介绍

（一）江津区农村土地承包经营权抵押贷款的组织结构

依据《重庆市江津区人民政府关于加快推进农村金融服务改革创新的意见》（江津府发［2011］31 号）文件，江津区设立了相关政府机构，推动农村土地承包经营权抵押贷款改革的具体制定与实施，如图 2－17 所示。

为顺利推进改革的实施，江津区成立了江津区农村金融服务改革创新领导小组，由区政府区长任组长，区政府分管农业工作的副区长及分管金融工作的副区长任副组长，区政府办、区农委、区国土房管局、区林业局、区水务局、区财政局、区供销社、区金融办、区政府法制办、人民银行江津中心支行、江津银监办等相关单位主要负责人为组员。领导小组下设办公室，办公室设在金融办，金融办主任兼任办公室主任。意见对各单位的职责也进行了详细的分工，主要的分工有：区政府办负责牵头与协调各成员单位，指导与监督农村金融服务改革创新工

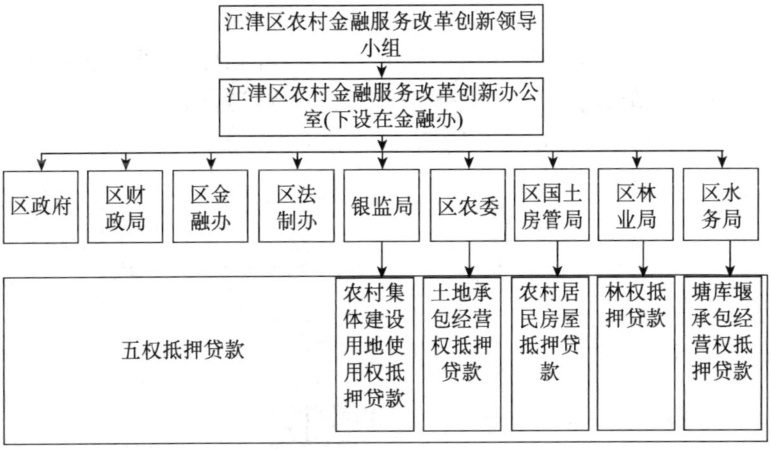

图 2－17 重庆市江津区五权抵押贷款政府组织结构

作；区金融办负责引导相关部门制定操作细则和办法；区农委参与制定和实施促进农村金融服务改革创新的具体实施方案，负责农村土地承包经营权的确权颁证、抵押登记及监督管理，协助合作银行制定农村土地承包经营权抵押贷款操作办法，负责农村产权综合交易平台的组建工作；区财政局负责研究制定风险补偿办法；区国土房管局负责农村基本建设用地及农村居民房屋抵押贷款操作办法；区林业局负责林权抵押贷款的操作办法；区水务局负责农村塘库堰承包经营权的确权颁证、抵押登记及监督管理工作，协助合作银行制定农村塘库堰抵押贷款操作办法等。

由此可见，农村土地承包经营权抵押贷款的具体制定与实施方案由江津区农委主持，而与此相关的金融、风险、平台的建设是由江津区农村金融服务改革创新办公室协调其他单位完成。如法制办协助关于农村土地承包经营权抵押贷款办法的审核，并提出法律意见与建议；区财政局负责关于农村土地承包经营权抵押贷款的风险补偿办法制定与落实；银监局负责关于土地承包经营权在区银行金融机构的开展与监督等。

（二）共存模式 1——金融机构供给推动型模式

江津区土地承包经营权直接抵押贷款模式是农业经营主体与银行直接对接的一种模式，《重庆市农村土地承包经营权、农村居民房屋及林权抵押融资管理办法》第三条指出，农村“三权”抵押融资主要指借款人以自身或者第三人所有的农村土地承包经营权、农村居民房屋及林权作为抵押担保向融资机构申请贷款融资的行为。《江津区农村土地承包经营权抵押登记办法（试行）》第三条规定，农村土地承包经营权抵押人是指取得农村土地承包经营权的农户、个体经营户、企业、农村集体经济组织和专业合作经济组织。可见，实施农村土地承包经营权抵押贷款的主体可以分成拥有农村土地承包经营权的农户自身、土地流转后获得经营权的第三方即新型农业经营主体（包括农业家庭经营组织、农业企业、农业合作社）。其具体流程如图 2－18 所示。

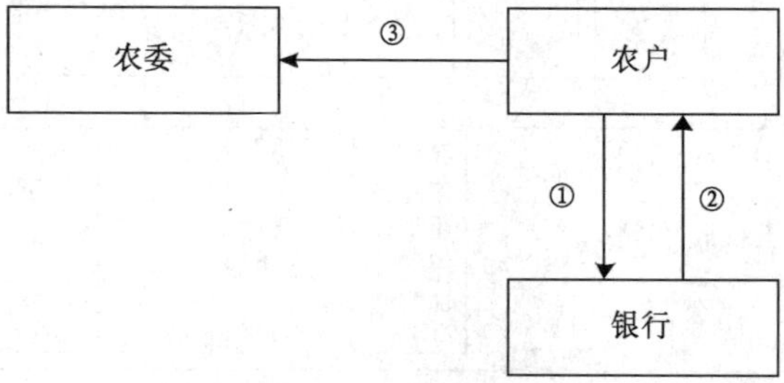

图 2－18 重庆江津区金融机构供给推动型——农户贷款流程

根据《江津区农村土地承包经营权抵押登记办法（试行）》第五条：①农户直接向银行提出农村土地承包经营权抵押贷款申请，所需材料为：经营权抵押登记申请书、抵押人的居民身份证复印件、农村土地承包经营权证书复印件、农村土地承包经营权抵押担保承诺书（经营权共有人同意抵押意见），农村承包土地价值确认书（100 万元以上，需提供评估书一份）；②银行评估后，向农户发放贷款；③农业经营主体向区农委登记备案。重庆江津区金融机构供给推动型——新型农业经营主体贷款流程如图 2－19 所示。

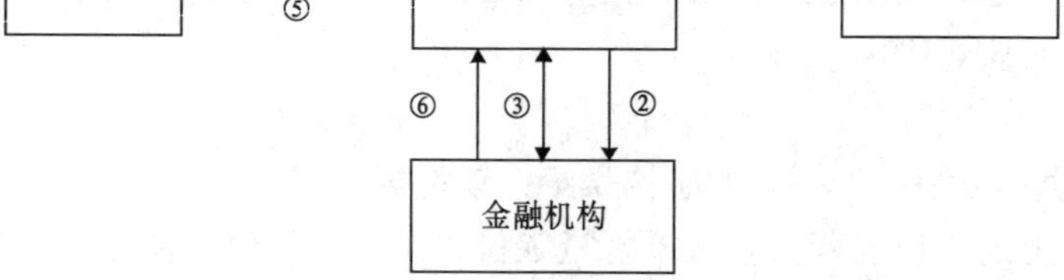

图 2－19 重庆江津区金融机构供给推动型——新型农业经营主体贷款流程

根据《江津区农村土地承包经营权抵押登记办法（试行）》第五条规定：①新型农业经营主体用从农户流入的土地，签署流转合同；②新型农业经营主体向银行提出农村土地承包经营权抵押贷款申请，所需资料有土地流转合同、土地流出户的《农村土地承包经营权证》、农村土地承包经营权抵押担保承诺书、土地流出户户主身份证复印件各一份；③银行审核无误后，与申请者签订农村土地承包经营权抵押贷款合同；④新型农业经营主体将农村土地承包经营权抵押贷款在流入土地的村委进行公示；⑤新型农业经营主体将农村土地承包经营权抵押贷款在区农委登记备案；⑥公示、备案结束后，银行按合同规定向新型农业经营主体发放贷款。

（三）共存模式2——政府供给推动型模式

类似于贵州凤冈县政府供给推动型模式，即由地方政府设置担保公司，以土地反抵押担保贷款，具体流程如图2－20所示。

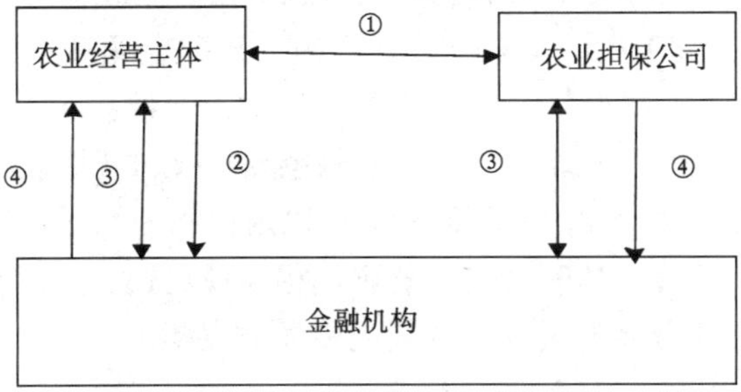

图2－20 重庆江津区政府供给推动型贷款流程

①农业经营主体向担保公司提出担保申请，并按照担保公司的要求提供土地承包经营权等反担保材料，待担保公司评估审核后，同意对农村土地承包经营权抵押贷款申请者实施担保，双方签订担保合同；②农业经营主体、担保公司向银行提出担保贷款申请；③银行与农业经营主体签订贷款合同，与农业担保公司签订担保合同；④银行向农业经营主体发放贷款。

（四）共存模式3——农户需求推动型模式

重庆江津区农户需求推动型模式是通过资金互助社形式实现的。资金互助社是一种封闭熟人环境下的资金运作方式，类似于宁夏同心县的土地流转合作社。具体流程如图2－21所示。

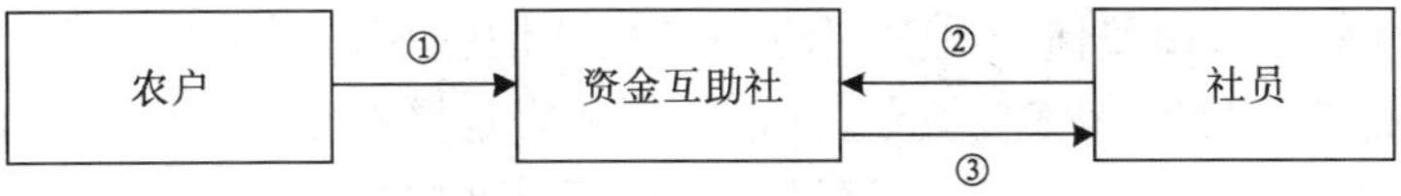

图2－21 重庆江津区农户需求推动型贷款流程

重庆市共有两个资金互助社，江津区白沙镇的资金互助社是其中之一。资金互助社在银监会的监管下成立、运作，银监会对资金互助社的数量、资金规模及社员规模均有严格的限制。①农户加入资金互助社后获得向资金互助社贷款的权利；②有贷款需求的社员向资金互助社提出贷款需求，并按要求提供土地承包经营权抵押物；③互助社审核贷款人资信和其抵押物后放贷。

农村土地承包经营权抵押贷款申请者必须是资金互助社的成员，成为成员的条件有两个：第一是互助社成员必须是出生或者现居住在白沙镇的公民，第二是申请者需缴纳一定的社员资金，资金的多少代表着社员股份的多少，每年会按此股份进行分红。社员缴纳的资金最低限是自然人100元，农业经济组织最低15万元。自然人与农业经济组织的缴资最高均不得超过总资产的5%。

有贷款需求的社员向资金互助社提出贷款申请，互助社评估审核无误后发放贷款。互助社只发放30万元以下的贷款金额。贷款金额在5万元以下的，申请者只需向互助社提供土地承包经营权证即可贷款；金额在5万~30万元之间的，需要在相关部门办理登记手续，提供土地承包经营权和其他证明材料后放贷。

互助社贷款的期限较短，一般都是1年以内；利率相比较其他的金融机构而言较高，即利率在12%~15%之间；贷款流程简便迅速，一般在5万元以下的贷款当天就能发放，30万元的贷款在两周内能发放完毕。

三、风险防范与处置

（一）风险防范

重庆江津区不同的农村土地承包经营权抵押贷款模式，在设计和实施中有不同的风险防范方法。

金融机构供给推动型模式下的风险防范。该种模式是典型的市场信贷模式，整个信贷过程政府并没有介入，因此其风险控制主要依靠银行自身的控制方法，如申请人的资信评估、贷款所用项目的偿还能力评估、抵押价值与放贷款额比例设定等控制方法。

政府供给推动型模式下的风险防范。该模式的风险主要集中在担保公司，江津区的农业担保公司——LF担保公司从以下两方面进行风险控制：首先，担保公司制定严格的申请评估、审查程序，从源头上降低信贷风险。其评估包括最初业务部门的实地调查评估、风险部门的复核评估、专家评议会评审、董事会审定、区农委主任办公会审查，经过五轮的评估审定同意后，才出具担保意向函。其次，追踪保后控制道德风险。担保公司有两个部门专门负责保后的风险控制，一个是专门成立的风险控制部，对高风险项目、重点行业实施定期跟踪，另一个是业务部门，对所保项目进行不定期的监管。两个部门通过对保后信息的追踪分析，根据项目的风险变化调整担保行为。

农户需求推动模式下的风险防范。该种模式的风险防范主要有两种：一种是政府对互助社运行的风险控制，另一种是互助社对贷款者违约风险的控制。政府对互助社的风险控制主要从政府控制其数量和规模来进行。互助社在实际运行中，无论从受益面还是从借贷频率来看，农户的借贷效果都很显著，但是在重庆市仍然只批准了两家资金互助社资格。政府严格控制互助社的人员与资金规模，白沙镇互助社从 2010 年发展到至今共有社员 1700 位，远远低于一般金融机构的规模。相比较其他模式而言，互助社对贷款者违约风险的控制要简单得多：第一，互助社保前审核、控制风险，业务部门审核后，由资金互助社的董事会决议，一般董事会 3 人会根据各自了解的情况给申请者评等级，分值在 70 分以上的，允许发放贷款。第二，连带担保控制风险，在资金互助社发放农村土地承包经营权抵押贷款时，需要申请者获取两人的担保，担保者需是除直属亲戚外的社员。第三，资金互助社放贷时期短、金额少也是降低风险的一种方法。资金互助社所放贷的时期少到几天、多到一年，短期的放贷风险相对较低，放贷金额也严格控制在 30 万元以内，降低了可能的道德风险。

（二）风险处理

第一，风险补偿专项资金分担风险。《重庆市农村土地承包经营权、农村居民房屋及林权抵押融资管理办法》第六章第二十二条对风险补偿专项资金进行规定，“市、县两级财政出资设立农村产权抵押融资风险补偿专项资金，对经办银行因发放农村三权抵押贷款即农户小额信用贷款和担保公司因办理农村三权抵押贷款担保业务而产生的损失进行补偿。补偿比例为 35%，其中市级承担 20%、县级承担 15%。”可见，政府是在通过风险补偿专项资金化解银行、担保公司的部分风险。

第二，农业保险分担风险。《重庆市农村土地承包经营权、农村居民房屋及林权抵押融资管理办法》第六章第二十一条鼓励农业保险的运用，“加强涉农信贷和保险合作，将涉农保险投保情况作为银行授信要素，鼓励借款人对农村三权抵押贷款抵押物进行投保，不断提升农业保险的渗透度。积极发展农户信用贷款保证保险。”可见，江津区是在通过发展农户信用贷款保证保险，鼓励抵押贷款者参与农业保险来分担贷款风险。

第三，风险处理办法。《重庆市农村土地承包经营权、农村居民房屋及林权抵押融资管理办法》第六章第二十三条规定了农村三权抵押融资贷款产生不良资产的处置方法，“重点依托市级农村资产经营管理机构负责处置金融机构因开展农村三权抵押贷款产生的不良资产”、“处置的方式有依法拍卖、变卖、流转等”、“在相同条件下，农村三权抵押物在处置时应首先在本集体经济组织内及其符合购买条件的成员中进行转让，如本集体经济组织内无法处置的，可以对有关抵押物进行依法处置（农村土地承包经营权只能流转）。”

第六节 模式比较

本节在对试点区农村土地承包经营权抵押贷款主要模式介绍的基础上，进一步进行模式的比较分析，以此来观察其异同之处。

一、模式对比内容

从模式发展的背景、模式内容、模式中的土地情况、政府作用、配套机构、贷款风险六大方面进行比较分析，具体内容如表2-3所示。

表2-3 四种农村土地承包经营权抵押贷款试点模式比较

类别	项目	政府供给推动型——贵州凤冈县	金融机构供给推动型——嘉兴南湖区	农户需求推动型——宁夏同心县	多模式共存型——重庆江津区
背景	经济发展	欠发达地区	发达地区	欠发达地区	发达地区
	市场化程度	较低	较高	较低	较低
	农民收入	较低	较高	较低	较高
	社会发展	农村改革/外出打工	金融市场发达/土地流转规范	完善熟人社会	土地流转率高
模式内容	制度变迁模式	自上而下，强制性制度变迁	自下而上，诱导性变迁	自下而上，诱导性变迁	自上而下，强制性制度变迁/自下而上，诱导性变迁
	实质	担保+抵押	市场链接+抵押	保险+关系担保+抵押	担保+抵押/抵押
	抵押要求	10亩以上的规模土地	20亩以上的规模土地	合作社成员	20亩以上的规模土地/社员
	放贷对象	新型农业经营主体	新型农业经营主体	社员农户	新型农业经营主体/社员农户
	资产要求	土地产权在内的一篮子资产	土地产权在内的一篮子资产	土地产权/土地产权在内的一篮子资产	土地产权在内的一篮子资产
	评估机构	政府/担保公司/金融机构	金融机构	合作社/金融机构	担保公司/金融机构

续表

类别	项目	政府供给推动型——贵州凤冈县	金融机构供给推动型——嘉兴南湖区	农户需求推动型——宁夏同心县	多模式共存型——重庆江津区
土地情况	土地产权	自耕地经营权＋流转地经营	流转地经营权	自耕地经营权	自耕地经营权＋流转地经营权
	土地抵押价值	抵押土地产值	流转租金剩余价值	规定贷款额度	抵押土地产值
	能否土地单独抵押贷款	否	否	可以	否
政府作用	政府角色	政府主导	政府支持与保障	政府支持与保障	政府主导/政府支持与保障
	政府扶持	力度大，建立专门的担保公司，贷款流程	力度较大，规范流转市场，建立产权中心	力度较小登记、规范贷款行为	力度较大，建立风险补偿资金/扶持力度较小允许适当发展
配套机构	流转平台	无	有	无	无
	产权中心	未建立	建立已实施	未建立	建立未实施
贷款风险情况	风险人	担保公司/金融机构	金融机构	保险公司/流转合作社/联保农户/金融机构	担保公司/金融机构
	处置机构	法庭	产权公司流转、拍卖	合作社流转	产权公司流转、拍卖
	逆向选择防范	抵押资产判别	流转市场信息获取，抵押资产判别	合作社信息获取判别	抵押资产判别/互助社信息获取判别
	道德风险防范	难	难	易	难

其中，背景中的市场化程度用两个综合指标衡量：一个是该地区的正规土地流转量程度，它是用土地流转中正规土地流转数量和非正规土地流转数量的比例来衡量的。正规土地流转是指签订正规流转合同，通过村集体或者政府干预的流转，而非正规土地流转是指农户与农户之间的私下流转。另一个是该地区土地市场建设情况，即是否有土地流转平台、是否有土地交易平台、是否有产权交易中心等市场化机构。模式内容中的实质是指该抵押方式运用了什么样的金融方法？抵押要求是指金融机构对贷款对象的土地资产或者资历的要求。放贷对象即该模式下的贷款瞄准群体。土地情况中的土地产权指该模式下抵押的是土地的什么价值，即还权赋能的土地对象是什么？贷款风险情况中的风险人，是当农户发生违约风险时风险承担人的顺序，即偿还债务的顺序。违约后土地处置，指发生违约后土地的实际处置情况。逆向选择防范，指的是金融机构通过何种途径获取贷款申请者的个人资信信息，以此判别是否放贷。道德风险防范，指的是放贷后金融机构对贷款者资金使用情况的监管难易程度。

二、模式对比结论

（一）背景差异、政府职能与模式选择分析

四个试点地区分别位于我国东部、西南、西北，具有较大的经济、社会、文化差异，不同的农村土地承包经营权抵押贷款模式与其发展环境密切相关。

地区发展背景与政府的职能共同决定了该地区的农村土地承包经营权抵押贷款模式。经济欠发达地区，农户收入低，若有大量农户选择外出打工，土地闲置，此时，政府供给推动型的农村土地承包经营权抵押贷款是较好的选择。在此模式下，政府需要耗费大量的成本建立从无到有的一系列的相关机构，完善并持续推进一系列的流程。但这对于欠发达地区的政府而言，是持续而艰难的工作。农户收入低，土地依然在大量利用，村集体威信与熟人社会较完善的情况下，农户需求推动型的贷款模式是最佳的选择。在该模式下，政府压力很小，而且无论是在时间上还是在经济上都可以投入较少的人力和物力。贷款可持续性也较好。但是这对村集体，村合作社和社会网络的要求较高。在经济发达地区市场化程度较高，农户收入较高。政府所做的事是搭建市场平台，规范市场交易。在此背景下，金融机构推动型的直接土地抵押贷款方式的交易成本最小、效率最高。在市场化程度较低的地区，依然需要政府的一些过渡性的支持来建立完备的交易市场，在过渡期间，多模式共存是合理的。

（二）模式内容比较

从制度变迁来看：制度变迁路径有强制性变迁和诱致性变迁两种。强制性变迁由政府命令和法律引入强制性的“从上至下”执行。诱致性变迁是由一群人，在响应由制度不均衡引导的获利机会时，所倡导、组织和试行的制度变迁（林毅夫，1994）①，体现在盈利性和自发性上（诺思，1991）②。嘉兴南湖区金融机构供给推动型模式、宁夏同心县和重庆江津区的农户需求推动型模式，均是属于制度的诱致性变迁。嘉兴南湖区是金融机构供给方所推动的诱致性创新，诱致动力来自于金融行业的竞争、农村金融市场的利润；重庆江津区、宁夏同心县的诱致动力来自于贷款需求方农户的资金需求。贵州省凤冈县和重庆江津区的担保模式则是典型的从上至下的强制性变迁模式，政府要推动农业改革而大刀阔斧进行的农村金融改革。其好处是国家作为垄断者通过权力和其他资源的垄断，可以比其他竞争性组织高效地提供制度性服务，同时在制度生产上也会具有规模经济优

---

① 林毅夫，李永军．中小金融机构发展与中小企业融资［J］．经济研究，2001，1（10）：10－18

② 诺思．经济史中的结构与变迁［M］．上海：三联书店上海分店，1991.

势。但如果政府支持力度并不强大、持续，那么强制性制度变迁的成效往往不尽人意。如 1987 年，湄潭强制推行土地金融公司，但由于政府资金后期不足、制度设计上的定位不恰当，导致业务偏离目标，最终导致制度变迁的破产（李超，2014）①。贵州凤冈县现就处于后期资金不足，相关产权中心、流转市场未建立，担保公司负债过多的困境。

从模式实质来看，四种模式都是多种金融方法的综合运用。在中国“三权分置”的土地产权背景下，金融机构无法处置集体所有的农民土地，因此，选择直接抵押贷款的风险非常大。各个地区依据自身的特点，选择了和土地抵押相结合的金融方法，以此减少贷款风险。在四种模式中，保障最大的是宁夏同心县，具有保险、关系担保与抵押三种金融贷款方式，保障最小的是重庆江津的互助社的直接抵押。

从抵押要求和贷款对象来看，不同模式瞄准的对象不同。贵州凤冈县的模式与其农村改革创新的目标相一致，培育有竞争力的新型农业经营主体，拉动欠发达地区的农业发展，因此其抵押要求是拥有 10 亩以上的规模土地农户。嘉兴南湖区选择 20 亩以上的规模经营主体。宁夏同心县，因为是农户需求促动贷款创新，因此受益群体是社区农户。重庆江津区，政府主导的同样以培育规模新型农业经营主体，而互助社受益的是互助社社员。

从资产要求来看，只有宁夏同心县认可单独土地的价值，而其他地区土地仅仅作为一部分资产参与贷款抵押。

从评估机构来看，贵州凤冈县出现了重复评估的现象，嘉兴南湖区的评估成本最低。

（三）抵押土地情况比较

从土地产权来看，各试点地均是土地细分产权的运用。1982 年家庭联产承包责任制将我国土地产权分成“所有权”和“承包经营权”两权，1993 年《中共中央、国务院关于当前农业和农村经济发展的若干政策措施》指出，土地承包经营权可以继续划分为“承包权”和“经营权”并单独使用，形成我们所说的“三权分置”。而今，随着经济社会的不断发展，经营权又继续细分成流转权、经营权和承包经营权，各试点是在细分产权基础上进行了农村改革。比如凤冈县用的是经营权，嘉兴南湖区用的是流转权。这样做的原因是：一方面，法律上土地的所有权、承包权是不允许交易的，利用分离的细分产权可以规避法律约束。另一方面，细分产权对土地价值的提升是非常有益的。

土地抵押价值与产权细分是相对应的。抵押土地的价值是根据单位耕地生产

① 李超．农户土地使用权抵押意愿与模式优化［D］．北京：中国农业大学，2014.

的农产品数量和预期价格来规定，主要的方法由标准田法、收益法和市场比较法。选择流转权抵押的土地价格则与流转价格相对应，即土地剩余的租金价值。在宁夏同心县，因为对社员的抵押贷款金额有限制，即3万元以下，因此土地仅仅作为抵押的象征，并不完全按照土地价值来计算。

（四）政府扶持与配套机构对比

从政府扶持力度角度来看，政府供给推动型模式下的政府扶持力度最大，农户需求推动型模式下的政府扶持力度最小，金融机构供给推动型模式是政府建立公共平台，如流转平台和产权交易平台。最显著的是重庆江津区模式，在同一地区，政府供给推动型模式下的政府支持力度大，成立国有的担保公司，调集相关政府相关人员，建立风险补偿金等。而对于农户需求推动型的互助社模式，则采取了控制发展的态度。

从配套机构角度来看，嘉兴南湖区的相关配套机构最完善，建立和运行流转平台和产权交易中心。而其他地区要么还在建设，要么建设失败，要么还没有实施运行。资本市场的运行，不仅与政府投资力度相关，还与当地经济所处的环境相关。

（五）贷款风险比较

贷款风险与其抵押贷款模式密切相关。金融机构风险最小的是宁夏同心县的农户需求推动型。首先，代偿人有保障，除联保户代偿外，还设置了意外情况的保险保障。其次，金融机构利用合作社、熟人圈里面的社会关系网络获取贷款人的信息。连带责任会将熟人社会关系网络传递给金融机构，保证信息的真实可信。稳定的信息，无论是在风险的逆向选择还是在道德风险，都起到很好的风险化解作用。最后，违约后的合作社土地处置机制，也是金融机构减少风险的最佳途径。土地具有固定性特征，因此最可能流转土地的人群就是在社区内，合作社进行土地流转有着交易成本小、发展稳定的特点。

第七节　小结

本章对我国农村土地承包经营权抵押贷款试点区的主要贷款模式进行总结归纳，分别从实施背景、模式及特征、风险防范及处置、案例分析四方面进行分析。主要结论如下：

一、主要贷款模式的选择

主要贷款模式的选择依据，包括具有成熟的贷款模式与一定的实施时间。此外，选择时要实现模式分类的全集，要尽量涵盖全国不同区域范围。依此原则，结合实地调研，选取贵州凤冈县、嘉兴南湖区、宁夏同心县、重庆江津区的模式来分析。以农村土地承包经营权抵押贷款推动力来分，四个试点区分别代表政府供给推动型模式、金融机构供给推动型模式、农户需求推动型模式、多模式共存型。

二、贵州省凤冈县政府供给推动型模式

2009 年贵州省凤冈县开展农村土地承包经营权抵押贷款，当地人俗称“三资转换”，即“资源换资本、资本换资金”。最初的实施动力是政府发展茶产业，允许茶园抵押贷款提高茶叶经营主体的融资能力。该模式的实质是政府信用贷款，即政府设立国有担保公司，农业经营主体将土地及附着物的一篮子物品抵押给国有担保公司获取担保，之后担保公司、农业经营主体和金融机构签订担保合同，获得贷款。因该模式从制度设计、机构建立、评估方法等，均是政府由上而下实施的，故将其定义为政府供给推动型模式。该模式下，抵押物不是真正意义上的土地承包经营权，而是承包经营土地上/下附着物的资产。为控制风险，文件规定抵押土地规模必须是 10 亩以上。该模式下的主要风险承担方是地方政府设立的国有担保公司，风险处置依靠担保公司代偿与法院裁决。

三、嘉兴南湖区金融机构供给推动型模式

2011 年嘉兴南湖区实施了农村土地承包经营权抵押贷款。农业经营主体将一篮子资产（农村土地的流转租金与其他资产）抵押给金融机构，金融机构审核无误后签订抵押贷款合同，发放贷款。该模式下，制度设定、文件发放等均是金融机构实施，因此将其定义为金融机构供给推动型。该模式下的抵押物不是实际上的农村土地承包经营权，而是流入方的土地流转租金，即将流入方一次性支付的流转租金总额作为抵押物获取贷款。为控制风险，金融机构规定用剩余流转期限的流转金额作为抵押、流转面积需在 20 亩以上及需要结合其他资产一起抵押。其贷款实质是信贷市场与流转市场链接的借贷，主要风险承担方是金融机构，风险处置是农村产权交易中心。

四、宁夏同心县农户需求推动型模式

宁夏同心县具有完备的熟人社会和威望的村集体组织。2003 年农户与银行利用其优势探索农村土地承包经营权抵押贷款方法，2006 年全面实施，2010 年地方政府在此基础上，规范了农村土地承包经营权抵押贷款流程，并形成了正式的实施文件。该模式的实质是关系联保贷款，村集体组建土地流转合作社，村民以承包土地入股成为社员。社员有资金需求时，向合作社及两名合作社成员提出土地抵押担保申请。金融机构依据合作社与社员的关系联保，与贷款者签订贷款合同。该模式中，土地承包权作为关系担保反抵押品。该模式从最初推动力、模式设定及受益，均是来自农户，不需要政府介入，故定义它为农户需求推动型。主要风险承担方在村集体组建的土地流转合作社。为控制风险，合作社在入社时对申请者的资产和资信进行审核，在联保时除合作社担保外还要有两位成员联保，此外，金融机构还要求申请者和保险公司签订意外险。风险处置是保险公司、合作社、联保户进行违约偿还，土地在合作社内流转处置。

五、重庆江津区共存型模式

重庆江津区从 2012 年开始正式实施农村土地承包经营权抵押贷款，该区共存政府供给推动型、金融机构供给推动型以及农户需求推动型三种模式，但主要实施的是政府供给推动型和农户需求推动型。政府供给推动型是政府设立国有担保公司，通过土地反抵押担保形式获取贷款，主要针对规模较大的新型农业经营主体。农户需求推动型以互助社为主，在互助社内通过社会资本凑资形成借贷资本，社员以土地承包经营权及其他资产为一篮子抵押物，向互助社申请抵押贷款，获取资金。

六、模式对比

分别从实施背景、模式内容、抵押土地类型、政府作用、配套机构、贷款风险六方面对四个试点地区三种不同抵押贷款模式进行对比分析，获得以下主要的直观结论：第一，模式设定与地区经济发展、政府职能相关。市场化程度高的地区多选择金融机构供给推动型，市场化程度小的地区多选择农户需求推动型和地方政府供给推动型。第二，从模式内容来看，供给推动型属于强制性制度变迁，需求推动型属于诱致性制度变迁，强制性制度变迁模式所需建立的组织、制度的设计、抵押的要求都属于强制植入，耗费社会成本较大。诱致性制度变迁是在原有框架的基础上所演化的新的制度，故耗费社会成本较少。在三种模式中，政府供给推动型、金融机构供给推动型利用的是土地附着物、流转土地租金，是与土地相关的资产，只有农户需求推动型利用的是农户土地的承包经营权。第三，从贷款风险与处置来看，风险控制主要在推动方。风险处置中供方推动型主要依靠外部第三方处置，需方推动型主要依靠内部推动方处置。

第三章　农村土地承包经营权抵押贷款模式效果分析

一项新制度的建立，其本质是权利的重新界定及权利相关人的利益调整。制度在设计之初就具有“设计者”的利益导向，通过制度运行最终达到设计目的。因此，不同的制度效果在制度设计之初就有其“雏形”。原始制度设计的效果体现在哪些方面呢？一项制度是否会被新制度取代或者是根本无法实施，这取决于制度的作用。制度的作用之一是建立一个有效的减少交易成本的规则，或者用低交易成本替代高交易成本的规则；作用之二是建立一个人们相互作用的稳定结构来减少不确定性，形成一个稳定的预期。

本章节对试点区土地承包经营权抵押贷款模式的设计效果进行分析，在模式设计效果中，选用交易成本理论与自我履约理论作为模式效果的理论框架，其中交易成本代表效率，交易成本越低则效率越高，自我履约代表稳定性，自我履约率越高则稳定性越好。本章的写作逻辑是：通过理论回顾构建理论框架，对不同模式下的交易成本和自我履约范围进行量化与对比。需要指出的是：因为重庆江津是多模式互补，即同时存在“供给推动型”和“需求推动型”，因此在模式效果分析中不再赘述。仅对“政府供给推动型”贵州凤冈模式、“金融机构供给推动型”嘉兴南湖区模式及“农户需求推动型”宁夏同心县模式进行对比分析。

具体的写作逻辑如图 3 – 1 所示。

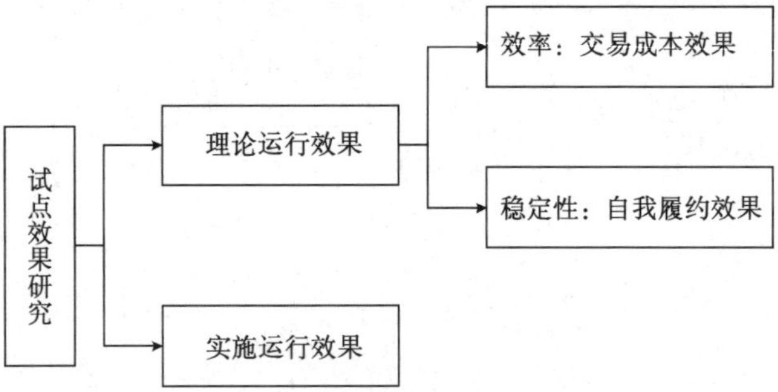

图 3 – 1　第三章逻辑框架

第一节　理论基础

涉及土地承包经营权抵押贷款效果的理论有交易成本理论和自我履约理论。前者从交易费用层面衡量土地承包经营权抵押贷款的效果，交易成本越小则模型效果越好，可持续性越强。后者即模式中所设定的贷款者的履约范围，自我履约范围越大，则模型的稳定性越强，效果越好。

一、理论基础——交易成本理论

科斯（2003）[①] 在《企业的性质》、《社会成本问题》[②] 中首次发现和澄清了交易成本的概念，在传统新古典经济学框架中纳入了“交易成本”，并开创了经济学新的研究领域。随后威廉姆斯、张五常、詹森和麦克林等丰富了交易成本的研究，使其成为经济学中不可忽视的经济要素。

康芒斯（1997）[③] 认为分析经济活动的基本单位是交易，交易是与生产相对应的概念。因此，作为经济活动的交易必然会产生成本。阿罗（1989）[④] 认为交易成本是指“经济系统运行所需的全部费用”，巴泽尔（1997）[⑤] 将其定义为“与转移、获取和保护权利相关的费用”，张五常（2010）[⑥] 定义交易成本为“制度成本”、“进行交易所增加的，购买价格之外的成本，而这些成本可以是货币、时间、也可以是某些方面。”

交易成本产生的原因主要是有限理性、机会主义及不确定性。在有限“理性人”假设下，个人没有完全的信息和绝对的判别，在有限理性的限制下，人们会根据成本去搜集信息、处理信息。威廉姆森（2002）[⑦] 认为机会主义行为倾向也导致了交易成本的产生。机会主义行为倾向在信息不对称、小数目谈判、针对专用性资产的交易、监督费用高时最容易产生。而机会主义行为倾向又是经济人行为的一种必然，会以追求自身利益最大化的方式存在。

交易成本产生在不同的交易过程。威廉姆斯从契约过程分析，认为交易成本

① 罗纳德·科斯．企业的性质［M］．北京：三联出版社，2003.
② 罗纳德·科斯．社会成本问题［M］．北京：三联出版社，2003.
③ 康芒斯，树生．制度经济学［M］．上海：商务印书馆，2009.
④ 肯尼思，阿罗．信息经济学［M］．北京：经济出版社，1989.
⑤ 巴泽尔．产权的经济分析［M］．北京：三联出版社，1997.
⑥ 张五常．佃农理论［M］．北京：中信出版社，2010.
⑦ 奥利弗．E. 威廉姆森．资本主义经济制度［M］．北京：商务印书馆，2002.

可以分为签订契约前的交易成本（包括寻找成本、讨价还价成本等）和签订契约后的成本（包括维持关系的成本）；诺思（2008）[①] 从生产过程来量化交易费用，认为转化费用与交易费用之和等于生产费用，转换费用和交易费用可以相互转换。交易费用中的一部分可通过市场衡量，如交易部门耗费的资源价格总量，另一部分则难以衡量，比如获得信息、排队、贿赂等。杨小凯（2003）[②] 则认为交易费用可以分为外生交易费用和内生交易费用。外生交易费用指交易过程中直接或者间接发生的那些费用，不是决策者的利益冲突导致经济扭曲的结果。内生交易费用则是市场均衡同帕累托最优之间的差别。在众多划分中，Williamson（1975）[③] 对交易成本的划分，得到更多的认同与运用。威廉姆斯认同康芒斯的交易单位学说，即每个经济活动都可以看成是一个交易。交易的性质与交易成本可从三个维度上进行区分与衡量，第一个是交易发生的频率，第二个是交易的不确定性程度，第三个是交易的资产专用性。资产专用性是交易成本中最关键和重要的一个性质，即在不牺牲其他生产经营价值的条件下，某项资产能够被重新配置于其他替代用途或是被替代使用者重新调配使用的程度。资产专用性可以分为地理区位的专用性、人力资产的专用性、物理资产的专用性、完全为特定协议服务的资产专用性及名牌商标资产的专用性五种。根据专用性程度可以划分为通用型资产和专用型资产。交易的不确定性指与交易特征有关的各种内外部条件的不确定性。此外还特别指出，人的行为也具有不确定性，这使得交易更加得复杂。交易频率是指同类交易重复发生的次数。在一定的资产专用性和不确定性条件下，所进行的交易如果不是经常重复发生，这种成本就很难补偿。

交易成本的衡量。学术界公认交易成本的存在，以及衡量是在研究中必须考量的因素，但是交易成本在现实中却难以被准确衡量。首先没有普遍认可的术语，其次由于生产和交易成本是被联合决定的，因此单独划分交易成本是相当困难的，最后一价定律在此并不适用，因此，交易成本的测量不仅面临困难，也备受争议[④]。20 世纪 70 年代后，也有部分学者对交易费用的衡量做出了努力。张五常从广义上界定了交易成本，认为除开那些与物质生产和运输过程直接相关的成本以外，所有可能想到的成本都是交易成本。斯通（1996）[⑤] 等则比较了巴西和智利两国的商业交易成本，认为与智利相比，巴西的法律和管制结构更加复杂

① 诺思．制度变迁与经济绩效［M］．上海：格致出版社，2008.

② 杨小凯．经济学——新兴古典与新古典框架［M］．北京：社会科学文献出版社，2003.

③ Williamson O. E. Markets and hierarchies［J］. New York，1975：26 – 30.

④ 罗必良．新制度经济学［M］．山西：山西经济出版社，2005.

⑤ Stone A，Levy B，Paredes R. Public institutions and private transactions：a comparative analysis of the legal and regulatory environment for business transactions in Brazil［J］. Empirical studies in institutional change，1996：95 – 128.

且透明度更低，因此巴西正式体系的交易成本更高。

二、理论基础——自我履约理论

自我履约理论是在现代契约理论基础上，由克莱因、阿罗等学者发展起来的。由于有限理性、交易成本的存在，我们在市场上所遇到的契约大多是不完全契约。不完全契约是由于个人的有限理性，外在环境的复杂性、不确定性，信息的不对称和不完全性，契约当事人或契约的仲裁者无法证实或观察一切，造成契约条款是不完全的，需要设计不同的机制以对付契约条款的不完全性，并处理由不确定性事件引发的有关契约条款带来的问题①。执行契约往往有两种途径：一种是依靠当事人的日常习惯、合作诚意和信誉来执行，另一种是通过法庭或者第三者的强制执行。但通过法庭强制执行的不完全契约并不是一种有效的办法，因此，Klein（1978）② 教授认为，规定一种自动履约的范围，签订双方的履约资本，契约自动履行是最佳的选择途径。在具有专用性资产安排的契约关系中，产生了一种可占用的专用性准租，出现了一种事后的机会主义即道德风险。学者们又称其为“敲竹杠”（hold - ups）。Klein（1996）③ 最初所提出的自我履约机制就是解决“敲竹杠”问题的。自我履约是指如果一方违反契约条款，另一方的唯一追索权就是终止契约④，因此自我履约不会由政府、法院或者第三方来强制执行。在《契约与激励：契约条款在确保履约中的作用》一文中，克莱因（1999）⑤ 对自我履约进行了系统的分析。文中指出，自我履约机制往往施加一种私人惩罚，这种私人惩罚由两部分组成：一部分是直接与交易者关系终止导致未来损失。在给定交易者专用性投资无法收回的情况下，终止交易关系的威胁意味着一种潜在的资本损失。另一部分是与交易者声誉的贬值有关，违背默认契约（implicit contract）的前科，由当事人与该交易者发生交易关系时被考虑进去，这种市场声誉效应导致了该交易者在未来做生意时增加了成本。私人惩罚在于把资本成本强加在企图“敲竹杠”的交易者身上，它界定了可以被叫作契约关系的“自我履约范围”。自我履约范围即“敲竹杠”者对违反契约的成本和受益的衡

---

① Grossman S J, Hart O D. The costs and benefits of ownership: A theory of vertical and lateral integration [J]. The Journal of Political Economy, 1986: 691 - 719.

② Klein B, Crawford R G, Alchian A. Vertical integration, appropriable rents, and the competitive contracting process [J]. The Journal of law & economics, 1978, 21 (2): 297 - 326.

③ Klein B. Why hold - ups occur: the self - enforcing range of contractual relationships [J]. Economic inquiry, 1996, 34 (3): 444 - 463.

④ Telser L G. A theory of self - enforcing agreements. Journal of business, 1980: 27 - 44.

⑤ 克莱因. 契约与激励：契约条款在确保履约中的作用 [M]. 北京：经济科学出版社，1999.

量，在自我履约的范围内，每个交易者敲竹杠的潜在收益都低于个人惩罚条款预期的损失。

第二节 三种模式的交易成本

无论是制度的变迁，还是新制度的建立，都可以理解为是一种效率更高的制度对另一种制度的替代过程。而交易成本无疑是衡量制度效率高低的重要指标，也是衡量一项制度是否可以长久执行的主要指标，因此对我国土地承包经营权抵押贷款的三种主要模式进行交易成本分析，能从制度设计之初观察到不同模式的效率差异。

土地承包经营权抵押贷款模式中所涉及的参与者均会产生不同的交易成本，如政府的交易成本、金融机构的交易成本、担保公司的交易成本、农户的交易成本等。本节交易成本的研究主要针对农户而言，因为是否选择土地承包经营权抵押贷款方式，是农户对众多贷款方式的理性选择行为，若农户土地承包经营权抵押贷款的交易成本过大，则农户会选择其他贷款方式，那么该模式下的土地承包经营权抵押贷款方式不具有长久实施的可行性，是一种低效的制度设计。

本节分别选用威廉姆斯（2002）[①] 的比较静态分析方法与交易成本过程分析方法，构建土地承包经营权抵押贷款的成本效果理论框架，并形成可量化比较的指标。运用此框架分别对“政府供给推动型”土地承包经营权抵押贷款模式、“金融机构供给推动型”土地承包经营权抵押贷款模式、“农户需求推动型”土地承包经营权抵押贷款模式的交易成本进行量化分析，最终进行三种模式的交易成本的对比分析。

一、交易成本分析框架

本节选择威廉姆斯的比较静态分析法与过程分析法两种分析框架，对四种土地承包经营权抵押贷款模式的制度效果进行分析。

（一）交易成本分析框架1——比较静态分析法

威廉姆森认为交易成本的性质由资产专用性、交易频率及不确定性三个因素构成，不同强弱程度的因素组合形成了不同的交易成本。一般来说，资产专用性越强则交易频率越低，不确定性越高则其交易成本越高。也有部分学者以此为分

① 奥利弗.E. 威廉姆森. 资本主义经济制度［M］. 北京：商务印书馆，2002.

析框架，进行了实证的量化研究。罗必良等（2006）① 验证了中国农地制度的四个假设，其中两个假设是：农地资源的资产专用性与交易费用具有正效应；农地资源的风险性与交易费用具有正效应。罗必良等（2010）② 选用威廉姆斯的分析范式，量化土地流转交易费用，得出结论：资产专用性对交易费用影响显著，交易频率与交易费用正相关，农户行为和政策的不确定性显著影响农地流转的交易费用。资产专用性选择实物资产专用性、人力资本专用性和地理位置专用性；交易频率用农地流转发生的次数进行衡量；不确定性用农地流转合同的强度来衡量。此外，郭红东（2005）③、李孔岳等（2009）④ 等学者分别用比较静态分析方法对不同的农业领域进行了交易成本的测量。

在文献借鉴的基础上，结合土地承包经营权抵押贷款特征，以威廉姆斯的静态分析为理论，构建土地承包经营权抵押贷款静态分析的交易成本框架及内容，如表 3 - 1 所示。

表 3 - 1　　土地承包经营权抵押贷款交易成本静态分析指标

交易成本维度	二级指标分类	三级指标选取
资产专用性	物质资产专用性	机械化程度 抵押土地的属性规定 农地投资度程度
	人力资本专用性	受教育程度 务农经验
	地理位置专用性	经济发展水平 离县城距离
交易频率	交易次数	可抵押频率（次数）
不确定性	环境不确定性 行为不确定性	政策环境变化 信息渠道的通常与否

资产专用性：威廉姆森将资产专用性分成六大类，本文主要关注的是物质资产专用性、人力资本专用性和地理位置专用性。物质资产专用性在此指抵押贷款土地上农业生产要素的专用性，包括农业生产工具、农业生产投入、抵押农地属

① 罗必良，何一鸣．资源特性，行为能力与产权匹配——来自中国农地制度变迁的经验证据（1949 ~ 2009）［J］．制度经济学研究．46 - 72.

② 罗必良，李尚蒲．农地流转的交易费用：威廉姆森分析范式及广东的证据［J］．农业经济问题，2010（12）：30 - 40.

③ 郭红东．农业龙头企业与农户订单安排及履约机制研究［M］．北京：中国农业出版社，2005.

④ 李孔岳．农地专用性资产与交易的不确定性对农地流转交易费用的影响［J］．管理世界，2009（3）：92 - 98.

性三方面。一般来说生产工具机械化程度越高、农业生产投入越多、抵押农地用途限制越大，土地承包经营权抵押贷款的物质资产专用性越强，被“锁定”的程度就越大。人力资本专用性借鉴史清华等（2002）①、张文秀等（2005）②、罗必良（2010）③的量化，选择通用性人力资本和经验性人力资本衡量，并选取受教育程度、务农经验两个细分指标。一般认为，受教育程度越小、务农经验越多，则人力资本的资产专用性越强。地理位置专用性指的是抵押土地位置所带来的专用性，一般而言所处地区经济越发达、地理位置越靠近经济中心，则土地被“锁定”的机率就越小。

交易频率：交易频率通过影响变动成本而直接作用于整体生产成本。交易频率影响交易成本的相对成本，频率越高，建立与运作交易协调方式的成本就越能得到补偿，多次发生的交易要好于一次性的交易④。土地承包经营权抵押贷款的交易频率指土地的抵押频率，抵押频率越高则相对交易成本越低，抵押频率越低则相对交易成本越高。

不确定性：威廉姆斯认为，在交易成本的三维度中，最为关键的是不确定性，它包括与交易环境相关的不确定性及与人行为相关的不确定性。环境不确定性是生产环境、自然环境、政策环境的变化造成的不确定性。生产环境与自然环境的变化对于不同土地承包经营权抵押贷款模式差别不大，而试点地区不同模式对政策依赖程度不同，因此选择政策环境变化衡量环境的不确定性。行为不确定性与信息对称程度相关，土地承包经营权抵押贷款信息、资产处理信息越通畅，抵押贷款各方信息越对称，则不确定性越低。

赋值序数排列方法：本研究仅做大小顺序上的排列，因此按照三种抵押贷款模式中各指标的强弱，赋值为1~3的数值。

（二）交易成本分析框架2——过程比较分析法

众多学者从交易过程环节来说明交易成本的存在，并从理论层面衡量交易成本的大小。威廉姆斯在《市场与等级结构》、《资本主义经济制度》两本著作中，将交易视为经济分析的基本单位，从契约角度探讨交易成本。认为交易成本可分为“事前”和“事后”两类。事前交易成本指起草、谈判、保证落实某种契约

---

① 史清华，陈凯．欠发达地区农民借贷行为的实证分析——山西745户农民家庭的借贷行为的调查［J］．农业经济问题，2002（10）：29-35.

② 张文秀，李冬梅，邢殊媛等．农户土地流转行为的影响因素分析［J］．重庆大学学报，2005，11（1）：14-17.

③ 罗必良，李尚蒲．农地流转的交易费用：威廉姆森分析范式及广东的证据［J］．农业经济问题，2010（12）：30-40.

④ 卢现祥，朱巧玲．新制度经济学［M］．北京：北京大学出版社，2007.

的合同成本。事后交易成本指契约签订之后的成本，包括退出契约关系的成本、发现契约条款有误而做出调整所付出的成本，以及政府为解决他们之间冲突所付出的费用。阿罗（1989）[①] 将交易成本定义为经济制度的运行费用，因此交易费用包括制度确立或制定成本、制度运行或实施成本、制度监督或维护成本。巴泽尔（1997）[②] 认为交易成本是个人交换他们对于经济资产的所有权和确立他们排他性权利的费用，因此与其他经济理论一样，交易费用可以分为可变成本和不可变成本。科斯（2003）[③] 将交易成本分成市场型、管理型和政治型交易成本，认为市场型的交易成本包括合约的准备费用（搜寻和信息费用）、决定签约的费用（谈判和决策费用）、监督费用和合约义务履约费用；管理型交易成本包括信息费用（制定决策、监督命令执行、度量工人绩效、代理费用、信息管理费用），管理型交易成本是有形产品和服务在可分的技术界面之间转移费用；政治型交易成本主要有建立、维持和改变一个体制中正式与非正式政治组织的费用，以及政体运行的费用。

部分学者也在过程交易成本的量化研究上有了一定的突破。Janvry（1991）[④] 建立了交易成本下的供给反映模型，在该交易成本下，有的农户购买，有的农户销售，有的农户不参与市场。用交易成本来解释为什么不同农户参与市场的程度不同。作者将交易成本分成比例交易成本（proportional costs）和固定交易成本（fixed transactionscosts），用墨西哥的玉米产品数据，实证两种交易成本对农户的供给弹性及对其他农户行为的影响。文中比例交易成本与固定交易成本用玉米运输费用、到市场距离、到行政中心的距离、购买者销售或者售者购买的距离、当地农业组织的比例、当地运输组织的比重6个指标来衡量。伍振军（2011）[⑤] 分别从农户层面及用地主体层面上量化了的我国土地承包经营权流转的交易成本，农户的交易成本包括土地集中的费用、土地信息发布费用、协商签订合同的费用，用地主体的成本包括寻找合适的土地信息成本、协商签订合同的费用、采取保护措施降低不确定性的费用。黄祖辉等（2008）[⑥] 对影响梨农销售渠道选择的交易成本进行度量，按照过程将交易成本划分为价格信息成本（二级指标为平均价格、交易前是否认识买主、是否通过中介、了解价格的次数）、谈判成本（二

① 阿罗．信息经济学［M］．北京：经济出版社，1989.

② 巴泽尔．产权的经济分析［M］．上海：三联书店上海分店，1997.

③ 罗纳德·科斯．企业的性质［M］．北京：三联出版社，2003.

④ Janvry A. Peasant household behaviour with missing markets：some paradoxes explained［J］. The Economic Journal，1991，101（409）：1400－1417.

⑤ 伍振军，张云华，孔祥智．交易费用，政府行为和模式比较：中国土地承包经营权流转实证研究［J］．中国软科学，2011（4）：175－183.

⑥ 黄祖辉，张静．交易费用与农户契约选择——来自浙冀两省15县30个村梨农调查的经验证据［J］．管理世界，2008（9）：76－81.

级指标为农户能否对质量提出异议、讨价还价回合、电话通话次数)、执行成本(二级指标为每次成交量、交易所需要时间、现金支付比例)、运输成本(到成交地点运输时间、运输费用)。罗必良等(2012)[①] 对农地流转的交易成本进行了过程量化，认为交易成本产生在四种不同的过程中，分别是流转过程中产生的交易费用(有效指标为寻找流转对象花费的时间、进行农地流转谈判花费的时间、对流转对方的了解程度、农地流转后的用途及农地流转可能的纠纷)、合约安排产生的交易成本(有效指标为农地流转的合约期限、农地流转租金的高低、农地流转租金收益的稳定性)、外部环境产生的交易成本(有效指标是当地通讯网络便利程度、流转前对农地进行的投资)、第三方组织产生的交易成本(有效指标为村委会对农地流转的干预)。

以上文献从理论及实证层面为本研究量化提供了宝贵的借鉴基础，结合土地承包经营权抵押贷款的流程，建立过程交易成本框架，如表 3 - 2 所示。

表 3 - 2　　土地承包经营权抵押贷款交易成本过程指标

过程	二级指标分类	三级指标
合约签订前(C_b)	信息搜索成本(C_{b1})	信息是否有专有平台传递(C_{b1-1})
		区域农业经营主体知晓范围(C_{b1-2})
		区域农业经营主体知晓程度(C_{b1-3})
	确权成本(C_{b2})	是否需要确权(C_{b2-1})
		是否该地区已经完成确权(C_{b2-2})
		确权的所耗费的时间和费用(C_{b2-3})
	评估成本(C_{b3})	是否需要评估土地价值(C_{b3-1})
		评估次数(C_{b3-2})
		评估时间和费用(C_{b3-3})
	中介组织成本(C_{b4})	是否需要第三方中介介入(C_{b4-1})
		中介的数量(C_{b4-2})
		中介所耗费的时间和费用(C_{b4-3})
合约签订中(C_I)	签订合同成本(C_{I1})	信贷业务地点与申请人所在地理距离(C_{I1-1})
		签订合约所花费的时间和费用(C_{I1-2})

① 罗必良，汪沙，李尚蒲. 交易费用，农户认知与农地流转——来自广东省的农户问卷调查［J］. 农业技术经济，2012，1：11 - 21.

续表

过程	二级指标分类	三级指标
合约签订后（C_a）	监督执行成本（C_{a1}）	是否有专门的监督部门（C_{a1-1}）
		是否有专门的监督环节（C_{a1-2}）
	违约后的处置成本（C_{a2}）	是否需要经过产权市场（C_{a2-1}）
		是否已经建立产权市场（C_{a2-2}）

将土地承包经营权抵押贷款的过程分成合同签订前、合同签订及合同签订后三个部分，即农业经营主体土地承包经营权抵押贷款的成本等于三个流程中成本的总和（$C=\alpha C_b+\beta C_i+\gamma C_a$，其中 α、β、γ 为合同签约前交易成本、签约中交易成本、签约后交易成本占总成本的权重）。

合约签订前又划分为农业经营主体搜索土地承包经营权抵押贷款信息的成本 C_{b1}、土地确权的成本 C_{b2}、评估成本 C_{b3}、中介组织成本 C_{b4} 四方面，即 $C_b=\alpha_1 C_{b1}+\alpha_2 C_{b2}+\alpha_3 C_{b3}+\alpha_4 C_{b4}$，$\alpha_1$、$\alpha_2$、$\alpha_3$、$\alpha_4$ 分别是搜索贷款信息的成本、确权成本、评估成本、中介组织成本的权重。信息搜索成本衡量农业经营主体获取贷款信息的难易程度，以及现有的信息水平，分别用信息是否有专有平台传递 C_{b1-1}、区域农业经营主体知晓范围 C_{b1-2} 和区域农业经营主体知晓程度 C_{b1-3} 衡量。即 $C_{b1}=\alpha_{1-1}C_{b1-1}+\alpha_{1-2}C_{b1-2}+\alpha_{1-3}C_{b1-3}$，其中 α_{1-1}、α_{1-2}、α_{1-3} 分别是专有平台、知晓范围、知晓程度的权重。确权成本、评估成本及中介组织成本的定量方法和定性略有所不同，因为确权、评估、中介组织并不是每个模式都必须，如宁夏同心县的土地抵押贷款模式中不需要确权和评估，嘉兴南湖区土地承包经营权抵押贷款不需要中介组织，当不需要该环节的时候则取值为 0，即该部分不存在交易成本。若需要则计算方法同上。

合约签订中的成本 C_I 用地理距离（C_{I1-1}）和所花费的时间和费用（C_{I1-2}）衡量，其中所花费的时间和费用即从确定签约到发放贷款的时间，费用为在整个签约过程中所耗费的经济成本。即 $C_{i1}=\beta_{1-1}C_{i1-1}+\beta_{1-2}C_{i1-2}$，其中 β_{1-1}、β_{1-2} 分别是地理位置距离及签约时间费用的权重。

合同签订后的成本（C_a）用监督执行成本（C_{a1}）与违约后的处理成本（C_{a2}）两个二级指标构成，即 $C_a=\gamma_1 C_{a1}+\gamma_2 C_{a2}$，其中 γ_1 与 γ_2 分别是监督执行成本与违约后的处置成本的权重。监督执行成本又划分为是否有专门的监督部门（C_{a1-1}）与是否有专门的监督环节（C_{a1-2}）两个三级指标，即 $C_{a1}=\gamma_{1-1}C_{a1-1}+\gamma_{1-2}C_{a1-2}$，其中 γ_{1-1} 与 γ_{1-2} 是各自指标所占的权重。违约后的处置成本定量方法如上。

赋值序数排列方法：借鉴张五常（2010）① 的观点，本研究的交易成本仅在

① 张五常．佃农理论［M］．北京：中信出版社，2010.

大小上进行比较排列，并不涉及到具体大小范围的比较。因此在赋值的时候，只是按照大小进行 0 ~ 3 的赋值比较。当模式中不存在该项成本的时候，取值为 0；三种模式中均存在该项成本的时候，按照交易成本从小到大的顺序分别取值为 1、2、3；当三种模式中，有的模式存在该项成本、有的模式不存在该项成本的时候，按照成本大小分别取值为 0、1、2。

二、"政府供给推动型"模式的交易成本

贵州省凤冈县"政府供给推动型"土地承包经营权抵押贷款模式与交易成本相关的特征如下所示：

与静态分析成本相关的特征。从贵州省凤冈县土地承包经营权抵押贷款发放的对象和条件来看交易成本。放贷对象是拥有 10 亩以上规模茶园或者果园的新型农业经营主体，不针对单个农户进行放贷。贵州属于山区，其机械化水平相对发达地区较弱，因此其机械化程度并不算太高，抵押土地的属性受限较大，专用性较强，农地投资相对较大。放贷对象是新型农业经营主体，受教育程度相对农户而言较高，务农经验则较低。贷款的期限是 1 ~ 10 年，因此，其可抵押频率并不高。由于该模式是政府推动型，作为中介的担保公司也是地方政府组建的，因此对政策环境的依赖性极强，而信息渠道也依赖地方政府，现地方政府并没有做出过多的宣传，其信息渠道相对较弱。

与交易过程成本相关的特征。贵州省凤冈县土地承包经营权抵押贷款是政府强制推动型的，尽管政府在最初实施的时候发放过相关的小手册，以及用横幅进行过宣传，但是并没有专用的平台进行宣传。在实地调研中也发现，农业经营主体知晓土地承包经营权抵押贷款的程度很低，金融机构也表示不主动宣传该项贷款，有需求的农业经营主体来询问的时候才做进一步讲解。凤冈县模式的实质是"土地抵押 + 担保公司"的模式，由政府推动，因此在程序上是需要确权、评估及中介介入的。在确权方面凤冈县政府从 2009 年开始推动，但到 2016 年确权并未完全结束，在调研中了解到，平均每亩确权费用为 50 元。从评估依据流程来看，有两次评估过程：第一次是政府所组织的专家评估，评估价值在"他项权证"中体现；第二次评估是由金融机构进行，是决定放贷规模的最终评估。中介组织即地方政府成立的 FM 担保公司，需要耗费一定的时间，费用则是 3% 的担保费用。在合约签订成本中，由于 FM 担保公司在凤冈县，因此需要办理土地承包经营权抵押贷款业务的经营主体必须在县里办理，村、镇没有相应的业务点。合约办理的时间大概需要两周左右。在合同签订后的成本中，担保公司承担了监督部门和监督环节的作用。违约后的处置，需要经过产权市场，但是凤冈县并没有建立产权交易中心。

三、"金融供给推动型"模式的交易成本

嘉兴南湖区"金融供给推动型"土地承包经营权抵押贷款模式与交易成本相关的特征如下：

与静态分析成本相关的特征。从嘉兴南湖区土地承包经营权抵押贷款发放的对象和条件来看，贷款发放对象是具有20亩以上规模的新型农业经营主体，不针对单个农户。因此其机械化程度、农业投资程度相对较高，抵押土地的属性也具有一定的专用性，即从事现代规模农业。新型农业经营主体受教育程度相对较高，务农经验相对农户而言较低。贷款放贷的期限一般是1~5年的中短期，其可抵押的频率相对较高。从贷款推动方来看，主要是金融机构推动，但确权以及土地流转是贷款的必须，会受国家政策影响，因此对国家、地方政策的依赖性是有限的。信息渠道主要靠金融机构的业务咨询，由于嘉兴南湖区金融发达、竞争激烈，因此信息的渠道相对较通畅。

与交易过程成本相关的特征。嘉兴市南湖区土地承包经营权抵押贷款是金融机构推动型的，其金融实质是土地抵押贷款与流转市场的链接。在宣传方面，金融机构与政府并没有开展特别的宣传工作，仅在金融机构的产品介绍上有所提及。在调研中发现，农业经营主体知晓的程度相对较高，通常是有需求的农业经营主体主动获取信息。嘉兴市南湖区抵押的是土地的流转经营权，因此确权是其重要的前提条件。嘉兴市2010年完成了确权工作，也建设好了完善的流转平台。评估是由金融机构进行，因为抵押土地的价值是以剩余土地租金的价值衡量，因此评估相对较简单，只需要贷款申请人出具土地租金缴纳的证明，计算出剩余的价值即可。该模式下不存在中介机构，是属于直接抵押贷款。在合约签订成本中，金融业务点下设到镇一级，相对较方便，合约办理的时间大约需要1周左右。在合同签订后的成本中，几乎没有监督部门和监督环节进行。违约后的处置，需要经过产权市场，嘉兴市南湖区已经建立了较为完善的产权中心。

四、"农户需求推动型"模式的交易成本

与静态分析成本相关的特征。资产专用性方面，宁夏同心县土地承包经营权抵押贷款针对的是千千万万的小农户，其机械化程度远不及新型农业经营主体高，他们更多延续的是传统的种植方式，因此其农业投资相对也较低；抵押土地的属性，金融机构及合作社并没有对土地的规模、土地的种植类型、土地的使用规定做出过多的要求。在人力资本专有性中，面对的是农户，因此其受教育程度相对较低，而务农经验相对较丰富。在交易频率中，土地可抵押的频率非常高，

由于贷款是一年一贷的，因此，每户几乎都是循环借贷，从调研数据来看，平均每户的借贷次数为4次。在不确定性方面，该金融产品由于是农户需求推动的，对政府的依赖性极低，因此政策环境变化对其影响不大，信息渠道主要是土地流转合作社和农户的口口相传，其渠道的通畅程度相对较高。

与交易过程成本相关的特征。宁夏同心县土地承包经营权抵押贷款模式是农户需求推动型的，其实质是“关系联保+土地抵押贷款”形式的贷款。合约签订前的信息搜索成本，政府与金融机构同样没有设立专门的宣传平台，但是金融机构的产品介绍中涵盖了该项产品。农户的信息获取主要通过土地流转合作社及农户之间的口口相传而得。在调研中发现，农户对土地承包经营权抵押贷款的知晓范围很广，农户对土地抵押贷款的依赖性非常得强，土地承包经营权抵押贷款成为他们资金周转的一个必要环节。该模式下金融机构放贷的金额为3万~5万元，金融机构主要以关系联保为主，土地仅在土地流转合作社中起反担保作用，因此，金融机构不需要土地确权，也不需要做土地价值的评估。在土地流转合作社中，同样也不需要做土地的确权和评估工作，合作社往往根据申请人的资信确定担保金额。土地流转合作社作为中介组织进入贷款流程，农户申请土地流转合作社担保的成本较少，第一次申请的时候大约需要1周左右对其资信和土地做评估，后期申请则不再需要审核手续。合约签订中的成本花费相对较少，业务点已布及到村镇，金融机构业务办理时间在1周左右。合约签订后，监督执行成本几乎没有，靠联保户和土地流转合作社所施加的“无形声誉”压力来履约。违约后不需要经过产权市场，直接由合作社和联保户处理。

五、三种模式的交易成本比较

依据上文交易成本的框架及量化方法，对不同模式下的交易成本进行赋值。Mg代表贵州凤冈县“政府供给推动型”贷款模式、Mj代表嘉兴市南湖区“金融机构供给推动型”贷款模式、Mn代表宁夏同心县“农户需求推动型”贷款模式。具体比较如表3-3与表3-4所示，其中表3-3是静态交易成本比较，表3-4是过程交易成本比较：

赋值的顺序依据制度经济学中交易成本理论而行。资产专用性的强弱按照是否容易转移到其他用途上来度量，越容易转移则资产专有性越弱，越不容易“锁定”。因此机械化程度越高、土地受限越严格、农地投资越高，则物质资产专有性越强；受教育程度越低、务农经验越多，则被“套牢”在原始路径上的机率就越大；受教育程度大、务农经验低，则转换其他行业的可能性就越高；地理位置上，土地市场越不发达，则资产专用性越强，因此经济水平越低；不确定性依据稳健程度衡量，对政策依赖性越小、信息越通畅，则行为预见性越好、不确定性就越低。

表 3-3 三种模式下的静态交易成本比较

维度	二级指标	三级指标	赋值方向	Mg	Mj	Mn	比较
资产专用性	物质资产专用性	机械化程度	低到高	2	3	1	Mg > Mj > Mn
		抵押土地属性	自由到受限	3	2	1	
		农地投资度	低到高	2	3	1	
	人力资本专用性	受教育程度	高到低	1	1	2	
		务农经验	多到少	2	2	1	
	地理位置专用性	经济发展水平	高到低	2	1	3	
		离县城距离	近到远	2	1	3	
合计				14	13	12	
交易额率	交易次数	可抵押额率	低到高	1	2	3	Mg < Mj < Mn
不确定性	环境	政策环境变化	小到大	3	2	1	Mg > Mj > Mn
	行为	信息渠道好坏	好到坏	3	2	1	
合计				6	4	2	
交易成本比较				Mn < Mj < Mg			

表 3-4 三种模式下的过程交易成本比较

过程	二级指标	三级指标	Mg	Mj	Mn	比较
合约签到前（C_b）	信息提案成本（C_{b1}）	信息传递成本（C_{b1-1}）	3	2	1	Mn < Mj < Mg
		知晓范围（C_{b1-2}）	3	2	1	
		知晓程度（C_{b1-3}）	3	2	1	
	确权成本（C_{b2}）	是否需要确权（C_{b2-1}）	1	1	0	Mn < Mj < Mg
		是否已经完成该（C_{b2-2}）	2	1		
		所耗费的时间和费用（C_{b2-3}）	2	1		
	评估成本（C_{b3}）	是否需要评估（C_{b3-1}）	1	1	0	Mn < Mj < Mg
		评估次数（C_{b3-2}）	2	1		
		评估时间和费用（C_{b3-3}）	2	1		
	中介组织成本（C_{b4}）	是否需要中介介入（C_{b4-1}）	1	0	1	Mj < Mn < Mg
		中介的数量（Cb4-2）	1		1	
		消耗的时间和费用（C_{b4-3}）	2		1	
合约签订中（C_l）	签订合同成本（C_{l1}）	业务与申请人距离（C_{l1-1}）	3	2	1	Mn < Mj < Mg
		花费的时间与费用（C_{l1-2}）	3	2	1	
合约签订后（C_a）	监督执行成本（C_{a1}）	是否有监督部门（C_{a1-1}）	1	1	0	Mn < Mj < Mg
		是否有监督环节（C_{a1-2}）	1	1	0	
	违约后的处置（C_{a2}）	是否需要产权市场（C_{a2-1}）	1	1	0	
		是否已建产权市场（C_{a2-2}）	2	1		
交易成本比较			Mn < Mj < Mg			

赋值后的大小比较方法是直接加总三级指标的赋值数，赋予每个指标同等的权重获取。可见，在资产专用性上，贵州凤冈县“政府供给推动型”贷款模式交易成本 > 嘉兴市南湖区“金融机构供给推动型”贷款模式交易成本 > 宁夏同心县“农户需求推动型”贷款模式交易成本。在交易频率上，农户需求推动型大于金融机构供给推动型，频率最小的是政府机构供给推动型。在不确定性上，按照从大到小的顺序分别是政府机构供给推动型（Mg）、金融机构供给推动型（Mj）、农户需求推动型（Mn）。

威廉姆森（2002）[①] 认为，资产专有性越强、交易频率越低、不确定性越大，则交易成本越大，因此，三种模式下的交易成本按照从小到大的排列分别是宁夏同心县“农户需求推动型”（Mn）、嘉兴南湖区“金融机构供给推动型”（Mj）、贵州凤冈县“政府机构供给推动型”（Mg），即 Mn < Mj < Mg。

赋值的原则按照对应内容项，不同模式下的交易成本大小进行赋值。涉及交易成本环节的时候，赋值 0、1 分别表示不存在该环节交易成本及存在该环节交易成本；若涉及可比交易成本大小时，则按照交易成本从小到大分别赋值为 1、2、3；若涉及到不可比的交易成本时候，则赋予同样的比值。最终按照总体赋值之和来进行比较，在此，没有权重的细化，分别赋予不同三级指标同样的权重。

依据以上赋值原则，从表 3－5 可以看出，在合约签订前交易成本比较中，对于信息搜索成本，宁夏同心县模式成本小于嘉兴南湖区模式，小于贵州省凤冈县模式。在确权及评估成本比较中，交易成本从小到大的排列顺序是宁夏同心县模式、嘉兴南湖区模式及贵州凤冈县模式。其中宁夏同心县没有确权和评估两个环节，因为金融机构放贷的本质是关系联保，对抵押的土地没有要求。土地流转合作社担保的条件是土地抵押，担保金额仅是 3 万～5 万元，因此多是成员之间的信任担保。嘉兴南湖区的确权和评估环节相比较凤冈县要间接，主要因为其建立了完善的流转平台，金融机构可直接进入。在中介组织成本中，由于嘉兴南湖区是直接抵押贷款，无担保环节，因此嘉兴南湖区的交易成本最小。当每个三级指标权重相等的情况下，比较得知合约签订前交易成本从小到大的顺序是：宁夏同心县“农户需求推动型”（Mn）、嘉兴南湖区“金融机构供给推动型”（Mj）、贵州凤冈县“政府机构供给推动型”（Mg），即 Mn < Mj < Mg。从合约签订的办理位置来看，贵州凤冈县在县一级、嘉兴南湖区在镇一级、宁夏同心县在村一级，从耗费时间和费用来看，贵州凤冈县签订贷款合约大约需要 2 周，嘉兴南湖区在 1 周左右，而宁夏同心县在 1 周以内。因此，签约中的交易成本从小到大的顺序是：宁夏同心县“农户需求推动型”（Mn）、嘉兴南湖区“金融机构供给推动型”（Mj）、贵州凤冈县“政府机构供给推动型”（Mg），即 Mn < Mj < Mg。合

① 奥利弗·E. 威廉姆森. 资本主义经济制度［M］. 北京：商务印书馆，2002.

约签订后的交易成本比较中，宁夏同心县的监督和处理由联保户及合作社进行，金融机构没有要求农户提供任何的监督材料及违约后的资产处理费用，嘉兴南湖区由于存在专门的产权市场且已经在运行，相比较而言，合同签订后的交易成本按照从小到大的顺序应该是：宁夏同心县“农户需求推动型”（Mn）、嘉兴南湖区“金融机构供给推动型”（Mj）、贵州凤冈县“政府机构供给推动型”（Mg），即 $Mn < Mj < Mg$。

依据 $C = \alpha C_b + \beta C_i + \gamma C_a$ 公式，可知最终三种模式的交易成本比较：$Mn < Mj < Mg$，即宁夏同心县过程交易成本最小，嘉兴南湖区过程交易成本次之，贵州省凤冈县过程交易成本最大。

表3-5　三种模式下的交易成本综合比较

方法	内容	Mg	Mj	Mn
静态分析	资产专用性	强	中	弱
	交易频率	弱	中	强
	不确定性	强	中	弱
过程	合约签订前	大	中	小
	合约签订中	大	中	小
	合约签订后	大	中	小
最终交易成本比较	$Mn < Mj < Mg$			

对交易成本的综合分析见表3-5，可见无论从静态交易成本分析还是从过程交易成本分析，都得到相同的结论：即土地承包经营权抵押贷款在最初模式设计的时候，三种模式就存在交易成本的大小差异，按照交易成本从小到大的顺序分别是：宁夏同心县“农户需求推动型”（Mn）、嘉兴南湖区“金融机构供给推动型”（Mj）、贵州凤冈县“政府机构供给推动型”（Mg），即 $Mn < Mj < Mg$。

第三节　三种模式的自我履约

我国土地承包经营权抵押贷款依然处于探索阶段，其面临的现实困境有两方面：一方面是法律上还未完全解禁，土地抵押处置市场还很薄弱①；另一方面是违约后法庭强制实施的可行性较弱，法庭强制实施的成本过高，且强制执行的法律依据和地方法规之间存在一定的差异。因此，在此背景下，土地承包经营权抵

① 汪险生，郭忠兴．农地承包经营权抵押贷款：两权分离及运行机理——基于对江苏新沂市与宁夏同心县的考察［J］．经济学家，2014（3）：49-60.

押贷款的履行更多靠自我履约实现，自我履约机制也就成为衡量土地承包经营权抵押贷款稳定性的重要指标。在最初模式设计中，有哪些履约要素，履约要素之间是如何发生联系、如何产生效果的？本文拟对以上问题进行探讨。

一、理论模型框架

以 Klein（1996）① 的自我履约为理论分析框架。Klein 指出，自我履约依赖的是履约成本（K），又可称为私人惩罚、私人成本，是对违约交易者施加未来成本的贴现值。履约成本可分为两部分：一是双方终止关系对给定交易者专用性投入造成的潜在资本损失（K_0），另一部分是交易者的市场声誉的贬值（K_1），即违约者声誉受损后，在未来某期行为所多支付的成本贴现。

$$K = K_0 + K_1 \quad (3-1)$$

其中 K 为自我履约资本，K_0为违约后资产专用性价值的损失，K_1为违约后声誉价值的损失。

假设缔约双方为理性经济人，H 为缔约主体违约所带来的一次性收益。当 $H > K$ 时，违约收益大于违约成本，则契约得不到自我履约；当 $H \leqslant K$ 时，缔约主体选择履约。Klein 提出了“自我履约范围”的概念，即在自我履约范围内，H 总是小于 K，在此范围内，每个交易者“敲竹杠”的潜在收益都低于个人惩罚条款引致的损失，这样就没有人试图“敲竹杠”，而理性选择契约的“自我履约”，即自我履约范围为：

$$H \leqslant K \quad (3-2)$$

土地承包经营权抵押贷款的契约主体是农户和正规金融机构，因此，本文主要讨论农户的履约问题。假设 f（x）为农户“敲竹杠”的概率分布，建立如图 3－2 的自我履约范围图（见图 3－2）。

其中，图 3－2 中 I 表示缔约后，农户进行了专用性投资，形成私人履约资本。尾部阴影部分表示农户违约收益大于违约成本区域。从图 3－2 可见，农户的自我履约面积是：

$$K = \int_0^{ka} fa(x)\,dx - H \quad (3-3)$$

一份最佳的农地产权抵押贷款契约，或者一个最佳的农地产权抵押贷款模式应满足的效率原则是自我履约范围最大化，即：

$$\mathrm{Max} \int_0^{Ka} fa(x)\,dx - H \quad (3-4)$$

---

① Klein. Why hold - ups occur: the self - enforcing range of contractual relationships [J]. Economic inquiry, 1996, 34 (3): 444 - 463.

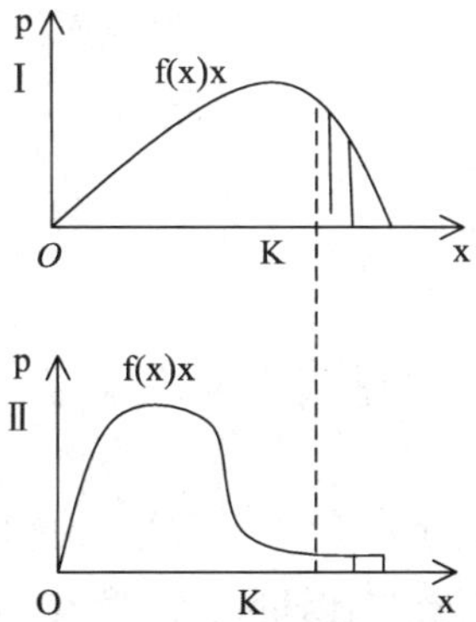

图 3-2 农村土地承包经营权抵押贷款契约的自我履约范围

当自我履约范围最大化、农户自我履约成本无穷大时，尾部阴影面积趋向于0，也就实现了 klein 所说的“如果交易者有无限的私人履约资本，敲竹杠将不会发生，而且，交易者在他们的契约上写什么也都无所谓了”。

二、“政府供给推动型”模式的自我履约

对贵州省凤冈县“政府供给推动型”土地承包经营权抵押贷款模式的自我履约进行范围界定。为简化量化分析，文中简略了声誉成本中的时间折现，以总声誉价值表示。

违约收益（H）——农户违约后，违约收益是贷款总额 H_1。贷款总金额取决于农地、地上或地下附着物的价值及贷款申请金额，在管理办法中规定贷款金额不得超过抵押标的物价值的70%。假定 H_2 为农地及附着物的总价值，H_1 为最终放贷总额，其中 $H_1 \leqslant 70\% H_2$。

违约资产专用性损失（K_0）——若违约，则贷款人损失的是农地总价值（H_2）与实际获贷总额（H_1）之差。

违约声誉损失（K_1）——违约或机会主义被发现后，贷款人在担保公司及银行的信用降级，因此带来担保声誉损失 U_1 与银行声誉损失 U_2。

综上所述，自我履约公式表达，如下所示：

$$P = K - H \tag{3-5}$$

$$K = K_0 + K_1 \tag{3-6}$$

$$K_0 = H_2 - H_1 \tag{3-7}$$

$$K_1 = U_1 + U_2 \tag{3-8}$$

$$H = H_1 \tag{3-9}$$

其中 P 为履约动力，当 $P \geqslant 0$ 的时候就是自我履约范围。H_2 为实际农地及农地附着物价值，H_1 为最终放贷总额。U_1 为违约后担保公司信用评级降低带来的声誉

损失，U_2为违约后银行信用评级降低带来的声誉损失。将式（3－6）、式（3－7）、式（3－8）、式（3－9）代入式（3－5）式得出：

$$P=(H_2-2H_1)+U_1+U_2 \tag{3-10}$$

贷款人的自我履约范围就是 $H_2+U_1+U_2\geqslant 2H_1$。

三、"金融供给推动型"模式的自我履约

违约收益（H）——实际贷款总额（H_1）。值得注意的是嘉兴南湖区抵押价值的评估方式，农地价值用剩余流转期间内的租金总额评估，如经营主体支付了两年的流转租金，贷款申请时离租金支付时已过半年，银行核定的抵押价值是一年半的租金总额。

违约资产专用性损失（K_0）——嘉兴南湖区农地产权抵押贷款链接了农地流转市场，因此资产专用性不仅涉及到银行还涉及到流转市场。即一旦贷款人违约，则农户在银行方面的损失为实际农地价值与贷款总额之差，同时在流转市场上的流转经营保障金（B）也一起损失。

违约声誉成本（K_1）——声誉成本包括违约后银行对贷款者的信用评级降低带来的声誉损失（U_2）及流转市场上的声誉损失（U_3）。

将其量化为公式，如下所示：

$$P=K-H \tag{3-11}$$

$$K=K_0+K_1 \tag{3-12}$$

$$K_0=H_2-H_1+B \tag{3-13}$$

$$K_1=U_2+U_3 \tag{3-14}$$

$$H=H_1 \tag{3-15}$$

其中 B 是流转经营保障金，U_3是流转市场上的声誉损失。将式（3－12）、式（3－13）、式（3－14）、式（3－15）代入式（3－11）得出：

$$P=H_2+U_2+U_3+B-2H_1 \tag{3-16}$$

贷款人的自我履约范围是 $H_2+U_2+U_3+B\geqslant 2H_1$。

与凤冈县的自我履约范围比较来看，嘉兴市南湖区在两方面加重了自我履约动力：一方面是多了农地流转押金，另一方面是剩余租金的作价方式低估了实际农地价值，也拉大了实际价值与贷款总额之间的差距。

四、"农户需求推动型"模式的自我履约

违约收益（H）——农户违约后，本该自己偿还的贷款由联保户或合作社偿还，总的违约收益是贷款总额（H_1）。

违约资产专用性损失（K_0）——现有农地价值和贷款价值之间的差异（H_2-H_1）。

违约声誉成本（K_1）——与前两种模式不同，除银行信用降低带来的声誉损失（U_2）外，同心县产权抵押贷款的最大成本在于熟人社会的声誉损失。由于合作社、社员联保，贷款人一旦违约，合作社会取消其社员资格，失去继续融资担保的机会，由此带来机会损失（U_4）。此外，由于是熟人社会，在封闭的社区环境内，口口相传的舆论压力会降低贷款人在熟人圈内的"资信度"，由此带来经济、社会等各方面的机会损失，或者要弥补此损失需要花费机会成本（U_5）。

将其量化为公式，如下所示：

$$P=K-H \tag{3-17}$$

$$K=K_0+K_1 \tag{3-18}$$

$$K_0=H_2-H_1 \tag{3-19}$$

$$K_1=U_2+U_4+U_5 \tag{3-20}$$

$$H=H_1 \tag{3-21}$$

其中U_4是违约后在合作社的声誉成本，U_5是违约后在熟人圈的声誉成本。将式（3－18）、式（3－19）、式（3－20）、式（3－21）代入式（3－17）得出：

$$P=(H_2-2H_1)+U_2+U_4+U_5 \tag{3-22}$$

贷款人的自我履约范围就是$H_2+U_2+U_4+U_5\geqslant 2H_1$。

五、三种模式的自我履约比较

表3－6对三种贷款模式的履约结构与履约范围进行了对比分析。从自我履约结构来看，三种模式均包含资产专用性损失与声誉损失两部分。在资产专用性损失中，嘉兴南湖区的金融机构推动型模式与其他模式有差异。南湖区是将信贷市场与流转市场相链接，较其他模式而言，存在流转保障金的损失。此外，南湖区对土地价值的评估选择的是剩余租金价值，故在土地实际价值一定的情况下，南湖区的实际贷款值要小于其他两种模式。因此，三种模式相比较而言，南湖区金融机构推动型模式中资产专用性的自我履约范围最大。在声誉损失中，三种模式的声誉损失范围不同。因为三种模式分别是抵押与资产担保、抵押与市场链接、抵押与关系担保的实质贷款方式，因此声誉损失也涉及到资产担保、链接市场与关系担保领域，即资产担保声誉损失在担保公司、链接市场声誉损失在流转市场、关系担保声誉损失在土地的合作社与联保农户。从履约范围来看，嘉兴南湖区的金融机构推动模式、宁夏同心县的需求推动模式，较贵州凤冈县的政府供给推动模式要大。其中嘉兴南湖区的市场推动模式大在资产专用性上，而宁夏同心县的需求推动模式大在声誉成本上。

表 3-6 三种模式下的自我履约比较

项目	对比内容	政府供给推动型 - 贵州省凤冈县	金融机构供给推动型 - 嘉兴市南湖区	农户需求推动型 - 宁夏同心县
自我履约对比	违约收益	H_1	H_1	H_1
	资产专用性损失	H_2-H_1	H_2-H_1+B	H_2-H_1
	声誉损失	U_1+U_2	U_2+U_3	$U_2+U_4+U_5$
	自我履约范围	$H_2+U_1+U_2\geqslant 2H_1$	$H_2+B+U_2+U_3\geqslant 2H_1$	$H_2+U_2+U_4+U_5\geqslant 2H_1$

注：贷款总额 H_1、农地总价值 H_2、流转经营保障金 B、担保声誉 U_1、银行声誉 U_2、流转市场声誉 U_3、合作社声誉 U_4、熟人圈声誉 U_5。

第四节 小结

本章节运用交易成本与自我履约理论对三种不同农村土地承包经营权抵押贷款模式的理论效果进行分析，其中交易成本与模式的效率相关，自我履约与模式的稳定性相关。理论量化的结果表明，不同贷款模式在最初制度设计时就存在效果差异。

模式的交易成本分析选用了威廉姆森的静态分析框架与交易过程分析框架。两种分析框架均得出宁夏同心县“农户需求推动型模式”交易成本最小、嘉兴南湖区“金融机构供给推动型模式”交易成本次之、贵州凤冈县“政府供给推动型模式”交易成本最高。

模式的自我履约分析选用克莱因的自我履约理论，分析结果表明宁夏同心县“农户需求推动型模式”与嘉兴南湖区“金融机构供给推动型模式”的自我履约范围高于贵州凤冈县“政府供给推动型模式”。相比较贵州凤冈县的“政府供给推动型模式”而言，宁夏同心县的模式设计中自我履约中的“声誉机制”更强，嘉兴南湖区模式设计中自我履约的“资产专用性”更强。

第四章　农村土地承包经营权抵押贷款实施效果分析

一项制度的效果由两方面共同合成：一是制度本身最初设计的效果，即制度本身的效果；二是制度实施的效果，即制度设计后受实施环境、实施主体、实施客体影响而产生的效果。本章节对试点地区土地承包经营权抵押贷款的制度实施效果进行研究，聚焦主要试点地区的微观实施效果和基于全国试点地区的整体实施效果。具体写作逻辑如图 4 -1 所示。

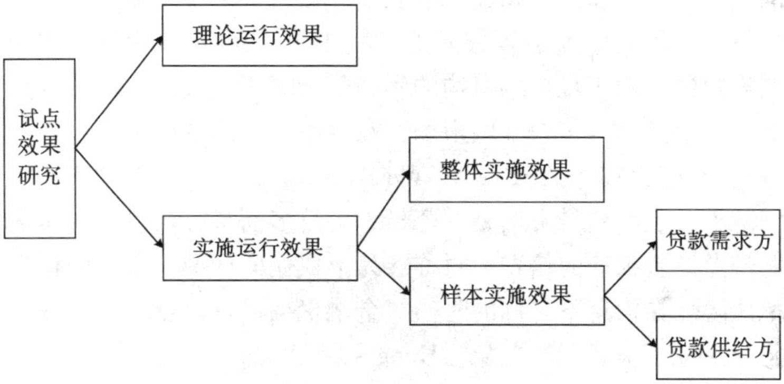

图 4 -1　第四章逻辑框架

第一节　文献综述

与本章相关的文献综述有两方面：第一是国内外学者如何定义农业信贷制度效果，并选用什么样的指标进行衡量，衡量出来的结果是什么；第二是国内外学者如何定义土地承包经营权抵押贷款制度效果，选用什么样的指标体系，其主要结论是什么。对农业信贷制度效果进行综述的原因在于，土地承包经营权抵押贷款在我国还处于试点阶段，无论是实践效果还是学术上的研究积累都还不显著，因此需要借鉴农业信贷制度效果研究的成果。

一、农业信贷制度效果综述

（一）农业信贷

农业信贷是指贷款资金用于农业、农村建设，贷款主体为农业经营主体的贷款。按照获取途径可分为正规信贷和非正规信贷。其中，通过银行等国家正式金融机构获取的信贷称为正规信贷；而民间自发的如农户之间的私下借贷、互助社、钱庄等的借贷称为非正规信贷。

（二）农业信贷制度效果

农业信贷制度效果有两种：一是信贷均衡，即信贷的供求达到一致的状况；二是信贷的不均衡，更多出现的是信贷配给，即信贷需求大于供给的状况，有的学者又称其为信贷约束、金融抑制。

Hodgman（1960）①、Jaffee（1969）② 对信贷配给进行了定义，即在信贷市场利率一定的条件下，贷款需求超过贷款供给，银行等金融企业对贷款进行配给的现象。产生信贷配给的原因是多方面的，其中 Mckinnon 和 Shaw（1973）③ 认为是利率管制导致的，即正规金融机构的利率低于非正规金融市场，因此更多的贷款需求从非正规金融涌入正规金融市场。在供给一定的情况下，金融机构只能通过配给的方式分配其贷款。Stiglitz 和 Weiss（1981）④ 认为逆向选择和道德风险导致了信贷配给，农村信贷市场是一个借方信息多而贷方信息少的市场，信息不对称是普遍现象。贷款前的信息不对称容易形成逆向选择，事后的信息不对称容易产生道德风险。在信息不对称的时候，金融机构通过信贷配给来筛选还贷概率高的农户，就形成了信贷配给现象。Hung - Jen Wang（2000）⑤ 认为在信贷过程中交易成本的存在导致了信贷配给。学者们研究表明，农户受到信贷约束的现象非常普遍，尤其是发展中国家和低收入群体。实证发现在非洲只有 5% 的农户获得正规借贷，在亚洲和拉丁美洲，该数据为 15%。贫困者受到信贷约束的主要

---

① Hodgman D. Credit risk and credit rationing [J]. The Quarterly Journal of Economics, 1960: 258 - 278.

② Jaffee D. A theory and test of credit rationing [J]. The American Economic Review, 1969: 59 (5): 850 - 872.

③ McKinnon R. Optimum currency areas [J]. The American Economic Review, 1963, 53 (4): 717 - 725.

④ Stiglitz. Credit rationing in markets with imperfect information [J]. The American economic review, 1981 (3): 393 - 410.

⑤ Wang H J. A stochastic frontier analysis of financing constraints on investment: the case of financial liberalization in Taiwan [J]. Journal of Business & Economic Statistics, 2003, 21 (3): 406 - 419.

原因有缺乏抵押品、信用记录缺失，以及正规信贷机构受到的制度管制，如低利率、瞄准特定目标的信贷计划等。

国内农村信贷制度效果研究。国内学者对农村正规金融机构信贷制度的研究有两类：一类是微观群体视角研究农村小额信贷的制度效果；另一类是宏观层面研究农村信贷资金的配给效率。大量学者实证结果表明，我国农村信贷市场受到较严重的信贷约束。何广文（2004）① 调研发现，农户贷款额满足度大约只有20%～30%，韩俊（2007）② 发现有超50%的样本农户数受到信贷约束。李锐等（2007）③ 所得金融抑制程度的数据是70.92%。褚保金（2009）④ 对372份农户问卷调研发现，有28.4%的农户受到信贷配给，其中59户完全受到信贷配给，47户部分受到信贷配给。黄祖辉、刘西川等（2009）⑤ 从需求和供给两方面考察中国贫困地区农户的借贷行为，以此解释农户正规市场参与度低的原因。其中工资收入对农户的正规信贷需求有负向影响，非农经营收入占总收入的比重对正规信贷市场可得性有正向影响。刘西川（2009）⑥ 对农村金融资金的去向进行跟踪调研，发现农村小额信贷最初瞄准贫困农户，但在实施过程中目标群体发生了上移，更倾向于优质农户、资本禀赋高的农户，而部分贫困的农户获取资金很难，资金约束没有得到有效的缓解。王向楠（2011）⑦ 实证了农业贷款能有效促进农业产出。还有学者从宏观层面对信贷资金的效率进行了研究，张兵等（2007）⑧ 选用1995—2005年江苏省农村信贷数据进行面板分析，表明江苏省农村总体信贷资金配置效率较差，农业信贷资金相对乡镇企业信贷资金，对净利润增长量敏感性更低。朱喜等（2006）⑨ 选用VEC模型实证改革以来我国农村信贷的分配效率，结果发现，政府主导的指令性信贷模式下，长期金融机构的农村贷款投入与农民收入、农村投资之间不存在均衡关系，短期也没有有效促进农村投资的增加和农民收入的增加。也有部分学者获得了相反的结论，即农业信贷是有效的。尹

---

① 何广文．中国农村经济金融转型与金融机构多元化［J］．中国农村观察，2004（2）：12－21.

② 韩俊，罗丹．中国农村金融调查［M］．北京：中国金融出版社，2007.

③ 李锐，朱喜．农户金融抑制及其福利损失的计量分析［J］．经济研究，2007（3）：146－155.

④ 褚保金，卢亚娟，张龙耀．信贷配给下农户借贷的福利效果分析［J］．中国农村经济，2009（6）：51－61.

⑤ 黄祖辉，刘西川，程恩江．贫困地区农户正规信贷市场低参与程度的经验解释［J］．经济研究，2009（4）：116－128.

⑥ 刘西川，程恩江．贫困地区农户的正规信贷约束：基于配给机制的经验考察［J］．中国农村经济，2009（6）：37－50.

⑦ 王向楠．农业贷款，农业保险对农业产出的影响——来自2004—2009年中国地级单位的证据［J］．中国农村经济，2011（10）：44－51.

⑧ 张兵，许国玉．江苏省农村信贷资金配置效率［J］．中国农村经济，2007（6）：54－61.

⑨ 朱喜，李子奈．改革以来我国农村信贷的效率分析［J］．管理世界，2006（7）：68－76.

学群等（2011）[①] 利用2000—2008 年全国统计数据检验农户信贷行为、信贷水平对农村经济和农村居民消费的影响，结果显示，农业生产信贷水平对农村经济增长、农村收入水平、农户消费支出水平具有显著的正向作用。曲小刚(2013)[②] 表明正规借贷对农户生产具有显著的影响，但各地区之间是具有差异性的。

国外农村信贷制度效果研究。不同国家的正规金融信贷发放的条件和发放的内容不同，因此产生不同的信贷效果。学者通过多国的实证追踪研究，发现正规的农村信贷制度产生较好的效果。Belongia（1990）[③] 对美国农业部的信贷绩效进行研究，发现政府弥补了农户的信贷配给问题。Burgess（2003）[④] 对印度的农业信贷扩张制度进行分析，结论表明农村金融分支机构的扩大，显著减少了农村地区的贫困，并增加了非农产出。部分学者对信贷的成本和收益进行了比较，发现信贷制度的效果在受到成本的约束下，需要谨慎地推进信贷制度。Chaves 和 Sancher（1995）[⑤] 对墨西哥建立的 500 多个农业发展银行和国有化商业银行研究，发现投入数十亿美元的指令性信贷最终只有 8% 的农业企业获得了正规贷款，只有 1% 的农村企业获得了政府直接贷款。Hoff K、Stiglitz J E（1990）[⑥] 构建了农村信贷市场框架，以此解释为什么许多政府提供大量的低廉贷款给农户，但其结果却是失败。

（三）农业信贷制度效果的度量方法

学者们采用了不同的度量方法进行信贷制度的衡量，如表 4 - 1 所示。

国内外丰富的农业信贷制度效果文献为我们研究相关课题提供了丰富的理论和实证基础。从国外研究来看，学者们关注产生信贷配给的原因是什么？如何减少信贷配给？在农业信贷效果研究中，国外学者的视野范围更加宽阔，不仅关注农业信贷对农户的缓解程度，还关注农业信贷对农业生产及生态环境等远期的影

---

① 尹学群，李心丹，陈庭强．农户信贷对农村经济增长和农村居民消费的影响［J］．农业经济问题，2011（5）：21 - 27.

② 曲小刚，池建宇，罗剑朝．正规借贷与民间借贷对农户生产的影响［J］．农业技术经济，2013，9：011.

③ Belongia M T，Gilbert R A. The effects of management decisions on agricultural bank failures［J］. American journal of agricultural economics，1990，72（4）：901 - 910.

④ Burgess R，Pande R. Do rural banks matter? - Evidence from the Indian social banking experiment［J］. American journal of agricultural economics，2003（1）：21 - 57.

⑤ Chaves，R. and Susanna Sanchez. Mexico：Rural Fi - nancial Markets，［J］. American journal of agricultural economics，1995（5）：132 - 198

⑥ Hoff K，Stiglitz J E. Introduction：Imperfect information and rural credit markets：Puzzles and policy perspectives［J］. The world bank economic review，1990，4（3）：235 - 250.

表4－1　农业信贷效果衡量方法汇总表

衡量内容	指标内容	作者
农业信贷配给率	信贷配给度 $=\frac{\beta-\alpha}{\beta}*100\%$ α－农村经济主体掌握的信贷资金比重 β－农村经济在国民经济中的比重	刘艳华（2009）
农业信贷资源配给效率	农业信贷资源配给效率 $=\frac{LN\frac{ACt}{ACt-1*Pt}}{LN\frac{AGDPt}{AGDPt-1*Gt}}-\mu$ AC－农业贷款投入规模 AGDP－农业产值 Pt－1年农村居民消费价格指数 Gt－第一产业国内生产总值指数 $LN\frac{ACt}{ACt-1*Pt}$——农业信贷资本的增长率 $LN\frac{AGDPt}{AGDPt-1*Gt}$——农业产值增长率 μ——误差	刘艳华（2009）
农业信贷投入与产出的均衡——需求方效果	是否可获得 是否缓解农户资金约束 不同群体的资金约束缓解度	Chaves等（1995） 刘西川（2007） 刘西川（2007）
	农业信贷投入是否促进了农户收入增加	朱喜等（2006）； Yaron等（1997）； 温涛（2005）
	农业信贷投入是否促进了农村投资增加	朱喜等（2006）
	农业信贷投入是否利于减贫	Burgess（2003）； Diagne（2001）
	农业信贷投入是否增加农村非农就业增加	Belongia（1990）
	农业信贷投入是否增加农户消费	Khander（2003）
	农业信贷投入是否增加产出和非土地资产	Khander（2003）； 王向楠（2011）； 曲小刚等（2013）
农业信贷投入与产出的均衡——供给方效果	农业信贷投入对水资源的影响	Yarbrough（1991）
	农业投资对政府补贴的耗费 农业投资对农业生态和经济社会缓解	Burgess（2003）

响。国内学者基于我国的农业信贷市场的现状，关注当前我国农村信贷市场的实际情况、农户从正规信贷市场上的获贷情况及对农户收入生产结构的影响。

二、农村土地承包经营权抵押贷款效果综述

土地承包经营权抵押贷款作为一项探索性的农村土地产权及农村金融改革，吸引了大量学者的关注。主要研究集中在以下几个方面：

（一）理论层面的效果研究

从理论层面上，土地承包经营权抵押贷款的效果分成三种观点：第一种观点是土地抵押贷款的有效论，Feder（1988）①、Besley（1995）② 认为土地抵押可以缓解农户信贷约束，提高农户信贷可得性、增加农业投资、提高农户收入。第二种观点是土地抵押贷款有效的条件论，Tassel（2004）③ 认为，这种土地抵押的效果存在一定的群体差异性，仅中等和大规模农户的信贷可得性有所提高，贫困人群难以得到改进。Hare（2008）④ 以越南为例，认为只有在外部政策支持的情况下土地抵押贷款对农户的信贷供给才会产生影响。第三种观点是土地抵押贷款的无效论。Menkhoff（2006）⑤ 以越南银行为例，认为银行放贷依然以农户和银行的关系为主要依据，土地抵押对农户信贷获取没有影响。

国内对土地承包经营权抵押贷款效果的研究有以下观点和结论：张龙耀等（2010）⑥ 通过理论分析认为农地抵押并不一定能改善农户信贷获得性，主张农地抵押不是当前我国开展农村金融创新和解决农民贷款难的必然选择，而仅仅是一项可选的政策。

（二）试点实证层面的效果研究

该综述按照需方市场、供方市场及供需市场效率三类进行。

需方市场效果研究，包括需方市场的可行性、可获得性、信贷约束缓解度研究等。需方市场的可行性研究，学者们主要通过实证分析农户参与土地承包经营

① Feder G, Onchan T, Chalamwong Y. Land policies and farm performance in Thailand's forest reserve areas [J]. Economic Development and Cultural Change, 1988, 36 (3): 483 -501.

② Besley T. Property rights and investment incentives: Theory and evidence from Ghana [J]. Journal of Political Economy, 1995: 903 -937.

③ Van Tassel E. Credit access and transferable land rights [D]. Oxford economic papers, 2004, 56 (1): 151 -166.

④ Hare D. The origins and influence of land property rights in Vietnam [J]. Development Policy Review, 2008, 26 (3): 339 -363.

⑤ Menkhoff L, Neuberger D, Suwanaporn C. Collateral -based lending in emerging markets: evidence from Thailand [J]. Journal of Banking & Finance, 2006, 30 (1): 1 -21.

⑥ 张龙耀，杨军. 农地抵押和农户信贷可获得性研究 [J]. 经济学动态，2011 (11): 60 -64.

权抵押贷款的意愿程度。肖轶等（2012）[①] 以重庆1141户农户为样本，对其参加“三权”（土地承包经营权、农村居民房屋权、林权）的意愿及影响因素进行实证分析。结论显示，69%的男性农民、50.88%的女性农民需要三权抵押贷款。杨婷怡等（2014）[②] 以陕西高陵县和宁夏同心县919份样本数据进行农村产权抵押融资意愿和影响因素的分析，数据统计显示农户选择土地承包经营权抵押贷款的意愿较高，均值为3.30，介于一般与愿意之间。惠献波（2014）[③] 的数据表明，37.6%的农户具有贷款意愿，58.7%的农户不愿意，3.7%的农户态度模糊。其中贷款意愿强烈的是经商为主的农户，而小农兼业及外出打工的农户不愿意选择土地承包经营权抵押贷款。需方市场的可获得性研究。黄惠春等（2015）[④] 采用组群配对法考察江苏土地承包经营权抵押贷款试点区和非试点区的农户信贷可获得性。研究发现，试点村的农户需求率与贷款发生率均高于非试点村，试点村的信贷配给率略低于非试点村，完全数量配给率也低于非试点村，但其差异在统计上不显著。回归模型表明，试点对降低农户完全数量配给具有显著影响。需方市场的信贷约束缓解情况研究。牛荣等（2016）[⑤] 对宁夏平罗和陕西杨凌581户农户进行调研，运用Heckman广义三阶段回归模型，通过对试点地和非试点地不同经营类型农户的信贷需求及约束程度进行对比分析，结论表明，西部农村产权抵押贷款试点地区农户受信贷约束程度不明显，信贷约束程度与农户经营类型有明显的反向关系。此外非农经营的农户相比较农业经营的农户而言，更会因为缺乏土地抵押贷款导致信贷约束程度更大。因此可知，土地承包经营权抵押贷款对缓解农户信贷约束具有显著影响，且缓解情况与农户的经营类型有关。也有学者获得不同的结论，张迎春（2012）[⑥] 对成都农村产权制度改革调研发现，农村融资难的问题并未得到实质缓解。

供方市场的可行性研究。包括金融机构认为的开展土地承包经营权抵押贷款的必要性和意愿程度。选用金融机构的负责人、骨干或者信贷员作为供给方市场的代表，对其进行意愿调研。其原因在于，金融机构实行了严格的信贷责任追究

---

① 肖铁，魏朝富，尹珂．农户农村“三权”抵押贷款需求意愿及影响因素分析——基于重庆市22个县（区）1141户农户的调查数据［J］．中国农村经济，2012，9：88－96.

② 杨婷怡，罗剑朝．农户参与农村产权抵押融资意愿及其影响因素实证分析——以陕西高陵县和宁夏同心县919个样本农户为例［J］．中国农村经济，2014，4：42－57.

③ 惠献波．农村土地经营权抵押贷款制度运行效率评价——基于DEA模型的估计［J］．浙江金融，2014（7）：49－53.

④ 黄惠春，祁艳，程兰．农村土地承包经营权抵押贷款与农户信贷可获得性——基于组群配对的实证分析［J］．经济评论，2015（3）：72－83.

⑤ 牛荣，张珩，罗剑朝．产权抵押贷款下的农户信贷约束分析［J］．农业经济问题，2016（1）：76－83.

⑥ 张迎春，吕厚磊，肖小明．农村产权确权颁证后融资困境解决了吗？——以成都市为例［J］．农村经济，2012（5）：74－77.

制度，信贷人员对其发放的贷款原则上是负责收回的，并和其经济利益挂钩，因此具有放贷的独立性，可以选用农村信贷员的意愿代替金融机构的意愿（王兴稳等，2007）①。于丽红（2013）②对沈阳沈北新区富民村银行、沈阳农村商业银行、新民富民村镇银行、法库县农信社、康平县农信社、辽中县农信社、新民市农信社、昌图县农信社的信贷部门主任或骨干发放了40份问卷，分别从必要性及意愿两方面对金融机构的供方市场意愿进行了调研。结果显示，有87.18%的受访者认为有必要开展土地承包经营权抵押贷款，只有41.18%的金融机构表示愿意开展该项业务。林乐芬等（2011）③对宁波市各农信社发放55份问卷，其中82.35%的样本认为开展土地承包经营权贷款不具有必要性，认为国家出台相关政策可能性的有56.86%，在阻碍土地承包经营权抵押贷款的现实约束中，47.06%认为是抵押权认定和评估的问题，74.51%认为是相关法律不健全，62.75%认为是抵押品处置风险。王兴稳等（2007）④对兴化市28个乡镇61名信贷员进行调研，结论显示因为土地规模小，农地抵押价值不高，金融机构接受农地作为贷款抵押物的意愿不高。当农地经营规模增大、明确土地使用权年限、农地价值大于某个阈值后，金融机构开始意愿接受农地贷款。

市场效率研究。惠献波（2014）⑤分别对河南省四个抵押试点的需方农户和供方金融机构进行了土地承包经营权抵押贷款的效率研究。实证研究表明，农户抵押贷款可获得性从10.8%上升到了16.8%，农户参与信贷业务的信心在不断增强，有68.5%农户的贷款需求得到了基本满足，38.69%农户的贷款需求得到了完全满足。农地经营权抵押贷款对于农户整体的贷款增长份额达到了79.5%。通过案例分析得出，土地承包经营权抵押贷款改善了农户的生产经营和受益状况。选用DEA数据包络分析方法，以信贷员数、信贷费用为投入指标，以按时还款农户数、发放贷款农户数及贷一笔款花费时间为产出指标，对金融机构开展土地承包经营权抵押贷款业务的效率进行分析。结论显示，金融机构在抵押贷款运作方面存在总体技术效率偏低、总体规模效率不高、规模效应未发挥作用等问题。总体来看，农地经营权抵押贷款机制运行效率不高。

---

① 王兴稳，纪月清．农地产权，农地价值与农地抵押融资——基于农村信贷员的调查研究［J］．南京农业大学学报，2007，7（4）：71－75.

② 于丽红，兰庆高．农村金融机构开展农地经营权抵押贷款的意愿——基于辽宁省沈阳市的调查［J］．农村经济，2013（8）：18－21.

③ 林乐芬，王军．农村金融机构开展农村土地金融的意愿及其影响因素分析［J］．农业经济问题，2011（12）.

④ 王兴稳，纪月清．农地产权，农地价值与农地抵押融资——基于农村信贷员的调查研究［J］．南京农业大学学报：社会科学版，2007，7（4）：71－75.

⑤ 惠献波．农村土地经营权抵押贷款制度运行效率评价——基于DEA模型的估计［J］．浙江金融，2014（7）：49－53.

（三）效果指标及衡量方法

将主要文献整理，如表4－2所示。

表4－2　土地承包经营权抵押贷款效果衡量指标汇总表

效果指标	内容	衡量方法	作者
制度的农户可行性	农户选择土地承包经营权抵押贷款的意愿研究	意愿需求：需要＝1；不需要＝0	肖轶等（2012）
		意愿程度：非常不愿意＝1；不愿意＝2；一般＝3；愿意＝4；非常愿意＝5	杨婷怡（2014）
		意愿程度：不愿意＝1；态度模糊＝2；愿意＝3	惠献波（2014）
制度的农户可得性	农户获取土地承包经营权抵押贷款的难易程度以及比重	获得抵押贷款的农户比重	惠献波（2014）
		试点地区与非试点地区信贷可得性对比	黄惠春（2015）
制度的农户缓解度	土地承包经营权抵押贷款对农户信贷约束的缓解情况	满足度：贷款需求完全满足＝1；贷款需求基本满意＝2	惠献波（2014）
		满足度：完全满足＝1；大部分满足＝2；满足＝3；小部分满足＝4；不满足＝5	Feder（1988） Besley（2009）
		试点地区与非试点地区的农村信贷约束比较	牛荣等（2016）
制度的长期作用	是否改善了农户生产经营、受益状况	案例分析	惠献波（2014）
制度的金融可信性	金融机构认为土地承包经营权抵押贷款实施的必要性以及开展业务的意愿	必要性：不必要＝1；比较不比较＝2；不清楚＝3；比较必要＝4；必要＝5	于丽红（2013） 王兴稳（2007） 林乐芬（2011）
		意愿：愿意开展＝1；不愿意开展＝2	
金融机构的运行效率	金融机构开展土地承包经营权是否有经济、技术和规模效率	DEA	惠献波（2014）

从以上文献可知，我国试点开展土地承包经营权抵押贷款以来，引起了大量学者的关注，并积累了一定的理论与实证的研究成果，这些成果为我国后期推广政策、进行土地金融改革提供了宝贵的参考。从研究内容来看，从最初的土地承包经营权抵押贷款的可行性研究、供需双方的意愿研究，逐渐扩展到土地承包经营权对农户的生产收入效果及金融机构运行效率的研究，可见随着试点工作的推进，研究内容在不断的深化。从方法上来看，从最初简单的统计性描述到后期的

计量模型方法，选择的方法更加精确。

对以上文献分析，发现以下几方面值得做进一步研究：第一，不同研究内容均出现了相反的观点。如土地承包经营权抵押贷款的可获得性，有学者实证发现农户获取贷款的概率很低；有学者认为土地承包经营权抵押贷款的瞄准对象实际上是那些优质的农业经营主体，如大户、企业、合作社等；有的学者结论证明，土地承包经营权抵押贷款能完全满足农户的贷款需求，能完全缓解农户的信贷约束，其可获得率大于农信社的小额信贷。差异化的结论并没有得到合理的解释。如果不对此做进一步分析，则可能会混乱地方政府的行为选择。我们认为有两方面的原因造成了这种差异性的结果：一方面，学者们选择的是不同的调研试点，拥有不同的贷款模式，模式的不同会直接对结果产生影响。因此，不能脱离模式谈结果，要在模式的框架下分析结果。另一方面是学者们并没有从理论层面进行解释，多是某一试点区的结论呈现。第二，在研究对象选定上，最初研究选择全体无差异化的农户作为调研对象，后续研究区分试点区农户和非试点区农户，可见研究对象在不断精确。但是在锁定试点区农户作为调研对象的时候，我们认为，信贷效果应该进一步锁定的是“有贷款需求”的农户，而剔除“无贷款需求”的农户。如果不对此进行范围精确，很可能扩大不申请贷款农户的样本，降低信贷效率的效果估计值。因此，我们认为，在效果研究的时候，应将样本锁定为“试点地区，有贷款需求的农户”。第三，对土地抵押贷款的供给方效果分析，现有的研究相对较浅，更多停留在必要性和意愿上研究，而深入的供方市场关于土地抵押贷款的设想相对较少。

综上所述，我们认为，深入研究土地承包经营权抵押贷款效果，要理论与实证结合，即经济学理论与实证数据结果相结合分析；要宏观与微观结合，即整体效果与样本效果相结合；要模式与效果结合，即不同贷款模式与不同效果结合；要研究对象细化与方法提升结合。基于此，本研究首先从理论层面对不同模式下的效果进行分析，选用自我履约理论进行理论分析；再分别对四个试点地的土地承包经营权抵押贷款效果进行整体分析，而后从微观层面进行量化。在微观层面量化分析时候，区分不同模式下的效果，并进行对比。在研究对象上，根据研究内容进行对象的筛选，力争获取最准确的研究结论。

第二节　实施整体效果

一项新制度的效果不仅与最初制度设计相关，也与制度实施的具体情况相关。当理论设计的制度与实际环境接轨后，是否能达到理想状态、是否能实现最初的预想，这是我们所关注的问题。因此，本章从宏观层面对土地承包经营权抵押贷款试点实施的整体效果进行分析，分别从不同试点区的放贷规模、违约情况、贷款覆盖面等进行数据调研，并辅以案例分析。

一、“政府供给推动型”——贵州省凤冈县实施效果

（一）政府整体实施效果

2015 年 1 月 17 日调研小组前往贵州省凤冈县农牧局产权服务中心，调研方法是半开放式访谈。访谈对象是凤冈县农牧局李主任。主要调研内容是凤冈县土地承包经营权抵押贷款的产权服务中心的运行情况。

产权服务中心主要向申请者办理资产确权证，现场评估资产价格；向申请人办理他项权证；申请者贷款成功后保管贷款者资产确权证，直到贷款结束用他项权证换取资产确权证。从后期实施过程来看，产权服务中心的作用在逐步弱化。首先从直接贷款或者间接担保贷款来看，资产确权证的作用在减弱。申请者往往直接拿着流转合同去银行或者担保公司申请。其次，产权服务中心评估的土地资产价值，并没有给银行贷款提供有效的参考。据银行反映，产权服务中心评估的价值相对较高，银行在放贷定额时是以自己评估价值为主。因此，随着产权服务中心职能的弱化，产权服务中心在土地承包经营权抵押贷款中的作用也减小。据李主任介绍，2009 年是凤冈县土地承包经营权抵押贷款试行期，2010—2012 年是高潮期，全国很多地方都来参观学习，2013 年后推动力量减小，2014 年后土地承包经营权抵押贷款业务几乎就没有了。

（二）金融机构整体实施效果

金融机构竞争情况。在贵州省凤冈县发放土地承包经营权抵押贷款的金融机构只有农村信用社。在西部欠发达地区，金融市场发育程度不高，还存在较大的政府管制和干涉的现象。在凤冈县田坝村我们了解到一个金融竞争的情况。凤冈县田坝村开展土地产权抵押贷款已经 3 年了，发放贷款的条件是需要耕种面积达到 10 亩以上。村里有一家公司了解到贵阳市浦发银行也能发放土地产权抵押，程序要比信用社简单，且发放金额大。因此村里大约有三家农业经营主体向浦发银行申请土地承包经营权抵押贷款。信用社了解情况后和村里进行协调，阻止当地经营主体向其他金融机构贷款。村里召集村民开会，限制当地经营主体向外资银行进行土地抵押贷款。当地政府和村民发生了较大的冲突，多次协调后终于达成协议。信用社在评估价格及程序上进行了改善，村经营主体也放弃了向外寻求贷款的想法。从以上案例可以看出，即使存在政府对金融机构的干涉行为，但是村民向外寻求借贷市场的思想在萌芽，且市场化竞争的优点逐渐显示。我们可以预期，随着市场信息化的推进，金融市场化程度会逐渐加大，土地承包经营权抵

押贷款会逐渐完善。

（三）需求方整体实施效果

贷款需求方的效果情况可分成以下几大类：①获贷后，效益增加。凤冈县XRL公司是一家长期经营茶叶的有限公司，2009年用土地承包经营权抵押向金融机构获得10万元贷款，获贷后流转100亩茶园，扩大产量。因为该茶叶品牌在贵州省具有一定的市场，所以其产量的提高直接增加了公司的销售收入，实现了良性循环，于2011年归还银行贷款。②获贷后，后期资金跟进不足，项目半途瘫痪。凤冈县田坝镇已形成茶叶种植聚集地，村民吴某看到此契机，认为以茶拉动旅游是未来的发展方向，于是决定利用自己家位于茶园生态园区内的优势，发展农家乐。利用自己外出打工20年的积蓄在自家修建了两栋木质结构的楼房，用做民宿。吴某听说土地承包经营权可抵押贷款，便用家里10亩田与房屋一起抵押获得3万元贷款。获贷后用于购买每间民宿的床铺、电视机、马桶，3万元贷款迅速用完，但每间屋的水电还没有通。吴某估计至少还需要10万元。积蓄用完，银行借贷未还，吴某资金链断裂，项目无法运行，未完工的楼房只能作为仓库空置起来。吴某也只能给别人打零工维持家庭的基本开支。③贷款后，卷款逃离。张某通过××镇村委会向当地农民流转100亩土地种植经济作物，流转期限是5年。第1年张某平整土地，种植下了作物。第2年张某用土地和土地上的附着物通过担保公司向信用社贷款9万元。款项贷到后，张某卷款潜逃，土地无人种植。当地农民纷纷找到村委会，要村委会代偿后3年租金，并索要回土地。

（四）担保方整体实施情况

贵州省凤冈县共有担保公司7家，但承担土地承包经营权抵押担保业务的只有FM公司一家。2013年改制前的FM公司属于国有担保公司，是政府下设的“三资转换”的保障机构。担保公司承担着“三资转换”中的担保风险。从担保公司的数据来看，截至2014年年底，担保公司以土地承包经营权抵押贷款担保业务累计达3亿元，其中出现风险资金1000万元。担保公司每笔担保收取不超过担保金额的3%作为担保费用，截至2014年，担保公司以土地承包经营权抵押贷款担保业务收入为500万元。在实际业务办理中，单笔担保金额在20万元以内的，可由经理自己决定，20万元以上的由董事会开会评议决定。

调查中获知，从2003年FM公司成立至今，共担保3亿多元的资金，其中1000万元出现了担保问题，还有500多万元的担保费拖欠未还。土地承包经营权担保出现了两笔违约事件：一笔是MN茶叶有限公司由于资金链断裂而无法还贷，另一笔是外地大户流转土地抵押贷款后消失的案例。

二、“金融机构供给推动型”——嘉兴南湖区实施效果

2011 年来南湖区共放贷 20 笔，其中 5 笔是合作社，9 笔是农业企业，6 笔是大户。

（一）政府整体实施效果

2015 年 4 月 17 日调研小组前往嘉兴南湖区农经局调研，调研方法是半开放式访谈。调研内容包括两部分：第一部分是介绍嘉兴南湖区土地流转经营抵押贷款的发展和实际操作流程，第二部分是对土地流转经营权抵押贷款的评价。

嘉兴南湖区土地流转权经营抵押贷款的工作是放到嘉兴南湖区农业局经济管理科。在模式中所涉及的嘉兴土地流转中心及产权服务中心，实质上都是该科在负责，该科共四人。

该经济管理科在土地流转经营权抵押贷款事务中主要负责发放土地流转经营权证，协助银行的资信审查，以及贷款流程结束后登记存档相关资料。因此，从事务管理上来说，嘉兴南湖区政府并没有真正意义上参与土地流转权经营抵押贷款。

嘉兴南湖区土地承包经营权抵押贷款的政府交易成本很低。地方政府所需做的业务包括：①发放土地流转经营权证。申请主体递交办证申请、土地流转合同及租金缴纳证明，经济管理科向该地村委会、村经济合作组织及发包方证实无误后，就可发放土地流转经营权证。②协助银行进行资信调查，协助内容是证实申请主体是否缴纳完了第二年的流转租金。③合同登记管理，贷款双方贷款结束后，将贷款整个流程中所涉及的主要合同交纳到经济管理科，经济管理科在审核意见上签署同意，表明知晓该笔贷款的发生，登记存档。

（二）金融机构整体实施效果

2015 年 3 月 18 日，调研小组对凤桥镇禾城农商银行进行调研。从 2010 年开始该银行每年都有土地承包经营权抵押贷款的业务发生，当地的农地流转率也高达 50% 以上。调研方法为半开放式的访谈，调研内容是具体土地承包经营权抵押贷款的实施情况。

实施情况：银行收到贷款申请后，通过调查、审查、确定三个流程后，将抵押款项放贷给申请者。调查是驻村调查员对申请者的资信、经营项目进行评估调查，向区流转服务中心进行租金缴纳确认。审查和确认两个流程，是银行内部的长期反复的业务工作，因此程序很快。如果贷款申请人是老客户，资信调查仅仅是补充调查，整个贷款流程只需 2～3 天；如果贷款申请人是新客户，则调查环

节需要耗费更多时间，大概需要1周左右。访谈的信贷员称从2012年接受该项贷款业务，至今共贷出13笔款项，共计380万元，占比不到该行贷款总额的0.1%。贷款对象都是该信贷员的老客户，其中12笔贷款给合作社，1笔贷款给大户，至今没有不良贷款。在贷款对象选择上，一般选择已有一定成效的农业项目，且具有较好资信的经营主体。在贷款期限上，银行的放贷周期一般是1~3年。土地流转经营权抵押贷款的利率是基准利率下调20%。关于土地承包经营权抵押贷款的宣传，并没有专门的途径，只是在银行进门处放了资料栏，土地承包经营权抵押贷款只是其中的一种。有需求的贷款人会来信用社咨询，再做进一步介绍。

土地流转经营权抵押贷款和小额信贷的比较：具体的比较内容如表4-3所示，从利率上来说，小额信贷利率要高于抵押贷款利率，从理论上来说，是信用贷款和抵押贷款的风险价格体现；从贷款的覆盖面来看，小额信贷的覆盖面要远远大于土地流转经营权抵押贷款覆盖面，小额信贷包含所有农业经营主体，而土地抵押贷款在实施中仅针对农地流转达到一定规模的经营主体；在资金用途上，信用贷款并不限定资金是用在消费上还是用在生产上，而抵押贷款必须“专款专用”，且要提供用途发票；在贷款最高金额上，小额信贷金额一般较低，土地抵押贷款的最高限额与总资产相关，理论上不超过该经营组织总资产评估价格的70%；两个流程相比，土地流转经营权抵押贷款要比信贷多流转经营权办理和流转中心登记，对应的交易成本也要高于小额信贷；从交易频率来看，小额信贷的频率要远高于土地贷款频率；从不确定性来看，小额信贷是信用贷款，而土地抵押是抵押贷款，因此小额信贷的不确定性要大；从制度的设定和具体实施情况来看，土地流转经营权主要是针对正在农业项目建设中的规模经营组织，其目的是解决该类型经营主体的资金约束问题。嘉兴南湖区小额信贷与土地承包经营权抵押贷款对比如表4-3所示。

表4-3　嘉兴南湖区小额信贷与土地承包经营权抵押贷款对比

项目	小额信贷	土地流转经营权抵押贷款
利率	高	低
主体选择	广	窄
资金用途	没有约束	农业生产
最高额度	低	高
流程	简单	较简单
交易成本	低	高
交易频率	高	低
不确定性	高	低

金融机构竞争情况。无论是最初的土地流转经营权抵押贷款办法的制定，还是实际操作过程中的实施，土地流转经营权抵押贷款在南湖区都是银行的一个普通金融产品，政府的干预程度非常低。在政府部门调研时了解到，工商银行也有开展该项业务的意愿。在贷款主体访谈中，我们也发现嘉兴银行也作为放贷机构在进行。因此，嘉兴南湖区的金融市场较成熟，土地流转经营权抵押贷款的供给机构也更加多样化。

（三）总体贷款规模及收益覆盖面

通过嘉兴南湖区农业部门获得总体贷款数据，从2011—2014年，共有20笔抵押贷款完成，发放贷款1001万元，抵押流转面积6323.17亩，出现1笔不良贷款，涉及土地面积298.67亩，金额286万元。每年的放贷情况如图4－2所示。

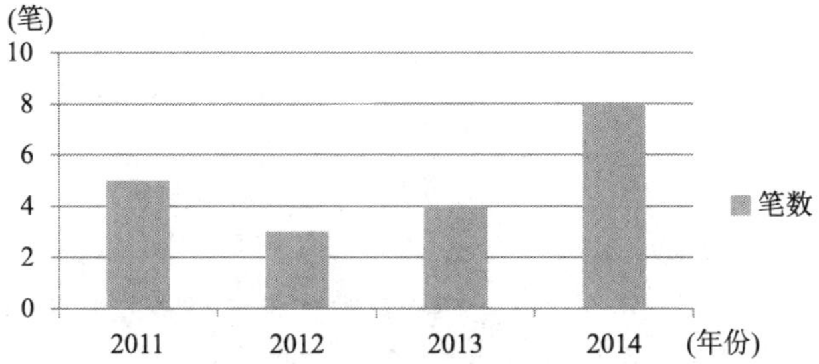

图4－2　嘉兴南湖区土地承包经营权抵押贷款放贷笔数

由图4－2可见，嘉兴南湖区土地承包经营权抵押贷款放贷笔数情况是，2011年放贷5笔、2012年放贷3笔、2013年放贷4笔、2014年放贷8笔，合计放贷20笔。从放贷的数目上来看，并没有太大的突破。

如图4－3所示，嘉兴南湖区土地承包经营权抵押贷款的放贷金额和平均放贷规模，除2012年外，呈现出快速上升的趋势。2011年总放贷金额为86万元，平均每笔放贷金额为17.2万元；2012年放贷金额为30万元，平均放贷规模为10万元；2013年放贷金额为192万元，比2012年增加了5.4倍，平均放贷规模为48万元，比上年单笔放贷金额扩大了3.8倍；2014年放贷总额为693万元，是上年放贷金额的3.6倍，平均放贷规模为86.625万元，是上年的1.8倍。可见，无论是总金额的放贷规模还是平均每笔的放贷规模，嘉兴南湖区的放贷规模增加迅猛。

由图4－2和图4－3可以看出，嘉兴南湖区土地承包经营权抵押贷款的放贷特征，即在放贷资信审核上谨慎，而贷款支持力度大。

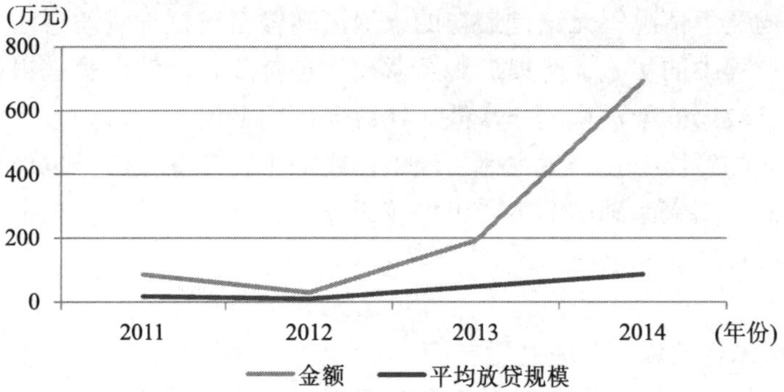

图 4－3 嘉兴南湖区土地承包经营权抵押贷款每年放贷金额

三、"农户需求推动型"——宁夏同心县实施效果

宁夏同心县的土地承包经营权抵押贷款是所有试点运行时间最久的，也是效果最显著的试点。

（一）政府整体实施效果

宁夏同心县的土地承包经营权抵押贷款模式是典型的农户需求推动型，对政府的依附程度很低。2011 年吴忠市下发了《吴忠市农村土地承包经营权反担保贷款管理办法》，地方政府并没有实际参与进入，没有建立额外的机构，也没有投入政府经费。

（二）金融机构整体放贷情况

从 2006 年宁夏同心县开始尝试农村土地承包经营权反担保贷款开始，金融机构积极配合扩大贷款规模，设计相关的贷款规则。2008 年，同心县辖内已设立 4 个信用社，可向 50 个行政村村民发放贷款，并制定"土地经营权反担保"贷款的办法。2009 年辖内全面推行，截至 2015 年 12 月，该类贷款涉及全县 5 个乡镇的 37 个行政村，全县成立"土地经营权流转合作社"37 家，8 年来共累计投放该类贷款 15.9 亿元，累计收益农户数 75442 户，目前没有不良贷款。

具体的土地承包经营权抵押贷款的实施情况，用放贷金额、涉及农户数量及平均放贷规模来衡量。图 4－4 通过对宁夏同心县农村信用社数据进行分析，获取 2009—2015 年放贷金额及增长率图。一方面，从放贷金额来看，逐年上升，放贷规模扩大迅速。2009 年放贷金额为 7832 万元，2010 年上升到 11418 万元，2011 年为 14130 万元，2012 年放贷金额当年累计到达 20161 万元，2013 年、2014 年分别是 22197 万元和 38723 万元，到 2015 年当年累计高达 42097 万元。

从2010年起逐年增长贷款金额为3586万元、2712万元、6031万元、2036万元、16526万元和3374万元。6年间共增长了34265万元，扩大了4.375倍。另一方面，从贷款规模增长比例来看，呈现出较明显的周期性，即增长率的上升与下降重复交替。2010年相比较2009年而言，贷款规模增长率为46%，2011年增长比例则下降为24%；2012年增长比例上升42%，2013年增长比例从42%下降到10%，完成第二个周期；2014年达到一个新高点，增长率高达74%，2015年下降到10%，出现第三个周期性。整体而言，贷款增长率是逐年上升的，2010—2015年，6年的平均贷款增长率为34%。

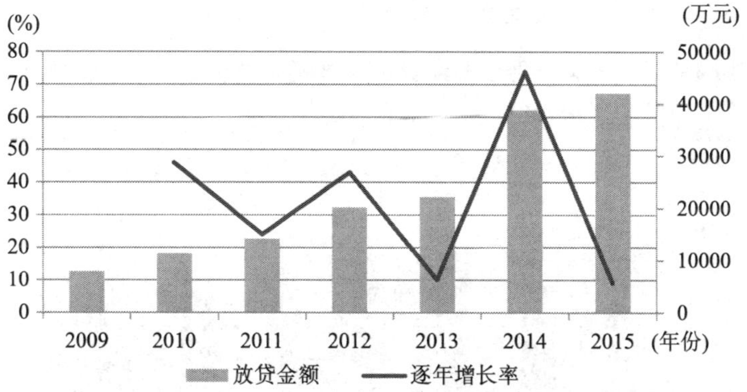

图4-4　宁夏同心县土地承包经营权抵押贷款放贷金额及增长率

图4-5是2009—2015年宁夏同心县土地承包经营权抵押贷款所涉及的农户数及农户增长率图。从涉及农户数来看，贷款所惠及的农户规模在扩大。2009年涉及的农户贷款数为6300户，2010年为6950户，2011年为7420户，2012—2015年分别为9050户、10889户、13240户与14545户。逐年扩大的受益农户规模分别是650户、470户、1630户、1839户、2351户与1305户，平均每年扩大1374户受益农户。其次，从增长率来看，农户的增长数量在动态上升。2010年在2009年的基础上农户增长率为10%，之后依次年份分别是7%、22%、20%、22%和10%，平均增长率为15%。

从图4-6可见，宁夏同心县信用社向农户发放贷款的规模在扩大。2009年平均每户放贷规模为1.24万元，2010年平均规模为1.64万元，2012年增长到2.23万元，2014年扩大到2.92万元，2015年达到2.89万元。2015年的平均放贷规模较2009年增长了1.65万元，扩大了1.22倍。这也和信用社的土地承包经营权抵押贷款的授信额度调整相一致，在2006—2009年，授信额度是1万元以内，2010年后调整到3万元以内。

对宁夏同心县信用社提供的数据进行分析，我们可以获得以下几个结论：第一，金融机构的积极性在增加。体现在信用社逐年增加放贷总额及农户的授信额

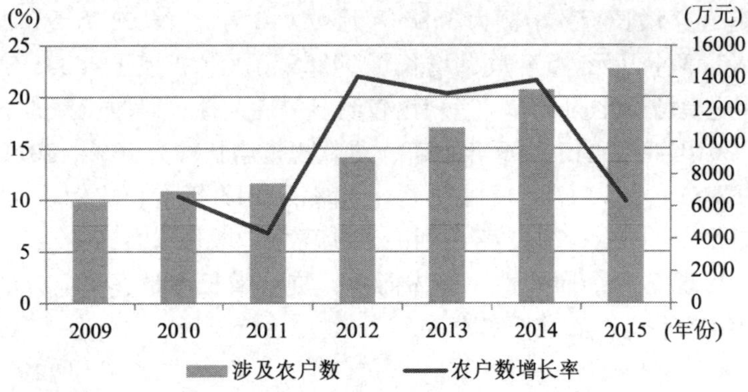

图4-5　宁夏同心县土地承包经营权抵押贷款放贷农户数及增长率

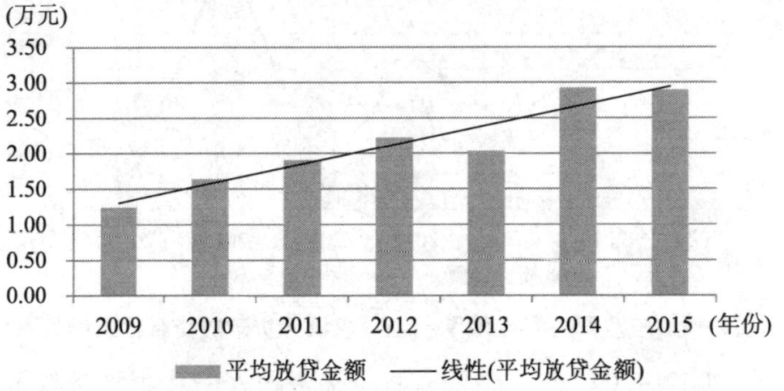

图4-6　宁夏同心县土地承包经营权抵押贷款平均放贷规模

度增加上。第二，农户土地承包经营权抵押贷款参与面与受益程度在扩大。一方面不断有新的农户选择以土地承包经营权抵押进行贷款，说明农户对其的认可度增加；另一方面，农户以此担保所获得的金额在逐年增长，说明农户对此贷款的受益程度在增加。

总之，宁夏同心县土地承包经营权抵押贷款的供需两方的运行效果良好，机构的积极性及农户的参与度和受益程度都在不断增加。

四、“多模式共存型”——重庆江津区实施效果

（一）土地承包经营权抵押贷款机构建设情况

江津区土地承包经营权抵押贷款所涉及的机构分别有金融办、银行、担保公司、资金互助社、农业保险公司、产权交易中心及仲裁机构。江津区在2010年组建了金融办，协助土地承包经营权抵押贷款相关的金融事宜。金融办从财政局、农委抽调部分人组成，共有人员8名。江津区接受土地承包经营权抵押贷款

业务的银行有重庆农商行（原农村信用社）、重庆银行、重庆三峡银行、国家开发银行、石银村镇银行、农业银行、邮政储蓄银行、农业发展银行 8 家。江津区共有涉农担保公司 2 家，其中以 LF 农业融资担保有限公司为主。2005 年 12 月，担保公司由原江津区农业局、重庆市 HHG 有限公司、重庆市 SMS 开发有限公司三个股东共同发起组建而成，注册资本金为 220 万元，经过 10 年的调整，2015 年 LF 担保公司注册资金上升到 1 亿元，其中江津农委出资 9500 万元，占注册资本的 95%，江津区 HXZC 有限公司出资 500 万元，占注册资金的 5%，LF 担保公司为全资国有股份公司。按照《公司法》规定，设有股东会、董事会、监事会、公司经营管理领导小组及办公室，现有工作人员 15 人，设立了办公室、财务部、业务部和风险部。资金互助社，白沙镇资金互助社 2010 年成立，共有员工 8 名。按照银监局规定，设立董事会、理事会等组织机构，互助社有办理存、贷业务窗口，审核评估贷款业务部。长期组织各种金融宣传，利用“赶集”、“三下乡”活动对互助社进行宣传。现有成员 1700 名，覆盖白沙镇 24 个村。农业保险公司，江津区共有农业保险公司 3 家，分别是人保财险、中国人寿、安诚保险三家。产权交易中心，江津区在 2010 年 7 月设立了重庆市江津区工程建设和公共资源交易中心，土地承包经营权抵押贷款实施后，将农村产权综合交易平台整合到公共资源交易中心。中心是正处级全额拨款事业单位，核定编制 25 人，设立办公室、财务科、信息科、鉴证科、工程交易科、采购交易科、综合交易科。现交易中心已经实现网上办公。

（二）土地承包经营权抵押贷款整体效果分析

土地承包经营权抵押直接贷款模式效果分析：土地承包经营权抵押直接贷款模式是农业经营主体直接以土地承包经营权为抵押物向银行直接贷款的模式。因为江津区在贷款规则中设定，直接贷款需要向农委登记备案，因此农委的登记备案数能准确反映贷款效果。调研发现，从 2011 年至今没有一例直接放贷的业务。其原因是：第一，银行放贷的对象是具有规模土地，以及土地上附着物（如农业产品、土地面上建筑）价值较高的新型农业经营主体，对于一般农户银行没有放贷意愿。第二，期间大约有 5 家新型农业经营主体来银行申请直接抵押贷款，但按《江津区农村土地承包经营权抵押登记办法（试行）》条款，需要获取所有土地承包农户的土地承包经营权抵押贷款同意书，而获取所有农户的抵押贷款同意书的难度大，且成本高，最终申请者都放弃了直接贷款。可见，土地承包经营权抵押贷款直接模式虽有制度许可，但却不具有实际操作性。

土地承包经营权抵押反担保贷款模式效果分析：土地承包经营权抵押反担保贷款模式是土地承包经营权抵押贷款的间接形式之一，以担保公司为中介进行的银行信用担保模式。选择担保贷款发放的总额及担保发放结构两指标，对反担保贷款模式的效果进行分析。

从表4-4来看，担保数量虽呈上涨趋势，但是整体贷款的规模并不大。从担保金额来看，2012年的每笔平均担保金额是190万元，2013年是270万元，2015年是278.5万元，可见土地承包经营权抵押贷款担保发放的特点是担保数量小，但是担保数额大。对担保贷款的用途进行结构分析，可获取更多土地承包经营权抵押贷款的效果内容，如图4-7所示。

表4-4　　重庆江津区地方政府供给推动模式下放贷

项目	2012年	2013年	2014年
当年担保笔数	2笔	5笔	7笔
累计担保笔数	76笔	82笔	89笔
当年累计担保	380万元	1350万元	1950万元
当年担保余额	2773万元	3580万元	3274万元
累计担保余额	6818万元	8368万元	10318万元

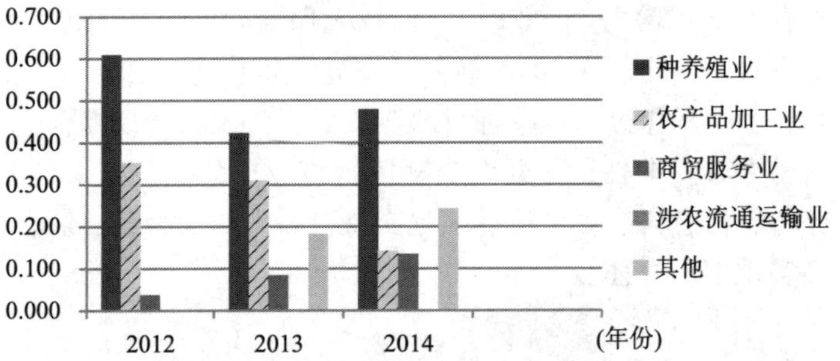

图4-7　重庆江津区土地承包经营权抵押担保贷款资金走向图

从担保对象来看，2012—2014年均是涉农企业，其他农业经营主体如农户、专业合作社、农业家庭组织，都没有获得担保。将农业贷款资金分成种养殖业、农产品加工业、商贸服务业、涉农流通运输业及其他。从资金的走向分布来看，种养殖业是贷款资金的主要投向，2012年占总担保贷款的60.9%，2013年下降到42.3%，2014年为48.0%；其次是农产品加工业，2012年占比35.3%，2013年为31.0%，2014年下降到14.2%；商贸服务行业相对占比较少，2012年、2013年所占比均不到10%，2014年上升到13.5%。从资金走向上来看，3年呈现出资金投向多样化的趋势。单纯将资金投入农业生产的比例下降，而与农业相关的加工及服务行业的比例逐渐上涨，尤其是服务业，随着观光农业、体验农业的发展，与农业相关的商贸服务的投资也逐渐加大。

土地承包经营权抵押资金互助社贷款模式效果分析：互助社贷款模式是熟人社会的一种贷款模式，本质上来说是熟人信用与土地抵押相结合的一种贷款形式。从互助社的统计数据来分析，表4-5为2012—2015年9月的放贷笔数和放贷金额。

表4－5　　重庆江津区农户需求推动模式下放贷

年份	户数（户）	金额（万元）
2012年	97	778.24
2013年	180	1654.3
2014年	187	2565.6
2015年1—9月	209	3133.5
合计	673	8131.64

互助社发放对象是农户，从2012—2015年共向673户发放贷款，贷款总额为8131.64万元，平均每户贷款12.1万元。相比较担保贷款而言，受益面广、贷款风险小。纵向来看，无论是贷款户数、贷款金额还是平均贷款规模都逐年上涨。2013—2015年9月贷款户数增长了1.13倍、0.04倍、0.12倍；贷款金额较上年分别增长了1.13倍、0.55倍、0.22倍；贷款的平均规模也从2012年的平均8.02万元上升到2013年、2014年、2015年的9.19万元、13.72万元、14.99万元。

对互助社资金走向进行结构分析，可以发现农户土地承包经营权抵押贷款资金的投资方向。其中图4－8是互助社放贷数量图、图4－9是互助社资金放贷结构图。

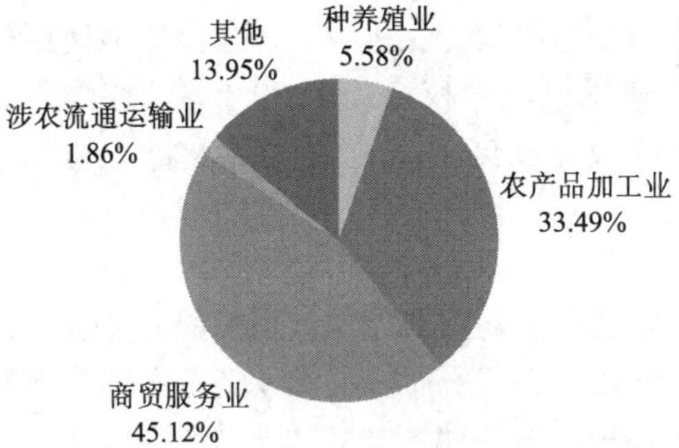

图4－8　重庆江津区土地承包经营权抵押贷款互助社资金放贷数量

从图4－8可见，互助社主要发放的领域是农业服务业和农产品加工，占总发放规模的78.61%。其中农业服务业包括农家乐1户，劳务需求申请96户，即农户外出打工资金需求。种养殖业共12户农户获取，涉农交通共4户获取贷款。在其他的30户里面，有21户修建或者购置房子，有6户用于修路，其余的有用于生病、读书等。由图4－8可知，互助社放贷的资金主要是农业生产性用途，

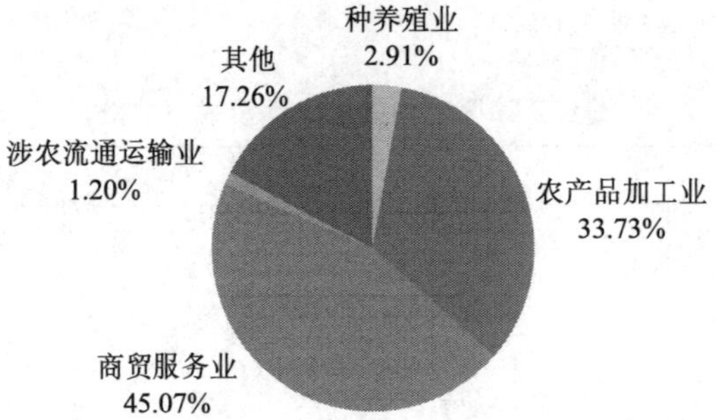

图 4-9　重庆江津区土地承包经营权抵押贷款互助社资金放贷金额

消费性用途如购房、医疗、教育等相对较少。

对互助社贷款放贷金额的结构进行分析，如图 4-9 所示。

从图 4-9 可见，商贸服务业占总资金的 45.07%，共计 1470 万元；农产品加工占总资金的 33.73%，共计 1100 万元；种养殖业占总资金的 17.26%，共计 95 万元。由图 4-8 和图 4-9 可知，资金与贷款发放结构比例相一致。

土地承包经营权抵押贷款机构运行效果分析。机构是土地承包经营权抵押贷款的基本载体，机构越完善，则抵押贷款的交易成本越低，因此本文对与土地承包经营权抵押贷款相关的机构运行效果进行分析。金融办，金融办从 2010 年开始，协调完善了土地承包经营权抵押贷款市场的建设。协助政府加强金融招商，至今共有金融机构 53 家，其中设立新型农村金融机构 2 家、涉农担保公司 2 家，搭建了较为完善的农村金融服务架构。协调农委的“五权”确权颁证，对林权、土地承包经营权、农房房地产权、农村村集体建设用地使用权及塘库堰的承包权进行确权颁证，现土地承包经营权已确权 99.6%。探索创新农业园区“四证”抵押贷款。对入住江津农业园区的企业颁发《农村土地承包经营权流转证明》《林木种植证明》《水利设施建设证明》《公路建设证明》，允许农业企业“四证”进行抵押贷款。银行，在众多涉农银行中，没有真正实施土地承包经营权直接抵押贷款的，与土地承包经营权抵押贷款相关的业务也是担保公司所进行的土地承包经营权反担保贷款。银行所面对的农业经营主体是新型农业经营主体，而非传统的农户。担保公司，在江津区 2 家农业担保公司中，LF 担保公司是承担土地承包经营权抵押贷款担保的主要公司。从 2010 年至今，拓展了土地承包经营权担保业务，不仅接受企业的土地承包经营权抵押担保，还接受农业园区土地承包经营权流转证的抵押担保。扩大合作银行，目前与 LF 担保公司合作的江津区银行有重庆农商行、重庆银行、三峡银行、国家开发银行、石银村镇银行。其中重庆农商行授信由 1 亿元增加到 3 亿元，重庆银行授信由 0.6 亿元增加到 1.8 亿元。担保公司从 2005 年 12 月到 2015 年 9 月底，已累计为江津区涉农企业及大户担保贷款 112805.8 万元，其中以农村土地承包经营权（含地上附属物所有权收益权）100546.28 亩抵押，担保贷款共计 17688.80 万元。此外，担保公司还接受农业园区的“四证”抵押反担保，到 2015 年 9 月为止，共有 11 家农业园区内企业用“四证”申请抵押反担保贷款，申请金额为 3200 万元。LF 担保公司的担保费为 2%，在一定程度上解决了融资难融资贵的问题。资金互助社，资金互助社从建立至今发展良好，无论是社员规模还是互助社覆盖面和资助强度都不断提升。资金互助社的贷款利率相比银行而言较高，利率在 12% ~15% 之间。农业保险公司，在现有的 3 家农业保险公司，并无参与土地承包经营权抵押贷款保险的业务。产权交易中心，虽然将农村产权综合交易平台整合到公共资源交易中心，但至今并未开展土地承包经营权拍卖、转让的案例。土地产权交易内容也仅限于农村集体土地。仲裁机构，农村土地承包经营权抵押贷款有 5 笔不良贷款，共计 63 万元，均是担保模式产生，已向法院提起诉讼，判决。

五、模式的效果对比

本小节对不同模式的整体效果进行对比分析，分别从实施中的机构完善程度、抵押贷款规模、违约率等进行对比。具体如表 4 -6 所示。

表 4 -6　　四种模式整体实施效果对比

内容	贵州凤冈县——政府供给推动型	嘉兴南湖区——金融机构供给推动型	宁夏同心县——农户需求推动型	重庆江津区——多模式共存型
政府机构要求	担保公司、产权服务中心、收储中心、资产评估专业委员会	土地流转产权中心、村经济合作社、股份经济合作社、产权交易中心	土地流转合作社、保险公司	担保模式：担保公司、产权交易中心、农业保险公司。资金互助社：资金互助社
实际运行机构	担保公司、产权服务中心	土地流转产权中心、村经济合作社、股份经济合作社、产权交易中心	土地流转合作社、保险公司	担保公司、产权交易中心、资金互助社
金融机构	农村信用社	农商银行、嘉兴银行、农业银行	农村信用社、农业银行	重庆农商行、重庆银行、重庆三峡银行、国家开发银行、石银村镇银行等
放贷规模	3 亿元（2009—2014 年担保）	1001 万元（2011—2014 年）	15.9 亿元（2009—2015 年）	10319 万元（2012—2014 年担保）、8131.64 万元（2012—2015 年互助社）

续表

内容	贵州凤冈县——政府供给推动型	嘉兴南湖区——金融机构供给推动型	宁夏同心县——农户需求推动型	重庆江津区——多模式共存型
受益对象	12家新型农业经营主体	20家新型农业经营主体	75442户农户	89家新型农业经营主体 673户农户
违约率	1000万违约款	1例违约	无一例违约	5例担保违约 63万元违约款
政府机构完善	差	好	好	较好
政府机构运行效率	差	好	好	较好
金融机构覆盖面	差	好	较好	好
放贷规模	差	较好	好	较好
放贷覆盖	差	较好	好	较好
履约效果	差	较好	好	较好

将土地承包经营权抵押贷款四种模式的运行效果进行对比分析，可以得出以下主要结论：

第一，不同模式下的机构完善程度不同。从表4－6可见，相关机构完善程度按照从强到弱的顺序分别是：宁夏同心县“农户需求推动型”、嘉兴南湖区“金融机构供给推动型”、重庆江津区“多模式共存型”及贵州凤冈县“政府供给推动型”。从结论来看，完善程度和两个要素相关：一是所需的机构数量、机构性质，如宁夏同心县“农户需求推动型”模式，所需求的仅仅是土地承包经营权流转合作社和已存的保险公司，且合作社以村为单位即可成立。二是市场化程度，如嘉兴南湖区，借助本身较完善的流转市场，因此所需机构的完善程度也较高。而贵州凤冈县“政府供给推动型”处于从零开始，当地土地市场也不够活跃，所需相关机构较多，在实施中政府推动的力量有限，从而导致机构的完善程度不高。

第二，金融机构进入度不同。金融机构越积极则表明土地承包经营权抵押贷款的活跃程度越高，金融机构认可度高，供给力量越充足。同样，多竞争的金融市场必定会带来贷款效率的提高及贷款利率的下降。四种模式对比可见，从进入的金融机构数量上来看，重庆江津区进入的金融机构最多，其次是嘉兴南湖区、宁夏同心县，最后是贵州凤冈县。

第三，从放贷规模与受益对象来看，宁夏同心县的放贷规模最大为15.9亿元，受益群体覆盖面最广，有 75442 户农户受益。放贷规模最小的是嘉兴南湖区，总额 1001 万元。受益面最小的是贵州凤冈县，仅有 12 家新型农业经营主体受益。

第四，从违约率来看，相比放贷金额及放贷笔数来看，违约率从小到大的模式分别是宁夏同心县"农户需求推动型"、重庆江津区"多模式共存型"、嘉兴南湖区"金融机构供给推动型"和贵州凤冈县"政府供给推动型"。

总体而言，放贷规模与违约率分别代表该模式下的放贷效率与自我履约率，在实践中的实施效果与上文的理论分析结论是一致的。即从效率和稳定度而言，宁夏同心县"农户需求推动型"强于嘉兴南湖区"金融机构供给推动型"，也强于贵州凤冈县"政府供给推动型"。从运行的实际效果来看，重庆江津区模式介于宁夏同心县与嘉兴江津区模式之间。

第三节　需求方实施效果

本节利用土地承包经营权抵押贷款需求方数据，即农户、新型农业经营主体的入户调查数据，进行微观层面的计量分析，以期回答土地承包经营权抵押贷款的实施对需求层面产生什么样的效果。结合文献研究与实践调查情况，从以下三方面进行效果研究：第一，土地承包经营权是否具有需求方的可行性，即需求方对土地承包经营权抵押贷款政策的需求程度。理论上，需求方的需求度越高，则实施的效果性就越强。第二，在既定的需求度条件下，需求方的可得性如何，即需求方得到土地承包经营权抵押贷款的困难程度如何。理论上，可得性越强，则对需求方资金约束度的缓解程度越高，土地承包经营权抵押贷款的效果越好。第三，在既定的资金缓解度条件下，需求方获取资金后对福利的改善程度如何，即需求方获取资金后对农业收入、农业种植结构调整、农业技术引进等产生的影响。理论上，资金对福利改善程度越高，则土地承包经营权抵押贷款效果越好。

本节的结构安排，如图 4－10 所示。

一、实施效果分析 1——需方可行性

从文献可知，国内学者对土地承包经营权抵押贷款效果的研究多集中在农户的需求意愿上。理论上而言，农户对抵押贷款的意愿越高，则抵押贷款的实施基础越好，效果就越容易体现。学者们选择"0—不愿意、1—愿意"、"1—5 完全不愿意到愿意"等多种方法进行农户的意愿研究，得出差异性的结果。有学者认

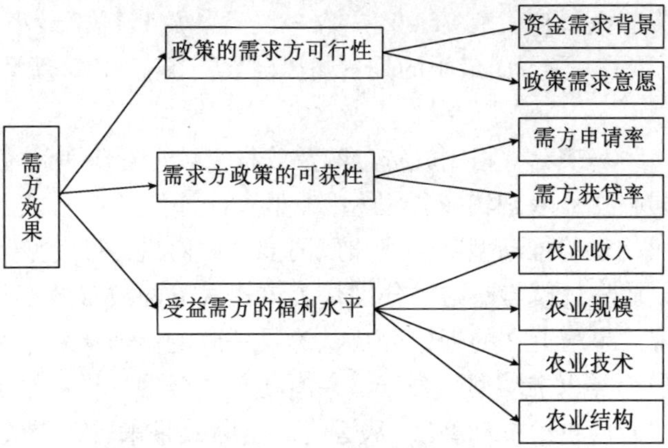

图 4－10 需方效果结构

为，农户的意愿度很高，因此应加大抵押贷款的力度；有学者认为，现行的抵押贷款在产权市场不完善、评估体系不健全的情况下，农户接受土地抵押贷款的意愿很低（赵振宇，2014）①。

出现差异结论的可能原因有：第一，有资金需求与无资金需求样本选择问题。学者们在样本选择的时候，并没有区分有资金需求的农户和无资金需求的农户，若将其全部纳入统计中，则无资金需求的农户会降低农户抵押贷款的需求意愿。因此，在考核抵押贷款可行性的时候，应该排除无贷款需求的样本。第二，地区样本选择问题。不同地区的经济、社会发展不同，农户对资金的需求也不同，不同地区的抵押贷款模式也不同，这些必定带来差异的结果。如果学者们忽略地区差异，忽略抵押贷款模式来直接谈结论，则会导致结论的片面性。第三，学者们在贷款意愿调查的时候，往往暗含一个假设，即农户对土地承包经营权抵押贷款是知晓的，因此采用直接问卷作答。但是在调研中我们发现，即使在土地承包经营权抵押贷款试点区，依然有大量的农业经营主体不知道土地承包经营权抵押贷款。若直接问答，必定导致结论的偏差。第四，研究对象的选择。学者们在进行意愿调查的时候，更多针对的是农户。我们在试点地区的模式调查中发现，更多的模式是针对农业经营主体而不是农户，因此只锁定农户为研究对象必定会导致结论的不完整。

因此，本部分在借鉴现有文献的基础上，做出以下的改进：第一，样本选定。选择有资金需求的样本，研究对象为农户与新型农业经营主体。第二，信息补充。调研时保证调研对象对土地承包经营权抵押贷款的知晓。因此，本节内容

① 赵振宇．基于不同经营主体的农地承包经营权抵押问题研究［J］．管理世界，2014（6）：174－175.

的安排是：首先分析农业经营主体的资金需求情况，其次分析农业经营主体对土地承包经营权抵押贷款的了解情况，最后对农业经营主体的土地承包经营权抵押贷款的意愿进行分析。

（一）农业经营主体资金需求情况

农业经营主体资金需求情况关系到主体对贷款申请的具体内容，下文分别对农户、新型农业经营主体的资金需求比例、规模、用途及获取途径进行分析。

1. 农业经营主体资金需求比例分析

学术上关于农户资金需求的观点有两种：一种认为农户拥有大量的资金需求；另一种观点是农户的信贷资金需求不足（Kochar，1995）①。为此，问卷设计了“近 3 年，你家是否有资金需求？”问项测算农业经营主体的资金需求情况。

表 4－7　农业经营主体资金需求分布

农业经营主体	地区对象	样本数	资金需求	比重	不需要	比重
农户样本	全样本	1953 户	1156 户	59.2%	797 户	40.8%
	贵州凤冈	792 户	417 户	52.7%	375 户	47.3%
	嘉兴南湖	138 户	117 户	84.8%	21 户	15.3%
	宁夏同心	501 户	414 户	82.6%	87 户	17.4%
	重庆江津	282 户	75 户	26.6%	207 户	73.4%
新型农业经营主体	全样本	81 户	66 户	81.5%	15 户	18.5%

从表 4－7 可见：第一，新型农业经营主体相比较农户而言，资金需求比重更大。农户中有 1156 户有资金需求，占比 59.2%，新型农业经营主体中有 66 家有资金需求，占总样本的 81.5%，比农户多出 22.3 个百分比。新型农业经营主体因采用新技术，进行规模生产，需大量的资金投入，故对融资的渴求度非常高。第二，不同试点区农户的资金需求比重差异较大。将样本按照试点区进行分类统计发现，嘉兴南湖区农户的资金需求比重最高，高达 84.8%，最低的是重庆江津区 26.6%，相差 58.2 个百分比。宁夏同心县农户的资金需求比重也高达 82.6%，在调研中发现，宁夏同心县农户凭借贷款平滑支出是很普遍的。农户往往在年初向银行借款购买牛羊，年末将饲养后的牛羊销售，归还贷款，受益中间的差价。贵州凤冈县农户的资金需求比重为 52.7%，高于不需要农户的比重 5.4 个百分比。从表 4－7 数据可知，现阶段农户是自给自足、资金需求不足，或者农户大量需求资金的结论都太笼统，不同地区不同经济社会文化背景下的农户资

① Kochar A. Explaining household vulnerability to idiosyncratic income shocks [J]. The American Economic Review, 1995 (5): 159－164.

金需求不同。第三，从本研究的全样本而言，需求资金的农户比重大于没有资金需求的农户比重。从本研究样本来看，在1953户全样本中，有1156户农户有资金需求，占总样本比重的59.2%；没有资金需求的农户为797户，占总样本的40.8%；资金需求农户要高于没有资金需求农户18.4个百分比。

2. 农业经营主体资金需求规模及资金用途分析

对所需资金规模及用途做进一步的分析。学者们将资金分为生产投资性和生活消费性，并通过调研数据比较其大小。部分学者认为农户生活性用途多于消费性用途，其中以盖房、婚丧嫁娶、教育医疗为主（韩俊，2007①；黄祖辉等，2007②；童馨乐等，2015③），且贫困农户消费性的资金需求更显著。但也有学者认为，农户生产性贷款远远大于消费性贷款（何广文，1999）④。本文对资金需求的农户继续提问"你大约需要多少资金?"、"这些资金准备用在什么地方?"，以此判别农户的资金需求规模及用途。资金用途分成生活消费性和生产投资性，生活消费性用途是农户为了平滑消费而所需的贷款需求，主要包括子女上学、看病、修房子、结婚、买保险等；生产性投资是农户的农业生产投资，主要包括农地规模扩大、购买牛羊、购买种子、茶青收购等。将农户所需资金规模按从小到大划分为5个档次，结合资金用途综合考察，数据统计结果如表4－8所示。

表4－8　　农户资金需求规模及资金用途

金额（万元）	内容	户数/比例（户/%）	资金用途	户数/比例（户/%）
X≤1	农户数比例	138	生活消费性	72/52.3%
		11.9%	生产投资性	66/47.7%
1＜X≤3	农户数比例	281	生活消费性	156/55.6%
		24.3%	生产投资性	125/44.4%
3＜X≤5	农户数比例	261	生活消费性	109/41.7%
		22.6%	生产投资性	152/58.3%
5＜X≤10	农户数比例	309	生活消费性	153/49.5%
		26.7%	生产投资性	156/50.5%

① 韩俊，罗丹．中国农村金融调查［M］．北京：中国金融出版社，2007.

② 黄祖辉，刘西川，程恩江．贫困地区农户正规信贷市场低参与程度的经验解释［J］．经济研究，2009，4：116－128.

③ 童馨乐，杜婷，徐菲菲等．需求视角下农户借贷行为分析——以六省农户调查数据为例［J］．农业经济问题，2015（9）：89－96.

④ 何广文．从农村居民资金借贷行为看农村金融抑制与金融深化［J］．中国农村经济，1999（10）：42－48.

续表

金额（万元）	内容	户数/比例（户/%）	资金用途	户数/比例（户/%）
10 < X	农户数比例	168	生活消费性	74/44.4%
		14.5%	生产投资性	93/55.6%
合计	农户数比例	1156	生活消费性	553/47.8%
		100%	生产投资性	603/52.2%
	平均需求额	8.26万		

从表4－8全样本数据可见：第一，农户的资金需求量主要集中在1万～10万之间，资金上生产投资性略高于生活消费性。在资金需求量上，农户最低资金需求是0.3万元，最高需求是100万元，平均资金需求是8.26万元。资金用途分布上，553户农户表示资金会用在子女上学、修房子、结婚上面，占比为47.8%；603户农户表示资金会用在农家乐、养牛、扩大规模等农业生产投资上，所占比为52.2%。第二，农户的资金需求量与用途有着显著的关联性。在低资金需求组（1～3万元）贷款目的以生活消费为主，在高资金需求组（大于3万元以上）以生产投资需求为主。

新型农业经营主体相比较农户而言，有以下两点不同：第一，新型农业经营主体的需求资金规模大于农户。调研数据显示，平均新型农业经营主体的贷款需求为82.2万元，是平均农户需求的10倍。最低需求量是0.2万元，最高需求金额是500万元。第二，新型农业经营主体的资金用途不同于农户。新型农业经营主体的资金用途全为农业投资，但在具体投资内容上差异于农户。新型农业经营主体更加倾向于科技引进、基础设施改造，农户的农业资金投入更加倾向于生产周转资金。

为了探索每个试点的需求可行性，本文将农户的资金需求量及需求途径按照试点区的不同进行对比分析，以期发现不同试点区的资金需求特色。数据整理统计如表4－9所示。

表4－9　四种模式下农户资金需求

试点地区	内容	样本数(户)	生产投资(户)	消费投资(户)	生产性比重(%)	消费性比重(%)
贵州凤冈县（平均资金需求8.70万元）	总样本	417	141	276	33.81	66.19
	X≤1	45	18	27	40.00	60.00
	1 < X≤3	99	27	72	27.27	72.73
	3 < X≤5	96	27	69	28.13	71.88
	5 < X≤10	96	27	69	28.13	71.88
	10 < X	81	42	39	51.85	48.15

续表

试点地区	内容	样本数(户)	生产投资(户)	消费投资(户)	生产性比重(%)	消费性比重(%)
嘉兴南湖区(平均资金需求 9.88 万元)	总样本	117	96	21	82.05	17.95
	X≤1	9	6	3	66.67	33.33
	1<X≤3	21	18	3	85.71	14.29
	3<X≤5	36	33	3	91.67	8.33
	5<X≤10	33	27	6	81.82	18.18
	10<X	18	12	6	66.67	33.33
宁夏同心县(平均资金需求 6.56 万元)	总样本	414	273	141	65.94	34.06
	X≤1	54	18	36	33.33	66.67
	1<X≤3	126	75	51	59.52	40.48
	3<X≤5	66	48	18	72.73	27.27
	5<X≤10	132	102	30	77.27	22.37
	10<X	36	30	6	83.33	16.67
重庆江津区(平均资金需求8.9万元)	总样本	75	51	24	68.00	32.00
	X≤1	9	6	3	66.67	33.33
	1<X≤3	9	6	3	66.67	33.33
	3<X≤5	24	18	6	75.00	25.00
	5<X≤10	18	9	9	50.00	50.00
	10<X	15	12	3	80.00	20.00

从表4-9四种模式下农户资金需求表中，可以得出以下几个结论：

第一，不同模式下的农户资金需求规模不同。从农户的平均贷款需求规模来看，嘉兴南湖区的需求规模最大，平均为9.88万元，其次是重庆江津区的8.90万元、贵州凤冈县的8.70万元，最低的是宁夏同心县的6.56万元。农户的平均需求规模与当地的经济发展水平相关，一般来说，经济水平越高则农户对贷款的需求规模相对就越大。

第二，不同模式下的农户资金用途比重不同。以生产性资金需求比重大小为例，嘉兴南湖区的需求比例为82.05%，即在具有贷款需求的农户中，有82.05%的农户资金需求用途为农业生产性投资，其次分别是重庆江津区68%的生产资金比重、宁夏同心县模式下的65.94%生产资金。这三种模式均是生产资金需求大于消费资金需求。贵州凤冈县试点地区农户资金需求用途是消费需求大于生产需求，其比重分别是66.9∶33.81，消费需求比生产需求比重高32个百分点。

第三，不同模式下的资金规模与用途关系不同。宁夏同心县的农户需求推动模式下，农户的资金需求与资金用途呈现出显著的正相关性，即随着农户对资金需求规模的增加，农业生产投资的比重就越大。重庆江津区模式下，农户整体也呈现出资金规模与生产投资正相关关系。嘉兴南湖区模式下的资金需求规模与生产投资比重呈现出倒“U”型关系，即在低收入和高收入组内，生产比重相对较弱，而在中收入组内生产性投资则较大。贵州凤冈县政府供给推动型的特征是“U”型关系，即在高收入组和低收入组内，生产比重相对较大，而中收入组生产投资性比重较弱。

3. 农业经营主体借贷渠道分析

农户存在两层借贷渠道：一是内源融资渠道和外源融资渠道；二是外源融资渠道中的正规金融借贷和非正规金融借贷。黄宗智（2000）[①] 在其“拐点逻辑”中形象地比喻，农业收入就像一个人的双脚，而非农收入更像是拐杖。在双脚不好用的时候，拐杖就起了重要的作用。依此逻辑，张杰（2004）[②] 认为，中国大部分小农是具有内源融资偏好的，即不轻言债。当农业收入不足的时候，农户最初的反映是谋求非农收入，进而选择政府的低息贷款、熟人信贷和高息信贷，形成“两极三元结构”。但也有学者认为，农户借贷资金主要来源是非正规渠道（马晓青，2010[③]；赵学军，2013[④]；童馨乐，2015[⑤]）。为此，对本课题的问卷做进一步设计，用“您家近 3 年是否向外借过钱”问项来检测农户是“内源融资偏好?”还是“外源融资偏好?”。对选择外源融资的农户继续提问“具体是向谁借钱的?”。实地调研数据显示如图 4 – 11 所示：

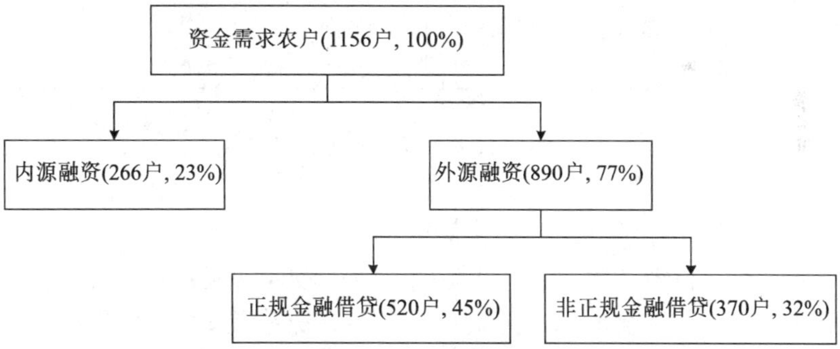

图 4 – 11　农户借贷渠道分布

---

① 黄宗智．长江三角洲小农家庭与乡村发展［M］．北京：中华书局，2000.

② 张杰．解读中国农贷制度［J］．金融研究，2004，2（4）．34 – 42.

③ 马晓青，朱喜，史清华．农户融资偏好顺序及其决定因素——来自五省农户调查的微观证据［J］．金融研究，2010（4）：72 – 80.

④ 赵学军．华北农户借贷渠道变迁之管窥［J］．中国经济史研究，2013（4）：128 – 139.

⑤ 童馨乐等．需求视角下农户借贷行为分析——以六省农户调查数据为例［J］．农业经济问题，2015（9）：89 – 96.

从图 4 - 11 可见，有 266 户的农户选择了内源融资，占比 23%；77% 的农户选择了向外融资的方法。在外源融资中，正规金融机构借贷和非正规金融借贷的比例分别是 45% 和 32%，即 520 户选择了正规借贷，370 户选择了非正规借贷，说明农村信贷市场上的二元结构依然存在，且相对较稳定。对农户获取贷款的正规金融机构进行统计，发现有 483 户农户从信用社获取贷款、15 户从农业银行获取、15 户从村镇银行获取、7 户从邮局获取。非正规金融借贷中，363 户农户从亲戚朋友处获贷，7 户农户从合作社借贷。

以上数据表明现阶段农户借贷渠道选择的逻辑。农户更加偏好于外源融资，以外源融资中的正规金融借贷为主、非正规金融借贷为辅，而后再选择内源融资。该结论与张杰（2004）① 的筹资顺序以及学者们非正规借贷为主的结论有所差异，其可能的原因是：第一，随着农村经济的发展，内源融资固有的时间滞后问题，对农户资金的即期需求造成影响。此外，随着社会的发展，农户对借钱的观念逐渐从“债务”转变为“投资”“应急”。第二，随着信贷市场的发展，农业信贷供给逐渐增加，因此增加了农户的正规信贷获取机会。

对四个试点区农户的融资渠道进行对比分析，其数据结果如表 4 - 10 所示。

表 4 - 10　　四种模式下农户融资渠道分析

一级	二级	贵州（%）	嘉兴（%）	宁夏（%）	重庆（%）
内源性	内源性	0.36	0.10	0.27	0.40
外源性	正规市场	0.43	0.82	0.71	0.20
	非正规市场	0.21	0.08	0.02	0.40
	外源性合计	0.64	0.90	0.73	0.60

从表 4 - 10 可见：首先，四个试点地的共同特征均是农户的外源性融资大于内源性融资，这与整体样本的结论相一致，也证明了结论的稳定性。其次，不同试点地的内外融资偏好不同，嘉兴南湖区的外源融资最强，高达 90%，即 90% 的农户资金需求来自于外源融资；外源融资偏好较弱的是重庆江津区，为 60%；贵州凤冈县与宁夏同心县的外源融资偏好居中，分别是 64% 和 73%。最后，外源融资中不同试点地的正规与非正规市场偏好相同，即在外源融资中四个试点地农户都更倾向于正规市场的借贷，其中以嘉兴为首，有 82% 的资金来源于正规金融市场。

对新型农业经营主体的借贷渠道进行分析，结论如图 4 - 12 所示。

① 张杰. 解读中国农贷制度［J］. 金融研究，2004，2（004）.

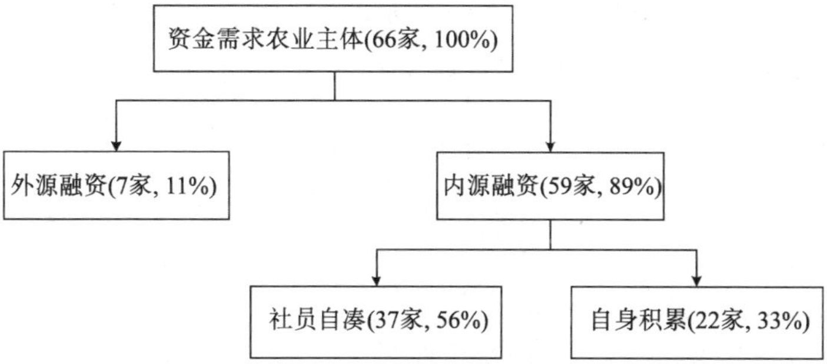

图 4－12　新型农业经营主体借贷渠道分布

与农户的借贷途径不同，新型农业经营主体主要依靠内源性融资，占比 89%，其中社员自筹占比 56%，自身积累占比 33%。外源性融资主要依靠向银行借贷，占比 11%。可能原因：一是新型农业经营主体向外融资则代表对外负债，负债需要控制到合理范围，因此会出现外源性融资少的现象。二是新型农业经营主体的资金需求规模较大，时间紧迫，向内融资相对成本低，因此多会选择内源性融资。

（二）农业经营主体对土地承包经营权抵押贷款了解程度

土地承包经营权抵押贷款的可行性，不仅仅与农业经营主体生产性资金需求相关，也和农业经营主体对政策信息了解情况密切相关。理论上而言，了解程度越大，制度被利用的可能性就越大。信息越少，模糊程度越大，则农业经营主体的行为确定性就越差。因此，本课题也涉及了农业经营主体对土地承包经营权抵押贷款的认知程度调研。对应问卷问项是“①你知不知道国家试行土地承包经营权向银行抵押贷款?”、“②若知道，从何途径听说的?”数据统计如表 4－11、表 4－12 所示。

表 4－11　　农户了解程度及渠道分布

知道 \ 途径		电视广播（户）	报纸（户）	村干部（户）	亲戚朋友（户）	村里聊天（户）	两种以上	其他（户）	合计（户/%）
农户	1－完全不了解	－	－	－	－	－	－	1152	1152/59
	2－了解小部分	149	3	24	39	34	－	24	273/14
	3－基本了解	65	－	70	10	90	23	55	312/16
	4－了解大部分	23	－	76	－	22	－	16	137/6
	5－完全了解	17	－	24	10	9	16	2	78/4
	合计（户/%）	254/13	3/0	194/10	59/3	155/8	39/2	1249/64	1953/100

表4－12 新型农业经营主体了解程度及渠道分布

知道＼途径		电视广播（户）	报纸（户）	村干部（户）	亲戚朋友（户）	村里聊天（户）	银行职员（户）	其他（户）	合计（户/%）
新型农业经营主体	1－完全不了解	－	－	－	－	－	－	23	23/29
	2－了解小部分	3	－	－	－	－	－	－	3/4
	3－基本了解	3	－	2	－	－	9	－	15/18
	4－了解大部分	5	－	－	－	－	4	－	9/11
	5－完全了解	12	3	7	－	－	10	－	32/39
	合计（户/%）	23/25	3/4	9/11	－	－	23/29	23/29	28/100

从表4－11、表4－12可得以下结论：

第一，农户对土地承包经营权的了解程度不高，电视广播是其获取信息的主要渠道。从农户的数据统计可以看到，有59%的农户表示完全不了解土地承包经营权抵押贷款，14%的农户表示了解小部分，了解程度较高的只有10%的农户。平均知晓值为1.84，介于完全不了解和了解小部分之间。该数值与肖铁等（2012）① 的结论相一致，也证实了黄惠春等（2015）② 判定的农户对土地承包经营权抵押贷款认知度低的观点。可能的原因是土地抵押贷款尚处于起步阶段，地方政府、银行都在谨慎推行，因此并没有大范围宣传。从信息渠道分布来看，有13%的农户通过电视广播获取信息，10%的农户通过村干部告知，11%的农户通过亲戚朋友或者村里聊天获知，2%的农户通过两种以上渠道获知。这说明，农户对土地承包经营权抵押贷款的获取途径，主要是以正规信息渠道（电视广播、报纸标语、村干部通知）为主，非正规信息渠道（亲戚朋友、村里聊天）为辅。此外，在调研中还发现一个有趣的现象，村干部对土地承包经营权抵押贷款的认识程度（均值为3.89）显著高于平均水平，问到为何不向大家宣传的时候，村干部表示“用土地抵押贷款根本贷不到多少钱，农民不需要那些钱”或者“农民可以和亲戚朋友借”、“信用社小额信贷更方便”，也就是村干部普遍认为，土地抵押贷款对农民的信贷意义不大。

第二，新型农业经营主体对土地承包经营权抵押贷款的了解程度较高，银行职员是其了解的主要途径。从表4－12来看，有50%的新型农业经营主体表示完全了解和了解大部分，可见该群体的认知程度较高。从途径来看，新型农业经营主体主要通过银行职员及电视广播获取信息，和农户获取信息的主要途径相同，

① 肖铁，魏朝富，尹珂．农户农村“三权”抵押贷款需求意愿及影响因素分析——基于重庆市22个县（区）1141户农户的调查数据［J］．中国农村经济，2012（9）：88－96.

② 黄惠春，祁艳，程兰．农村土地承包经营权抵押贷款与农户信贷可得性——基于组群配对的实证分析［J］．经济评论，2015（3）：72－83.

主要依靠正规渠道知晓。

第三，对不同试点地区农户的土地承包经营权抵押贷款了解程度进行对比分析。各试点地农户的了解程度用均值表示，其值范围是 1 ~ 5；了解途径划分为正规途径、非正规途径和其他三大类。问卷处理，将 1 电视广播、2 报纸标语、3 村干部通知三类归为正规渠道，4 亲戚朋友说、5 村里聊天说归为非正规渠道。数据统计如表 4 – 13 所示。

表 4 – 13　　四种模式下农户了解程度与渠道分布

		贵州凤冈县	嘉兴南湖区	宁夏同心县	重庆江津区
了解程度	均值	1.30	1.49	2.77	1.48
了解途径	正规	19	44	36	22
	非正规	16	5	24	7
	其他	65	51	40	71

从了解程度上来看，只有宁夏同心县农户对土地承包经营权抵押贷款的了解介于知道小部分和基本了解之间，其他三个试点地农户的了解程度都介于完全不了解和了解小部分之间。按照了解程度从大到小分别是宁夏同心县、嘉兴南湖区、重庆江津区和贵州凤冈县。农户的了解程度，一方面和当地地方政府对土地承包经营权抵押贷款的宣传相关，另一方面也和农户对金融资金借贷的积极性相关。从农户的了解途径上来看，四个试点地农户从正规渠道获取信息的比例均要大于非正规渠道。按比重而言，嘉兴南湖区、宁夏同心县、重庆江津区的正规比例相对更大。

（三）农业经营主体对土地承包经营权抵押贷款意愿分析

文献可知，大量学者对农户的土地承包经营权抵押贷款意愿进行了理论及实证层面的研究，并得出两种不同的观点：一是农户具有大量的土地承包经营权抵押贷款意愿，二是农户的贷款意愿不强烈。从文献研究中可知，导致这种差异结论的原因：一方面是样本选择的问题，另一方面是样本范围的不精确可能导致结论的偏差。此外，大量文献集中在农户意愿调查中，忽视了新型农业经营主体，因此下文从以下几个方面进行农业经营主体土地承包经营权抵押贷款意愿分析：首先，将样本锁定为有贷款需求的农业经营主体；其次，将研究对象区分研究，分别对农户与新型农业经营主体的意愿进行分析；最后，对不同试点的抵押贷款意愿进行对比分析。以此，获取更全面更准确的结论。

问卷对应问项是“你是否因为土地抵押贷款政策而想向银行申请贷款?”，意愿程度以五维度衡量，即 1—完全不愿意、2—不太愿意、3——一般、4—愿意、5—非常愿意。数据的收集有两方面需要介绍：第一，该问项针对有贷款需求的农户，第二，当调研对象对土地承包经营权抵押贷款的了解程度不高时（小于3的对应问项作答的时候），调研员先用中性语言向调研对象介绍土地承包经营权抵押贷款的政策，中性语言的表达能确保调研对象不会受到调研员的影响。而后留出一定时间给调研对象思考后对该题作答。结果如图4－13所示：

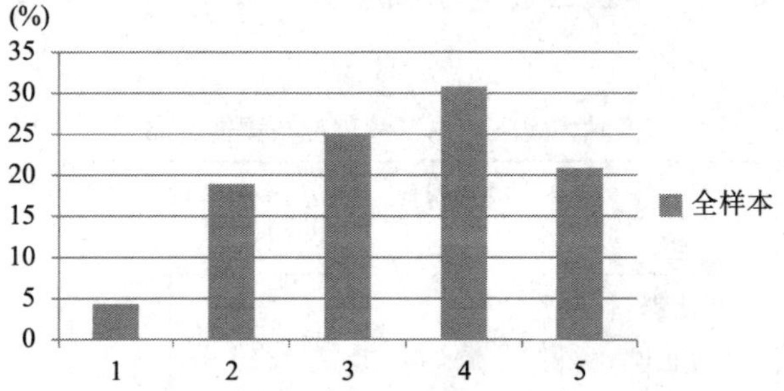

图4－13 农户贷款意愿分布

从图4－13可见，1156户有资金需求中有4%的农户选择完全不想，19%的农户选择不太想，25%选择可以试一试，31%的农户选择大部分想，21%的农户选择很想。其均值为3.40，即介于可以试试和大部分愿意的阶段。若将1、2归纳为不意愿，4、5归纳为意愿的话，则全样本看来，农户的接受程度较高，以较为积极的态度看待。该结论证明土地承包经营权抵押贷款的农户可行性基础较好。

对不同试点地的农户土地抵押贷款的意愿进行对比分析，以此揭示不同地区的土地承包经营权抵押贷款的农户可行性。数据统计如图4－14至图4－17所示。

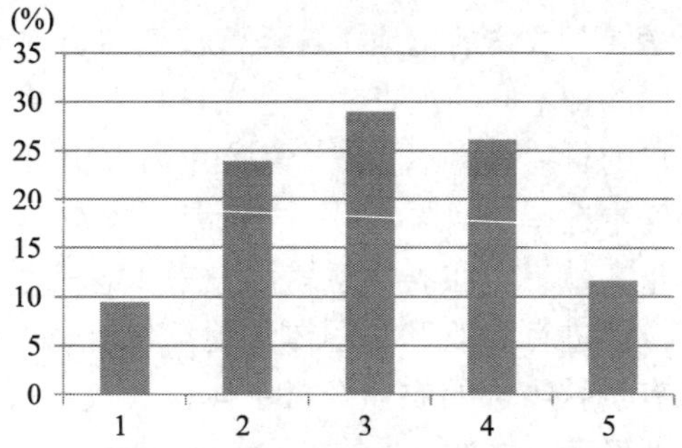

图4－14 贵州凤冈县农户贷款意愿

从图4－14至图4－17四张对比图可以看到，宁夏同心县农户的土地承包经营权抵押贷款意愿最大，均值为4.13，选择4（大部分愿意）和5（非常愿意）的比例占总样本的81%，选择1（完全不愿意）和选择2（没有太大意愿）的比

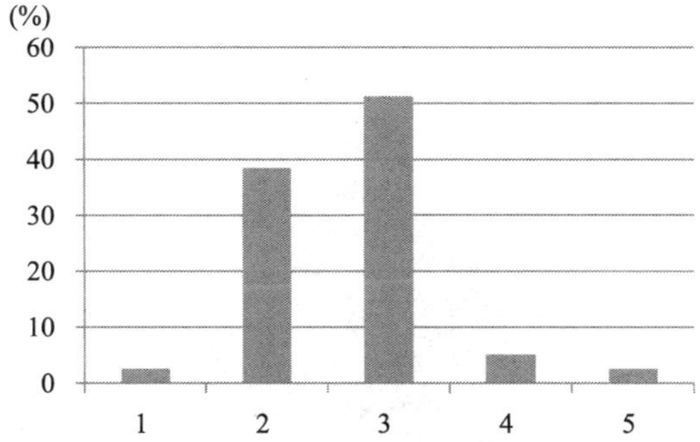

图 4 - 15 嘉兴南湖区农户贷款意愿

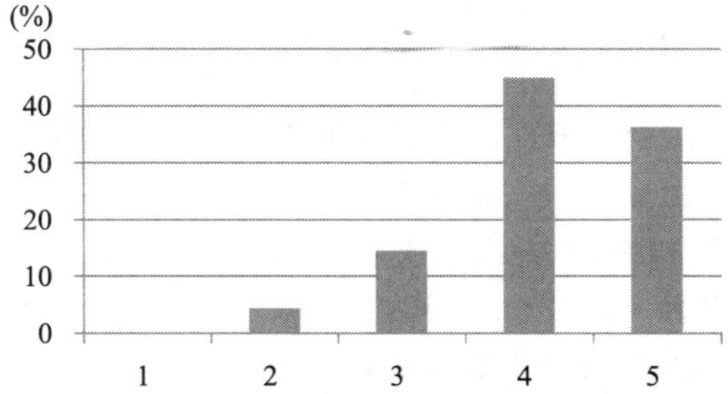

图 4 - 16 宁夏同心县农户贷款意愿

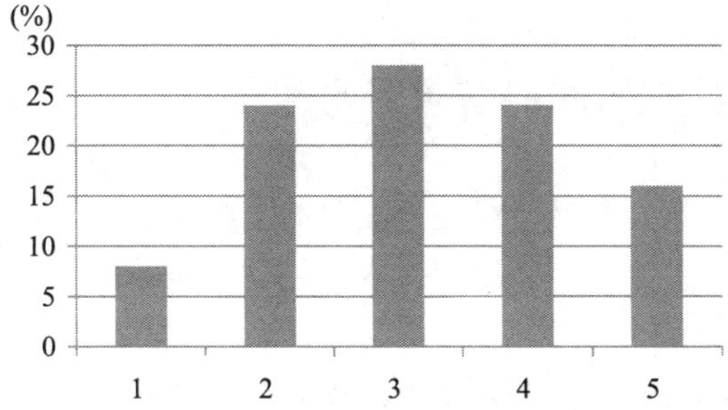

图 4 - 17 重庆江津区农户贷款意愿

例仅占 4%。其次是重庆江津区的抵押贷款意愿，均值是 3.16，选择愿意贷款（4 和 5）的占 40%，不愿意贷款的为 32%，持中立意愿的占 28%。贵州凤冈县的意愿均值为 3.07，愿意贷款比例为 38%，不愿意的占 23%。抵押贷款意愿程度最低的是嘉兴南湖区的农户，其意愿均值为 2.66，介于不太愿意和一般之间，其中选择不愿意贷款的占比 41%，愿意贷款的仅有 8%，持中立态度的有 51%。在调研中嘉兴南湖区农户普遍反映，用土地承包经营权抵押贷款所获资金数额不大，一方面是嘉兴南湖区农户经济收入相对较高，对小金额的资金需求度不大；另一方面农户表示即使有资金需求和亲朋好友借也很方便。

对新型农业经营主体的土地承包经营权抵押贷款意愿进行分析，数据统计整理结果如图 4－18 所示。

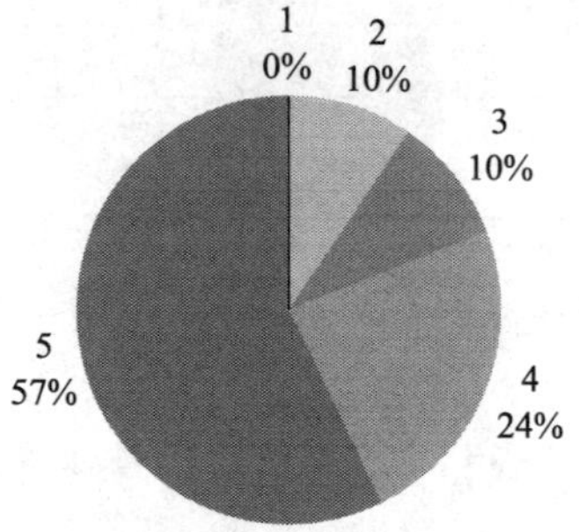

图 4－18　新型农业经营主体贷款意愿分布

新型农业经营主体土地承包经营权抵押贷款意愿非常高，均值为4.29，介于愿意和非常愿意之间。其中，选择非常愿意 5 的新型农业经营主体占总样本的57%，选择愿意4 的占总样本24%，选择1 和2 不愿意的仅占总样本的10%。土地承包经营权抵押贷款意愿高的可能原因是，新型农业经营主体对资金需求度高，需求规模大。大规模的资金需求很难从其他（如亲朋好友）途径获取，正规金融机构的利率相对较低，因此只要有向正规金融市场的贷款机会，新型农业经营主体的贷款意愿是非常高的。

二、实施效果分析 2——需方可得性

土地承包经营权抵押贷款推行之初衷是为了解决农业经营主体无抵押物、缺乏抵押物而导致的贷款难问题，因此，农业经营主体的信贷约束是否被缓解、缓解程度有多大，是衡量土地承包经营权抵押贷款效果的最直接最重要的指标之一。但是却鲜有文献涉及资金约束度的问题，其主要原因可能是试点时间短，贷款对象多为新型农业经营主体，导致样本少的问题。为此，本研究选择了试点时间较长、放贷对象是农户的样本试点进行大样本调查，以此能充实该部分的研究。

本节内容安排如下：第一小节对农业经营主体申请贷款的行为进行分析，主要讨论农业经营主体申请贷款的比重及有贷款意愿却没有申请贷款的原因归类；第二小节对申请农业经营主体的获贷情况进行分析，重点考量土地承包经营权抵押贷款的有效供给；第三小节量化土地承包经营权抵押贷款对农业经营主体资金约束的缓解程度。

（一）农业经营主体贷款行为分析

农业经营主体土地承包经营权抵押贷款申请行为是贷款意愿的进一步表达，是认知可行性到实际可行性的转变，因此，研究农业经营主体的申请贷款行为及原因，能更准确地反映土地承包经营权抵押贷款制度的实施效果。

学术上通常采用贷款申请率来衡量贷款行为，即申请贷款数量占有贷款需求农户的比重。贷款申请率越高，则主体实施的可能性越强，效果越好。此外，学者们还将潜在的贷款申请者归纳于信贷配给种类。Boucher（1996）① 将信贷配给分成六大类，其中将因为贷款利率太高而没有申请贷款、担心失去抵押品而没有申请贷款、因为额外交易成本太高而没有申请贷款，分别归类于价格配给、风险配给及交易成本配给三类。也有学者将农户受到的信贷约束分为需方信贷约束和供方信贷约束。需方信贷约束，是农业经营主体自身主观原因导致的不申请行为，比如有其他借款途径。供方信贷约束，是农业经营主体有信贷需求，但是因为其他外部因素而放弃贷款申请。可见，学者们已关注了没有申请贷款的群体，并进行一定的分类界定。

为此，本研究拟回答在有贷款意愿的农业经营主体中，有多少人实施了土地承包经营权抵押贷款行为，是什么原因导致了农业经营主体放弃贷款申请。本文结合文献研究，将贷款行为用实际申请贷款行为和潜在申请贷款行为来衡量，潜在贷款行为指除实际贷款行为外的配给部分。结合文献研究与调研实际，本书将供方信贷配给分成 Boucher 所指的三种信贷配给和因为缺乏信息或者信息不对称而导致的信贷配给。具体如图 4－19 所示。

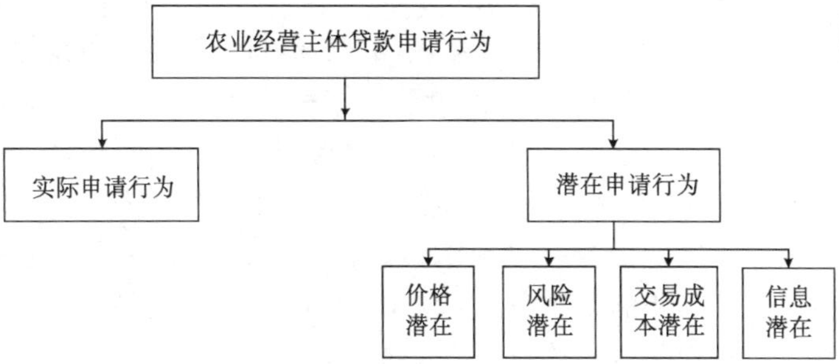

图 4－19 农业经营主体申请贷款行为结构

调查问卷中设计相应的问项是“①你是否向正规金融机构申请土地抵押贷款?”及“②若没有，是什么原因?”。问项①测算农业经营主体实际贷款申请

① Boucher S，Carter M R. Credit constraints，credit unions，and small－scale producers in Guatemala［J］. World development，1996，24（5）：793－806.

率，问项②通过原因归类测算农业经营主体的潜在贷款申请率。问项②的对应答项是“1—不知道这件事；2—不需要，自己可以赚；3—不需要，缺钱可以向亲戚朋友借；4—需要，但手续太麻烦；5—需要，但是利率太高；6—需要，但是不具备贷款条件；7—需要，担心即使申请也贷不到；8—需要，担心还不上贷款；9—需要，但还有银行贷款未还；10—其他”。其中，答项“2、3”对应是需方配给，即农业经营主体主观不需要土地承包经营权抵押贷款，答项“5”对应价格潜在申请者，“8”对应风险潜在者，“7、4”对应交易成本潜在者，答项“1”对应信息潜在者。

对样本数据进行分析，结果如图 4 -20 所示。

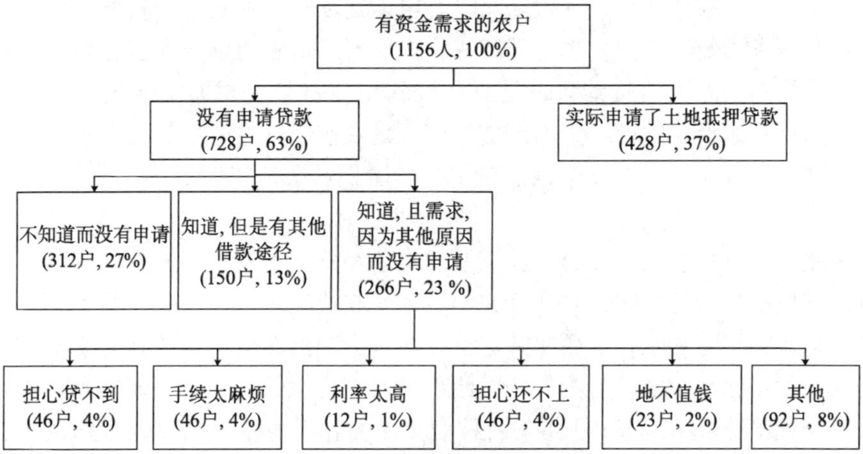

图 4 -20　农户申请贷款行为结构

从图 4 -20 农户申请土地承包经营权抵押贷款行为结构图可得以下结论：第一，农户的实际土地承包经营权抵押贷款申请率为 37%，428 户农户申请了贷款。在可行性调查中，52% 的农户表示比较愿意和很愿意申请抵押贷款，在 52% 的意愿下有 37% 的农户申请了土地承包经营权抵押贷款。从比例来看，整体申请率并不高。第二，农户的潜在土地承包经营权抵押贷款申请率为 87%，即如果外部条件改善，则最高的农户申请率会达到 87%，其中，有 27% 比重、99 户农户因为信息不通畅而导致的放弃申请，有 4% 比重、46 户农户因为交易成本而放弃了申请，有 4%、46 户因为担心还不上放弃了申请，23 户因为觉得土地价值不高而未选择申请贷款，46 户担心即使申请也得不到贷款而放弃。从比重来看，阻碍农户实施土地承包经营权抵押贷款行为的外部原因主要有信息不畅、农业风险大、外部贷款规则、交易成本高、土地价值、价格。

对不同试点地的贷款行为进行分析，结果如图 4 -21 至图 4 -24 所示。

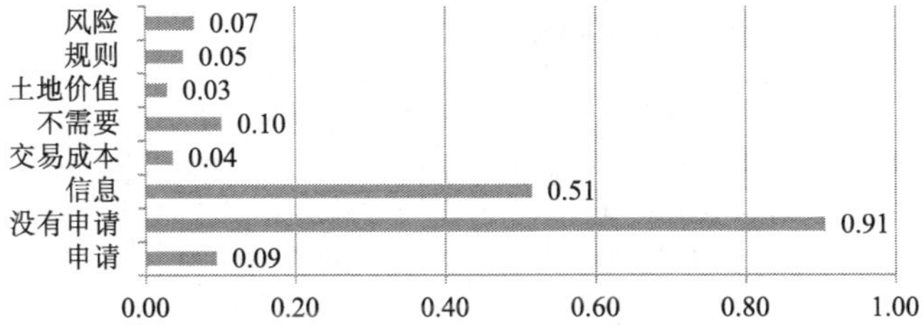

图 4－21　贵州凤冈县农户贷款申请行为比例

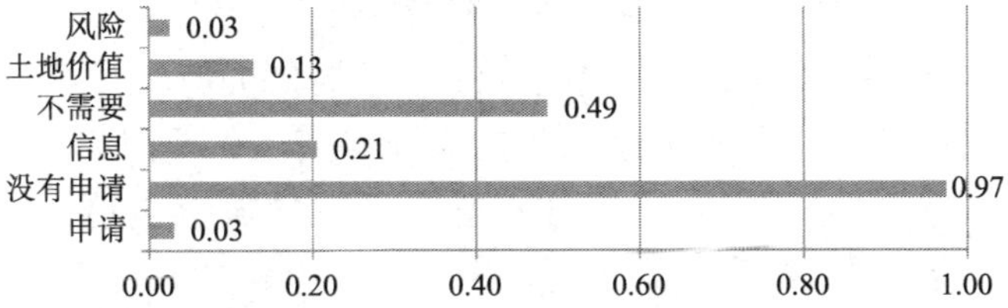

图 4－22　嘉兴南湖区农户贷款申请行为比例

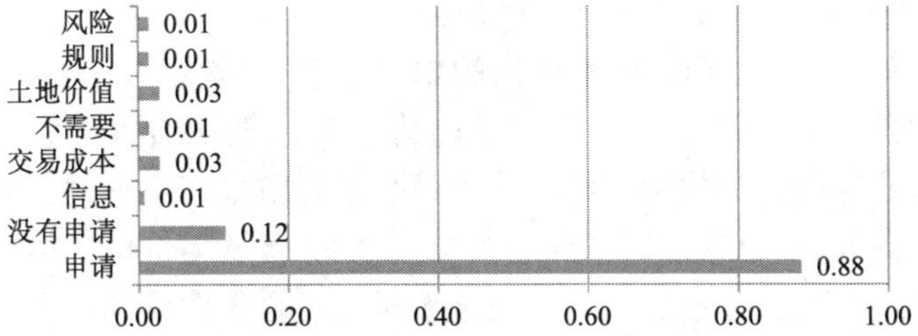

图 4－23　宁夏同心县农户贷款申请行为比例

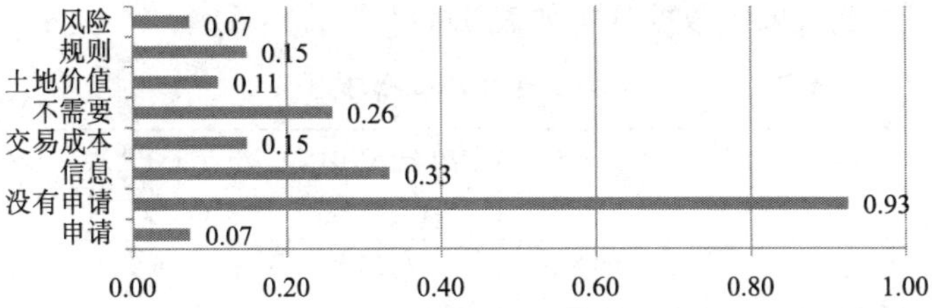

图 4－24　重庆江津区农户贷款申请行为比例

从试点地农户的土地承包经营权抵押贷款申请行为来看，申请比例出现较大的两极分化。宁夏同心县农户的实际贷款申请率高达 88%，而其他三个试点地的申请率不到 10%。对贵州省凤冈县、嘉兴南湖区及重庆江津区农户没有申请贷款的原因进行分析，信息不通畅是三个试点中普遍存在的问题，尤以贵州凤冈县为重，有 51% 的农户因为信息不畅而没有进行贷款申请；因有其他贷款途径而放弃土地承包经营权抵押贷款的，以嘉兴南湖区为首，有 49% 的农户不需要土地承包经营权抵押贷款的借款渠道，重庆江津区也有 26% 比例的农户表示有比土地承包经营权抵押贷款更好的正规借款渠道。

对新型农业经营主体的贷款行为进行分析，数据结果如图 4－25 所示。

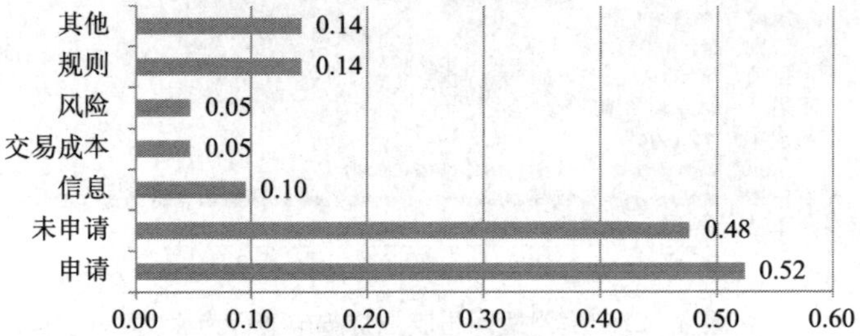

图 4-25 新型农业经营主体贷款行为比例

从图 4-25 可见，申请土地承包经营权抵押贷款的新型主体比例大于没有申请的比重，在未申请的比例中，有 14% 的农业经营主体是因为担心“即使申请也得不到”而放弃申请，其次是信息不通畅导致的放弃申请，剩下的原因是“还不起”及“贷款手续程序麻烦”等。

（二）农业经营主体贷款获贷情况分析

对申请土地承包经营权抵押贷款的农业经营主体做进一步分析。Boucher (2002)① 将农户申请贷款但被完全拒绝称为完全数量配给、申请贷款只得到申请金额的一部分叫做部分数量配给，将申请金额贷款且完全得到所申请金额的归类于价格配给借款者。在这三种配给中，学者们通常认为价格配给借款者是完全得到了资金缓解，而部分数量配给和完全数量配给是依然受到资金约束的。以此逻辑，本文对申请贷款的农业经营主体做进一步分析，找出土地承包经营权抵押贷款的资金缓解度效果。数据分析如表 4-14 所示。

表 4-14 农业经营主体获贷情况

农业经营主体	内容	申请贷款者	获得全部贷款者	获得部分贷款者	没有得到贷款者
农户	全样本	428（100%）	321（75%）	39（9%）	64（15%）
新型农业经营主体	贵州凤冈县	38（100%）	6（15%）	3（8%）	29（77%）
	嘉兴南湖区	4（100%）	-	-	4（100%）
	宁夏同心县	364（100%）	313（86%）	33（9%）	18（5%）
	重庆江津区	5（100%）	-	2（50%）	3（50%）
	全样本	34（100%）	24（70%）	3（8%）	7（22%）

从表 4-14 可见，整体而言，农业经营主体的资金约束缓解度较高。农户的平均缓解度为 75%，新型农业经营主体的缓解度为 70%，达到了土地承包经营权抵押贷款缓解农户贷款难的制度设计目的。但是将农户获贷情况按照试点地区

① Boucher S, Carter M R. Credit constraints, credit unions, and small-scale producers in Guatemala [J]. World development, 1996, 24 (5): 793-806.

来划分，会发现高的资金缓解度是因为宁夏同心县的缓解度造成的，宁夏同心县资金缓解度高达86%，受到部分数量配给的有9%，只有5%的农户完全受到了信贷配给。而其他如贵州凤冈县、嘉兴南湖区及重庆江津区的农户缓解度却非常得低，三试点的结论与黄惠春（2015）① 的结论一致，即农户土地抵押贷款发生率很低。

三、实施效果分析3——需方福利

本小节主要回答的问题是土地承包经营权抵押贷款政策是否对农业经营主体的福利产生了影响，是否如制度制定之初所希望的“通过增加信贷抵押物，提高了农业收入，改变了农业结构，引进了新的技术”。将福利分成两类：一类是生活福利，用收入来衡量；另一类是生产福利，用产业结构调整和引进新技术来衡量。

（一）土地承包经营权抵押贷款对福利影响的理论分析

土地承包经营权抵押贷款是农业经营主体资金的来源之一，获取抵押贷款即获取到了更多资金。资金作为农业生产的要素的投入之一，会通过资本边际报酬递减规律对产出产生影响。

$$Y = AL^{\alpha}H^{\beta}K^{\gamma} \tag{4-1}$$

式（4-1）是农业经营主体的生产函数，其中Y代表产出，可以用农业产量或者农业收入来衡量，A代表农业生产水平或者技术水平，L表示农业所投入的土地要素量（包括土地质量和土地数量），H表示农业所投入的劳动力要素量（包括劳动力质量与数量），K则表示农业所投入的资本量。α、β、γ分别表示不同要素的产出弹性，且$\alpha+\beta+\gamma=1$。

研究对象是具有资金需求的农业经营主体，因此资金缺乏是本研究对象的全集。根据获贷情况不同，将研究全集分成获得全部贷款的农业经营主体1，获得部分贷款的农业经营主体2，以及申请了但是没有获得贷款的群体3。边际效用递减规律产生影响，当全集都需要资金的时候，说明资金与其他生产要素的配比不均衡，资金的边际产量更高，因此需要投入更多资金进行要素均衡。群体1获得了全部资金，则资金配比最优化；群体2获得了部分资金，则配比在原有基础上有了提升，但并没有达到边际效率等于边际成本的最优化状态；群体3因为没有获取资金，因此依然存于配比失衡的原始状态。

---

① 黄惠春，祁艳，程兰．农村土地承包经营权抵押贷款与农户信贷可得性——基于组群配对的实证分析［J］．经济评论，2015（3）：72-83.

分析不同群体的贷款资金和产出的关系：

$$Y_1 = A_1 L_1^{\alpha} H_1^{\beta} K_1^{\gamma} \tag{4-2}$$

$$Y_2 = A_2 L_2^{\alpha} H_2^{\beta} K_2^{\gamma} \tag{4-3}$$

$$Y_3 = A_3 L_3^{\alpha} H_3^{\beta} K_3^{\gamma} \tag{4-4}$$

各函数的下标分别表示上述群体的生产函数情况。群体1、群体2获取土地承包经营权抵押贷款资金后，按照贷款资金的专项用途，将资金投入到农业生产中去。

情况一，若资金全投入到新技术、新设备上则会出现生产技术的提高，即：

$$A_1 > A_2 > A_3 \tag{4-5}$$

则在其他生产要素不变的情况下，生产技术的提高会带来农业效率的提高，进而影响农业产出，得出：

$$Y_1 > Y_2 > Y_3 \tag{4-6}$$

即当获取资金的农业经营主体投入贷款资金引进新技术后，会通过技术水平提高效率最终增加产出，增加农业收入，福利上升。

情况二，部分资金投入新技术，部分资金投入规模增加，即：

$$A_1 > A_2 > A_3$$

$$K_1 > K_2 > K_3 \tag{4-7}$$

投入新技术的资金会导致生产水平上升 A，投入规模资金会影响 K 总量。两途径共同作用，影响产出和农业经营主体福利，得出：

$$Y_1 > Y_2 > Y_3 \tag{4-8}$$

情况三，所有资金投入规模增加，即：

$$K_1 > K_2 > K_3 \tag{4-9}$$

通过 K 总量及边际效用递减规律作用，对产出影响：

$$Y_1 > Y_2 > Y_3 \tag{4-10}$$

从生产要素角度来理论分析发现，无论土地承包经营权抵押贷款是用于提高技术水平还是扩大农业规模，均会通过要素配置、边际效用递减规律作用于产出，最后理论得出的结果是获得完全贷款的农业经营主体福利大于部分贷款的农业经营主体福利，大于被土地承包经营权抵押贷款完全配给的农业经营主体福利。即土地承包经营权抵押贷款能改善农业经营主体的福利，并随着配给度的减少而福利增加。

（二）土地承包经营权抵押贷款对福利产出影响的主观分析

衡量土地承包经营权抵押贷款的福利分析会出现时间差的问题，这也是研究任何贷款效果的共性问题，即贷款与福利之间存在较长的时间差。学者们试图通过多种手段规避或者转换这个问题，如用截面数据但选用不同的参照组进行对比分析，采用不同的福利度量指标使用内生转换模型和外生转换模型（褚保金，2009）①，如跟踪研究。但这些方法依然在样本选择、定位及内生问题上无法完全避免时间差的问题，进而影响结论的准确性。基于此，本文在借鉴 Ajzen（1986）②、Karlan（2011）③、Angelucci（2015）④ 文献基础上，提出土地承包经营权抵押贷款对农业经营主体福利产出的主观分析。Ajzen 的理性行为及计划行为理论表明，主观感知及态度会对行为产生显著的正向影响，因此在行为结果研究中应关注主体的感知与态度。本文认为，对贷款者的主观感知进行分析，是对客观福利分析的一种有用补充。本节研究内容的理论逻辑，如图 4－26 所示。

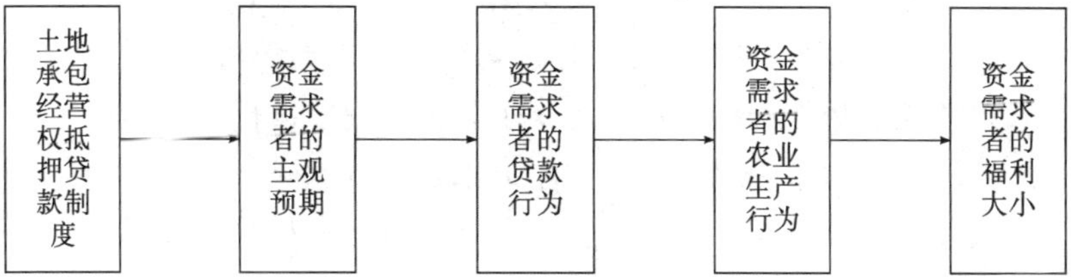

图 4－26　需求方主观福利分析逻辑

土地承包经营权抵押贷款制度首先会对资金需求者产生一个主观的权衡，即与自己客观情况进行匹配，形成一个“该制度对我而言，是否能改善我的生产生活”的预期决策，该预期决策会对资金需求者的贷款行为及后期的农业生产行为产生影响，最终对福利产生影响。我们理论判别，不同资金需求者对政策与自身需求的匹配度不一样，进而导致不同的贷款行为。我们认为，预期福利大的资金需求者会主动申请贷款，而认为福利小的者会放弃贷款申请，采用原有的农业生产方式。基于此，本文将资金需求者分成有资金需求但是没有申请了土地承包经营权抵押贷款的群体 1 和有资金需求且申请土地承包经营权抵押贷款的群体 2，并提出假设，群体 1 和群体 2 对土地承包经营权抵押贷款制度的主观福利效果判别有差异，且群体 2 的主观福利性强于群体 1。

农业经营主体对土地承包经营权抵押贷款政策的主观预期效果测量：①政策满意度—您对土地承包经营权抵押贷款政策满意吗？②整体预期效果—您认为土

① 褚保金，卢亚娟，张龙耀．信贷配给下农户借贷的福利效果分析［J］．中国农村经济，2009（6）：51－61.

② Ajzen I，Madden T J. Prediction of goal－directed behavior：Attitudes，intentions，and perceived behavioralcontrol［J］．Journal of experimental social psychology，1986，22（5）：453－474.

③ Karlan D，Zinman J. Microcredit in theory and practice：Using randomized credit scoring for impact evaluation.［J］．The Journal of Political Economy，2011，32（6035）：1278－1284.

④ Angelucci M，Karlan D，Zinman J. Microcredit impacts：Evidence from a randomized microcredit program placement experiment by Compartamos Banco［J］．American Economic Journal，2015，7（1）：151－182.

地承包经营权抵押贷款政策会解决你贷款难问题吗？③收入预期效果—您认为土地承包经营权抵押贷款政策会提高你的收入吗？④结构预期效果—您认为土地承包经营权抵押贷款政策会改变你的种植结构吗？⑤规模预期效果—您认为土地承包经营权抵押贷款政策会扩大你的种植规模吗？⑥技术预期效果—您认为土地承包经营权抵押贷款政策会让你引进新的技术吗？6 个效果问项的答项都是五刻量表。

数据说明：该小节的数据范围是有资金需求的农业经营主体，全样本共 1222 户，其中农户 1156 户，新型农业经营主体 66 户。1156 户农户中，四个试点地的样本数分别是贵州凤冈县 417 户、嘉兴南湖区 117 户、宁夏同心县 414 户，重庆江津区 75 户，剩余样本分别来自于云南、内蒙古、河南等省区。

主观效果预期测量结构检验：运用因子分析对问项进行结构检验，结果表明 KMO 值为 0.751，Bartlett 在 0.00 上拒绝原假设，Cronbach Alpha 值为 0.801，说明测试表的信度良好，且多维变量适合做因子分析。主观效果预期变量的因子负荷如表 4－15 所示。

表 4－15　　　　农业经营主体主观福利因子分析结果

预期问项	因素 1	因素 2
政策满意度		0.848
整体预期效果		0.827
收入预期效果	0.744	
结构预期效果	0.829	
规模预期效果	0.841	
技术预期效果	0.618	

从检验结果来看，效果预期变量经过旋转后降为 2 维。其中政策满意度和整体预期效果为因素 2，收入预期、结构预期、规模预期及技术预期为因素 1，与最初问卷设计的初衷相吻合，因素 1 为具体效果，因素 2 为整体效果。因此测量问项能很好反映经营主体对土地承包经营权抵押贷款的预期效果。

主观效果预期描述：分别对全样本及群体 1、群体 2 样本的预期制度效果预测进行数量统计，结果如表 4－16 所示。

从表 4－16 分析可知：第一，整体效果分析。农业经营主体对土地承包经营权抵押贷款的整体效果预期介于“3 产生小部分效果”到“4 会产生较大效果”。第二，细化效果预期分析。按照预期效果从大到小来看，首先农业经营主体预期资金更能提高技术的引进，其次是扩大产业规模、增加收入，最后是改变种植结构。其中，规模预期与技术预期介于 3 与 4 之间，即农业经营主体预期贷款资金

表 4-16　农业经营主体福利主观预期效果统计

因素	变量	全样本		未申请群体 1		申请群体 2	
		均值	标准差	均值	标准差	均值	标准差
因素 2	政策满意度	3.489	0.993	3.310	0.886	3.789	1.090
	整体预期效果	3.045	1.069	2.944	0.998	3.217	1.163
因素 1	收入预期效果	2.786	1.119	2.784	1.071	2.789	1.198
	结构预期效果	2.659	1.155	2.892	1.036	2.268	1.241
	规模预期效果	3.175	1.147	2.855	0.971	3.366	1.337
	技术预期效果	3.389	0.9931	3.449	0.932	3.353	1.087

能在技术与规模上产生一定的效果；收入与结构介于 2 与 3 之间，即农业经营主体预期贷款少量的能增加农业收入，调整农业结构。

主观效果预期差异检验：选用效果预期强度对未申请贷款群体 1 和申请贷款群体 2 做效果差异检验。效果预期强度是农业经营主体对问项效果的强弱预测值，预测值越高则强度越大，预测值越低则强度越小。若强度之间有差异，则表明两类群体在效果程度预测上是存在差异性的。利用 SPSS 软件，选择独立样本 t 检验，结果如表 4-17 所示。

表 4-17　不同获贷群体预期强度差异

因素	t 检验预期效果	Levene 变异数相等测试		平均值是否相等的检验		结果
		F 值	显著性	T 值	显著性	
整体因素	政策满意度	6.623	0.010**	4.376	0.000***	差异性显著
	整体预期效果	9.508	0.002**	2.302	0.022*	
细化因素	收入预期效果	2.735	0.099*	0.043	0.096*	差异性显著
	结构预期效果	18.614	0.000***	4.966	0.000***	
	规模预期效果	31.344	0.000***	3.918	0.000***	
	技术预期效果	5.559	0.019**	0.863	0.038*	

从表 4-17 的数据可以得到以下结论：第一，群体 1 和群体 2 在主观福利效果判别上具有显著差异性。Levene 变异数相等测试与平均值是否相等的检验，两种方法得出的结论均是差异性显著，可见结论具有较好的稳健性。整体因素与细化因素的各问项也都不同程度地具有显著差异性，其中政策满意度、结构预期效果、规模预期效果在 1% 水平上显著差异。因此可以得出申请贷款与没有申请贷款的群体在主观福利效果判别上是具有显著差异性的。第二，群体 2 相比较群体 1 而言，效果预测更加积极。从 Levene 变异数相等测试的 F 值和平均值是否相等的检验的 T 值系数来看，正向的系数表明群体 2 相比较群体 1 而言，预测效果强

度更大、更加积极。从以上分析可知，假设得以成立，也证明预期效果会对行为产生影响，即预期效果是具有判别效用的。

农业经营主体的福利预期测量。在预期福利效果判别有效的基础上，对申请贷款的农业经营主体继续划分为完全得到贷款的农业群体、部分得到贷款的农业群体和未得到贷款的农业群体。对群体的福利进行汇总分析如表 4 - 18 所示。

表 4 - 18　　不同配给群体预期福利效果统计

因素	变量	完全没得到贷款群体		部分得到贷款群体		完全得到贷款群体	
		均值	标准差	均值	标准差	均值	标准差
整体因素	政策满意度	3.250	0.804	3.3438	1.095	3.545	0.595
	整体预期效果	2.857	1.019	3.0937	1.201	3.045	0.843
	均值	3.053		3.21875		3.295	
细化因素	收入预期效果	2.559	0.998	2.9062	1.253	3.136	0.888
	结构预期效果	2.821	1.110	3.1250	1.039	2.772	0.972
	规模预期效果	3.3182	0.838	3.318	1.029	3.452	0.883
	技术预期效果	3.000	0.925	3.4313	0.983	3.528	0.960

从表 4 - 18 可见：第一，农业经营主体整体的预期效果介于有一定的效果与有较大效果之间。将正常满意度与整体预测效果赋予相同的权重，均值后可见其主观判断值介于 3 与 4 之间，可得知，申请贷款的农业经营主体的主观感知是土地承包经营权抵押贷款能从整体上提高自己的福利。第二，农业经营主体的细化因素中，具有一定的差异性。第三，从群体来看，整体效果中完全得到贷款群体的预期效果强于部分得到贷款的群体效果，大于完全没有得到贷款的群体，换而言之，随着贷款的配给程度降低，预期福利程度增加。即获得贷款满意度越高的农业经营主体，其整体预测福利提高程度越大。第四，从群体来看细化预期效果。收入预期效果中，依然是与获贷程度成正比，即获贷程度越高，则预期福利替身越大；结构预期中，获得部分贷款的农业经营主体认为能较大程度改变种植结构，而其他两类群体认为贷款不会对种植结构产生太大的作用；规模效应与技术预期效果也遵循着获贷程度与福利预期的相关性，即获贷程度越高则预期农业越能扩大规模，越能引进技术。

（三）土地承包经营权抵押贷款对福利产出影响的客观分析

利用实证调研数据，检验土地承包经营权抵押贷款对经营主体福利的影响。结合文献研究，本文将福利定义为生活上的家庭收入、生产上的农业规模、技术引进及结构调整。计量方法参考李庆海等（2012）①、褚保金（2009）② 文献。将申请贷款的农户分成三类：第一类是完全获得土地承包经营权抵押贷款的农业经营主体，第二类是部分获得土地承包经营权抵押贷款的农业经营主体，第三类是没有获得贷款的群体，将类群体处理成哑变量。以此估计土地承包经营权抵押贷款的不同受益程度对农户收入、农业规模、技术引进及结构改变的影响。

D＝1 农业经营主体完全受益于土地承包经营权抵押贷款

D＝2 农业经营主体部分受益于土地承包经营权抵押贷款

D＝3 农业经营主体未受益于土地承包经营权抵押贷款

构建受益程度与福利的面板数据模型，以此估计受益程度对农业经营主体福利的影响情况：

$$Y_{ij} = e_j + \alpha D_j + \beta X_j + \mu_j$$

i＝1、2、3、4

其中 Y 表示第 j 位农业经营主体的第 i 种福利，e 表示农业经营主体的个体特征值，D 表示农业经营主体受益土地承包经营权抵押贷款的程度，X 表示影响福利变化的外生变量，μ 为随机误差项，α、β 分别表示受益程度与影响因素的系数。

数据说明：该小节数据范围是申请了土地承包经营权抵押贷款的农业经营主体，全样本共 462 份，其中农户样本 428 份，新型农业经营主体样本 34 份。428 份农户样本中有 38 份来自于贵州省凤冈县、4 份来自于嘉兴南湖区、364 份来自于宁夏同心县占总样本数的 85%、5 份来至于重庆江津区。

本节测量获贷程度对福利的影响，为避免福利影响的受益程度，在数据收集的时候，做出了如下的设计：第一，对调查主体限制，全体样本对象是有贷款需求且申请了土地抵押贷款的农业经营主体；第二，为了保障福利是获得贷款后的结果，福利以调研年为准，获贷程度以前年调研为准。具体的变量设计如表 4－19 所示。

其中农业经营规模、技术引进、农业结构调整变量采用开放式问题获取，对应问项是①“获贷后资金用在什么地方了?”将购买更多的牛羊、流转土地等归为经营规模扩大；将购买新的种植品种、购买新的工具归为技术引进；将新开农家乐、调整了种植内容归为农业结构调整。值得注意的是，资金并非单一用途，有获贷资金既能增加流转面积又能购买新的机器设备等。将变量按照农业经营主

① 李庆海，李锐，汪三贵．农户信贷配给及其福利损失——基于面板数据的分析［J］．数量经济技术经济研究，2012，8：35－48.

② 褚保金，卢亚娟，张龙耀．信贷配给下农户借贷的福利效果分析［J］．中国农村经济，2009，6：51－61.

表4-19 贷款对需求方福利影响的变量及解释

类型	符号	变量名称	定义
因变量-福利	Y_1	农业经营主体家庭收入	年均家庭收入金额
	Y_2	农业经营规模	1=扩大 0=不变
	Y_3	农业技术引进	1=引进 0=不变
	Y_4	农业结构	1=改变 0=不变
自变量-受益度	D	农业经营主体受益程度	1=完全受益 2=部分受益 3=没有受益
自变量-个体特征	e_1	年龄	
	e_2	受教育程度	
自变量-外生变量	X_1	土地规模	耕种土地面积
	X_2	家庭类型	1=纯农户 2=兼业户 3=非农户
	X_3	地区	1=云南 2=宁夏 3=贵州 4=甘肃

体受益程度进行统计，初步获取受益程度与福利之间的直观影响程度，数据统计如表4-20所示。

表4-20 变量描述

变量	完全受益（D=1）		部分受益（D=2）		没有受益（D=3）	
	均值	标准差	均值	标准差	均值	标准差
Y_1	28491.57	23332.61	26089.43	16126.08	27867.65	18943.99
Y_2	0.65	0.48	0.71	0.46	0.24	0.44
Y_3	0.34	0.48	0.07	0.26	0.06	0.24
Y_4	0.04	0.19	0.25	0.44	0.18	0.39
e_1	44.17	11.29	42.39	9.61	46.76	8.18
e_2	6.30	3.74	6.07	3.25	5.44	2.53
X_1	7.00	4.24	10.00	0.32	4.88	4.58
X_2	1.04	0.19	1.11	0.42	1.00	0.35
X_3	2.04	0.24	2.03	0.19	2.94	0.75
样本数	274		95		59	

由数据统计可见，完全受益群体的均值收入（Y_1）是28491.57，高于部分受益与没有受益的群体；在经营规模上（Y_2），部分受益群体的规模扩大程度要高于完全受益及没有受益的群体；在技术引进上（Y_3），完全受益群体高于部分受益群体和没有受益群体；在农业结构调整（Y_4）上，按程度来看是部分受益群体、没有受益群体与完全受益群体。从农业经营主体获得土地抵押贷款后的福利变化来看，首先是绝大多数的农业经营主体选择了扩大农业规模，比如扩大了

土地耕种面积，增加了养殖规模，其次是引进了新技术和调整产业结构。年龄（e_1）上3个群体的均值都在40多岁，调研对象的高龄化原因在于调研地区多数年轻人外出打工。从受教育程度（e_2）上来看，都集中在小学教育程度；从年限上来看，完全受益群体高于部分受益群体和没有受益群体，但差值不大。在土地规模（X_1）变量中，部分受益群体的平均耕种面积为10亩，而完全受益群体为7亩，没有受益群体仅为4.88亩。农户家庭类型（X_2）来看，多为纯农户。地区变量（X_3）集中在宁夏。在全样本中，符合样本挑选条件的，且申请土地承包经营权抵押贷款的样本多集中在宁夏，其主要原因有宁夏同心县的贷款模式是针对农户，以及宁夏同心县土地承包经营权抵押贷款的历史悠久，效果显著。但样本的集中会导致变量之间的差异性较小，可能影响到实证结果的显著性。

从估算结果来看，受益程度分别对收入福利、规模福利及技术福利产生显著影响，对结构的影响不显著。其中对规模福利、技术福利在5%水平上显著，对收入水平在10%水平上显著。从结合方向来看，即随着获贷程度增加，农业经营主体扩大农业规模、引进农业技术及增加农业收入的程度将越大。个体特征变量中教育程度对规模与技术福利在10%水平上显著，即随着受教育增加，农业经营主体获贷后扩大农业规模、引进新技术的程度增加。外生变量中的地区变量对收入产生影响，其他变量不显著影响福利的变化，如表4－21所示。

表4－21　　模型估计结果

变量	Y_1收入		Y_2规模		Y_3技术		Y_4结构	
	估计系数	标准差	估计系数	标准差	估计系数	标准差	估计系数	标准差
D	－1136.041*	5972.685	－0.402**	0.202	－0.482**	0.142	－0.068	0.201
e_1	13.630	381.287	0.005	0.011	0.005	0.008	0.002	0.011
e_2	－2.513	1191.246	0.001*	0.049	0.013*	0.034	－0.001	0.049
X_1	105.506	1044.786	0.011	0.030	0.014	0.021	－0.016	0.030
X_2	2360.297	21763.226	－0.435	0.730	－0.817	0.513	0.081	0.727
loc	2645.244*	8592.918	0.136	0.269	－0.083	0.189	0.074	0.267
R^2	0.62		0.72		0.68		0.58	

第四节　供给方实施效果

从供给方剖析土地承包经营权抵押贷款效果的原因在于：第一，任何经济行为都必须考虑供给方的行动，只有在供需平衡的情况下，经济行为才能长期稳定地实施进行下去，因此有必要从供给方进行讨论。第二，从供给方看效果是对从需求方看效果的一种有力补充，在上一节需求方效果研究中，一个假设前提是供给不变且充分。

用农村信贷员的行为代表供方的行为，是具有一定的代表性的。一方面金融机构制定了严格的问责机制，因此信贷员按照制度规定，对决定是否放贷具有一定的独立决策权（惠献波，2014）①。另一方面，信贷员的贷款行为受到金融机构的监管，能代表金融机构的发展理念与方向。

本研究所用数据来自于课题组于2014年9月至2016年7月对全国多个试点地金融机构信贷员的问卷调查。共发放问卷350份，回收问卷300份，有效问卷225份。样本地区分布分别是贵州省144份，占总样本的64%；宁夏12份有效问卷，占总样本的5.3%，河北、河南、湖北、湖南、辽宁、山东的有效样本均为9份，分别各占总样本的4%，浙江样本数为6份，占总样本比重的2.7%。所涉及的金融机构有：农村信用社（农村商业银行）108份，占总样本比重47.9%；农业银行、工商银行、建设银行、中国银行四大国有银行86份占总样本的38.4%；地方银行31份占总样本的13.7%。被调查信贷员平均在金融机构信贷部门工作年限6年，最大30年，最低5个月。

一、实施效果分析1－供方可行性

本小节对供方的可行性基础进行分析，从信贷员对土地抵押贷款的信息了解程度、可行性认知及放贷意愿三方面进行讨论，以此获知信贷员作为土地承包经营权抵押贷款供给方对此政策实施的可行性程度。

（一）信贷员对政策的了解程度

问卷中设计两个问项，对信贷员的了解程度及了解途径进行调研。具体问项是①你知道土地承包经营权抵押贷款政策吗？②如果知道，从何种途径获知的？问卷数据统计如表4－22所示。

表4－22　信贷员对土地承包经营权抵押贷款了解程度及途径分布

	样本数（百分比）	公司传达	电视报纸上宣传	听别人说	多种途径	其他途径
不知道	39（17.14%）					
知道	186（82.86%）	63（33.9%）	63（33.9%）	22（11.9%）	6（3.4%）	32（16.9%）

① 惠献波．农村土地经营权抵押贷款制度运行效率评价——基于DEA模型的估计［J］．浙江金融，2014（7）：49－53.

从表4－22可见，有82.86%的信贷员知道土地承包经营权抵押贷款政策，高于不知道信贷员群体65个百分点，可见信贷员对土地承包经营权抵押贷款政策的了解程度较高。从途径上来看，33.9%的信息是由公司传达，33.9%的信息由国家或地方政府宣传所知道，3.4%的信贷员获取信息从多种途径而得，可见71.20%的信息由正规途径获取。

（二）信贷员对政策的可行性认知

参考已有文献，从信贷员对农村土地价值基本观点、承包经营权抵押贷款必要性评价、承包经营权抵押贷款意愿进行分析。对应问项是①你认为当地农地是否值钱？②你是否认为当地农户的土地承包经营权满足作为抵押物的要求？③你认为是否有必要开展土地承包经营权抵押贷款？

如表4－23所示，样本数据统计，86名信贷员认为当地农地值钱，占总样本的38.4%，28名信贷员认为农地值钱占总样本的12.3%。114名信贷员认为农地满足抵押条件，占总样本的50.7%，111名信贷员认为农户不满足抵押条件，占总样本的49.3%。数据统计结果表明，金融机构认为当前的农地具有一定的价值，也较为满足金融机构抵押物的条件。该结论与惠献波（2014）[①]的不同，可能的原因是：一方面随着土地承包经营权抵押贷款的推进，金融机构逐渐认可土地的抵押物性。另一方面是样本选择造成的差异，惠献波的样本均集中在河南省，而本文的样本范围更大，因此可能造成结论的差异。

表4－23　　供给方对土地承包经营权抵押贷款可信性认知

项目	土地价值观			当地农地是否满足抵押条件	
	值钱	一般	不值钱	满足	不满足
人次	86	111	28	114	111
比例	0.384	0.493	0.123	0.507	0.493

信贷员对土地承包经营权抵押贷款必要性进行判别，数据整理如图4－27所示：

从图4－27可见，整体而言信贷员认为有开展土地承包经营权抵押贷款的必要性，其中认为具有较大必要性和非常必要的有53.42%，认为必要性不大和完全没有必要的占21.92%。该结论也和于丽红（2013）[②]的调研结果相一致。

---

① 惠献波．农村土地经营权抵押贷款制度运行效率评价——基于DEA模型的估计［J］．浙江金融，2014（7）：49－53.

② 于丽红．农村金融机构开展农地经营权抵押贷款的意愿［J］．农村经济，2013（8）：013.

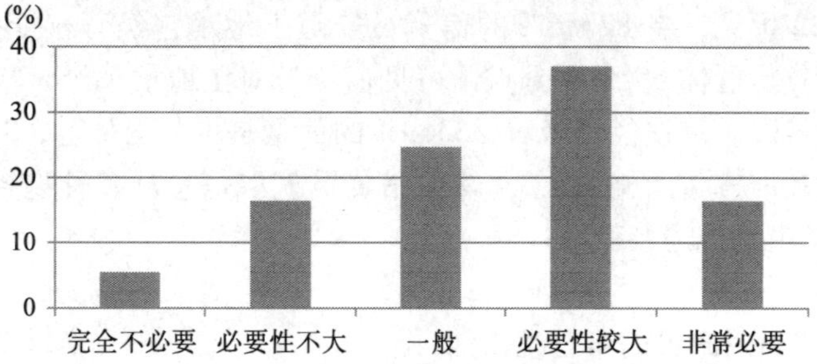

图4－27　信贷员土地承包经营权抵押贷款必要性判别分布

（三）信贷员对土地承包经营权抵押贷款供给的意愿程度

在较高必要性的前提下，信贷员对土地承包经营权抵押贷款供给的意愿是否也与之匹配呢？问卷设计对应问项①你愿意用土地承包经营权抵押贷款项目放贷给农业经营主体吗？对应答案为五刻量表1—不愿意、2—不太愿意、3——一般、4—比较愿意、5—愿意。调查显示，信贷员意愿的均值为2.616，介于不太愿意和一般之间。21.9%的信贷员完全不愿意使用该项目，25.7%的信贷员不太愿意，23.3%的信贷员比较愿意，4.1%的信贷员愿意使用该项目。具体如图4－28所示。

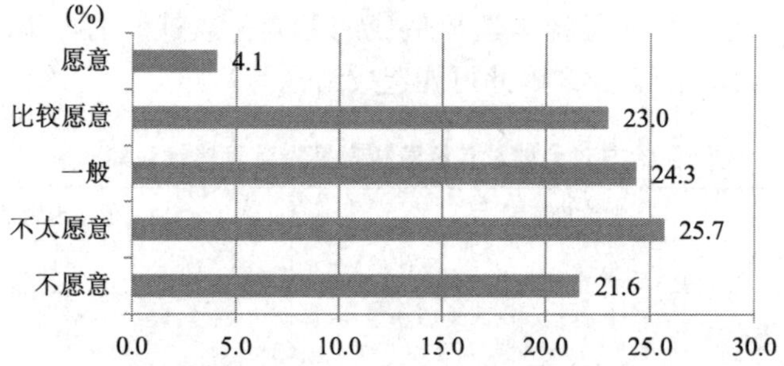

图4－28　信贷员提供土地承包经营权抵押贷款意愿分布

从图4－28可见，信贷员开展土地承包经营权抵押贷款的意愿度相对较低。该结论与于丽红（2013）① 的调研结论相一致。出现较高必要性却较低意愿度的主要原因是，现在土地承包经营权抵押贷款的配套制度和市场并未完善，即使认知必要性强、可以长久实施，但现阶段信贷员依然觉得实施得风险太大，不确定性因素太多，因此造成低意愿度。

此外，考虑金融机构性质与放贷意愿的关系。样本金融机构有三种类型：一是主要面向农村的信用社，二是国有银行，三是地方性的银行。从经营范围与市

① 于丽红．农村金融机构开展农地经营权抵押贷款的意愿［J］．农村经济，2013（8）：013.

场占有率来说，理论上来说国有银行愿意开展土地承包经营权抵押贷款的意愿会低于其他两类银行。因此，对金融机构与放贷意愿做交叉分析表，数据统计如表4－24所示。

表4－24　　机构性质与放贷意愿交叉

机构性质	意愿程度					合计
	不愿意	不太愿意	一般	比较愿意	非常愿意	
信用社	31（28.6%）	18（17.1%）	25（22.9%）	28（25.7%）	6（5.7%）	108（100%）
四大国有银行	15（17.9%）	28（32.1%）	25（28.6%）	15（17.9%）	3（3.6%）	86（100%）
地方银行	3（10.0%）	12（40.0%）	6（20.0%）	9（30%）	0	31（100%）
合计	49	58	56	52	9	225

将比较愿意和非常意愿合并为愿意，将不愿意和不太意愿合并为不愿意。从交叉表数据来看，信用社的放贷意愿最高，有31.4%的信贷员愿意提供土地承包经营权抵押贷款，其次是地方性银行30%，最后是四大国有银行21.5%。由此可见，信用社与地方性银行是土地承包经营权抵押贷款的主要供给机构。

二、实施效果分析2——供方实际供给

虽然信贷员在一定程度上能代表金融机构的意图，但行为本质依然会以个人的业绩作为行为动力。在我国农村金融市场还未完全市场自由化，金融机构行为在一定程度上还会受到政策的影响，因此不能单纯以信贷员作为供方代表，还应考虑金融机构的非经济性行为。

本小节对金融机构土地承包经营权抵押贷款项目放贷情况进行调研，从业务开展程度、具体开展内容及实施效果等方面探讨金融机构的供给效果。

（一）金融机构开展土地承包经营权抵押贷款程度

金融机构是否已经开展土地承包经营权抵押贷款项目，即金融机构的实际供给情况。实际供给越大，则效果越好，代表金融机构对该贷款项目已经从认可阶段转为具体实施业务发展阶段。对应问题为：①你所在的金融机构是否有设计土地承包经营权抵押贷款的业务？②若有，有多少种？统计数据如表4－25所示。

从表4－25可见，从开展土地承包经营权抵押贷款的种类来看，有139家金融机构未开展土地承包经营权抵押贷款，占总样本的61.6%；有65家开展了一种类型的土地承包经营权抵押贷款，占比为28.8%；有18家开展了两种土地承包经营权抵押贷款业务，占比为8.2%；有3家接受三种土地承包经营权抵押贷款业务，占总样本的1.4%。从机构性质来看，在108家信用社中，有37家开展

表4-25 金融机构开展业务的种类分布

机构性质	机构开展土地承包经营权抵押贷款业务的种类				
	0	1	2	3	合计
信用社	56	37	15	0	108
四大国有银行	65	15	3	3	86
地方银行	18	13	0	0	31
合计	139	65	18	3	225

了一种土地承包经营权抵押贷款，15家开展了两种方式，开展业务的信用社数占总信用社样本的48.6%。在国有银行中，15家开展了一种方式，3家开展了两种方式，3家开展了三种方式，开展土地承包经营权抵押贷款业务的国有银行占总国有银行样本数的24.5%。在地方银行中，有13家开展了一种方式，占总地方银行样本的41.9%。由分析可知，开展土地承包经营权抵押贷款的金融机构依然较少，信用社是开展土地承包经营权抵押贷款覆盖面最广的金融机构，国有银行是土地承包经营权抵押贷款业务创新最强的金融机构。

（二）金融机构开展土地承包经营权抵押贷款具体内容

分别从利率、交易成本、贷款期限等内容上，对86家开展土地承包经营权抵押贷款金融机构的具体业务进行调查。

机构开展业务时间：86家金融机构分别从不同的时期实施土地承包经营权抵押贷款，最早的是宁夏同心县农村信用社2006年，最迟的是2014年。其中2006年开展业务的有2家金融机构，2007年有3家，2008—2012年共有48家，2013年有7家，2014年有26家，可见随着国家对土地承包经营权抵押贷款的鼓励，越来越多的金融机构开展了相关业务。

土地承包经营权抵押贷款利率设定：利率是贷款的价格，利率高低的设定直接关系到贷款的成本及违约率。国家在2009年放开金融市场的利率定价，实施金融机构利率市场化的定价自由，因此，机构在制定利率的时候更多以市场为指向标，但在调研中发现，金融机构依然以国家的基准利率为标准，设定土地承包经营权抵押贷款的浮动范围。具体数据统计如表4-26，以2014年的6%的基准利率为准。

表4-26 金融机构土地承包经营权抵押贷款利率分布

利率规定	利率范围	金融机构数（家）
基准利率下浮1%~20%	4.8%~5.4%	9
基准利率上浮1%~30%（包含30%）	6.06%~7.8%	50
基准利率上浮30%~60%（包含60%）	7.8%~9.6%	15
基准利率上浮60%~90%（包含90%）	9.6%~11.4%	12

从表4－26可见，金融机构的土地承包经营权抵押贷款利率主要以上浮为主，且集中在上浮1%～30%之间。

土地承包经营权抵押贷款期限设定：调研发现，金融机构在设计土地承包权抵押贷款期限的时候，多以短期贷款为主，最低设置为3个月，最高设置有10年的，多数集中在1～3年。一方面，土地承包经营权抵押贷款在我国尚处于试点阶段，还没建立完善的配套制度，因此短期设定有利于风险的降低。另一方面，土地承包经营权抵押贷款是以土地承包经营权为标的物的，标的物的经营权年限是受到限制的，尤其是流转土地的经营权，因此设定较短的贷款期限能确保期限内贷款主体完整的经营权。

（三）金融机构土地承包经营权抵押贷款放贷效果

金融机构放贷土地承包经营权抵押贷款的效果用申请笔数、放贷笔数、放贷金额、回收笔数、违约笔数等指标来衡量。

金融机构放贷的情况根据各地贷款模式不同而产生差异，因此分别根据放贷对象进行分析。宁夏同心县土地承包经营权抵押贷款以针对农户为主，河西镇信用社2014年共放贷2000笔，金额合计3000万元，平均每笔金额为1万～2万元，没有违约案例。2015年共发放贷款3000笔，金额合计5800万元，平均每笔金额为2万～3万元，发生过两例违约事件。根据贷款模式的设定，贷款人违约后由担保小组和土地流转合作社代付。其他金融机构以针对新型农业经营主体为主，从开始实施至今平均接受申请的笔数为16笔，最高是37笔，最低是5笔，而放贷的笔数平均为13.29笔，占申请笔数的83.04%，平均放贷总金额为1475.71万元，平均每笔金额为111万元。土地承包经营权抵押贷款占总金融机构业务的比重较少，平均值为5.53%，最低的仅占总机构业务的0.1%，最多的占总机构业务的30%。在期限内的平均有6.2笔，平均回收5.3笔，平均违约有1.79笔。由此可见，宁夏信用社覆盖面广，贷款频率高，且违约率低，而其他金融机构以大额贷款为主，覆盖面相对较少，违约率相对宁夏而言较高。

三、实施效果分析3——供方福利性

供方福利的效果衡量在此指的是金融机构通过土地承包经营权抵押贷款项目所带来的盈利情况。理论上而言，当贷款成本大于贷款受益时，福利受损，金融机构没有继续开展该项业务的动力；反之则金融机构有发展该项业务的动力。即供方福利分析是制度是否能长期执行的可行性分析。

在实际操作中，学者们很难量化出一个项目单纯的投入与产出，最终确定其福利量。一方面，金融数据获取困难，金融机构作为独立的经济主体，要获取与其业务直接相关的投入产出数据是非常困难的。另一方面，土地承包经营权抵押贷款从制度设计到运行到结果判定，需要较长的时间段，且单独列出其成本与受益是较为困难的。因此虽然研究福利很重要，但是鲜有文献对此进行深入分析。惠献波（2014）① 选用DEA数据包络分析方法对开展土地承包经营权抵押贷款信用社的机制运行效率进行评价，选择信贷员数、信贷费用作为投入指标，按时还款农户数、发放贷款农户数及贷一笔款花费时间作为产出指标，对28份调查数据进行分析。该方法针对的是放贷效率，而非金融机构开展该业务的效率。

基于客观数据获取困难及量化困难的因素，而福利分析又很重要的现实背景下，本文选择用主观数据代替客观数据，对金融机构开展土地承包经营权抵押贷款的福利进行主观分析。

（一）供方主观福利的界定与测量

金融机构的福利可以从现实福利（X_1）和长久预期福利（X_2）及整体评价（X_3）三方面衡量，现实福利指的是现在运行该制度的福利评价，长久预期福利则指预期制度长久而言给金融机构带来的福利。福利指标选择金融机构的运行效率、利润评价等指标。据此，我们设计了以下几个主观问项，对信贷员进行调研，答项以五刻量表衡量，分别是1—完全不是、2—可能性较弱、3—应该是、4—可能性很强、5—肯定是，调研对象是所在金融机构已经开展土地承包经营权抵押贷款的信贷员。具体问项设定如表4－27所示。

表4－27 金融机构主观福利问项

	具体问项内容
X_1	X_{1-1}你认为实施的土地承包经营权抵押贷款项目提高了所在金融机构的运行效率。
	X_{1-2}你认为实施的土地承包经营权抵押贷款项目增加了所在金融机构的经营利润。
	X_{1-3}你认为实施的土地承包经营权抵押贷款项目得到了所在金融机构的认可。
X_2	X_{2-1}你认为金融机构会继续加大土地承包经营权抵押贷款的力度吗？
	X_{2-2}你认为金融机构会继续加大土地承包经营权抵押贷款的覆盖面吗？
	X_{2-3}你认为金融机构会完善土地承包经营权抵押贷款的设计吗？
	X_{2-4}你认为土地承包经营权抵押贷款可以长久实施吗？
X_3	X_3你认为土地承包经营权抵押贷款整体而言是一个好的项目吗？

（二）供方主观福利的测量方法及结果分析

采用因子分析方法对主观福利进行量化评分。首先对问项做适应性检验，选

① 惠献波．农村土地经营权抵押贷款制度运行效率评价——基于DEA模型的估计［J］．浙江金融，2014（7）：49－53.

择 KMO 和 Bartlett 球形检验其相关性；其次进行公因子提取，以特征值大于 1 的原则确定公因子的个数；最后进行主观福利评分。

利用 SPSS 20 软件分析，其结论如下：KMO 值等于 0.833，Bartlett 值为 187.01，显著性为 0.00。高于 0.7 的 KMO 值表明，所选择问项适合做因子分析，Bartlett 概率值则拒绝原假设，进一步表明所选问项的适应性。以特征值为 1 提取公因子，共提取 3 个公因子，其累计方差贡献率为 71.846%，可见提取公因子能较好包含原始变量的大部分信息。按照旋转后的因子载荷值，对问项进行分类研究，具体如表 4－28 所示。

表 4－28　　金融机构主观福利评价因子分析结果

因子	评价指标	因子载荷	特征值	方差贡献率	累计方差贡献率
F_1现实福利	实施效率 X_{1-1}	0.790	3.795	47.436	47.436
	实施利润 X_{1-2}	0.794			
F_2预期福利	预期力度 X_{2-1}	0.555	1.142	14.274	61.711
	预期覆盖 X_{2-2}	0.551			
	预期设计 X_{2-3}	0.668			
	长久实施 X_{2-4}	0.739			
F_3整体评价	机构认可 X_{1-3}	0.737	1.021	10.138	71.848
	好项目 X_3	0.850			

从表 4－28 可见，因子提取和我们理论分析的将福利分成现实、预期和整体三维度是一致的，只是在问项归类时将最初设计的机构认可从现实福利提取到整体评价中。公因子 1（F_1）涉及的是现实福利，包括实施效率和实施利润，将其命名为现实福利；公因子 2（F_2）提取的是预期力度、预期覆盖面、预期设计及预期长久实施可能性，因此将其命名为预期福利；公因子 3（F_3）提取的是机构认可度及好产品的评价，将其命名为整体评价。其中公因子 1 特征值为 3.795，方差贡献率为 47.436；公因子 2 特征值为 1.142，贡献率为 14.274；公因子 3 特征值为 1.021，贡献率为 10.138。可见信贷员在评价问项的时候，以现实福利为主，而以长期福利及整体评价为辅。

（三）供方主观福利评分

将主观福利按照公因子进行均值分析，获取主观福利的整体评分，具体分值如表 4－29 所示。

其中得分 1 是每个具体问项的均值；得分 2 是根据问项权重计算的公因子得分，其权重按照问项所提取价值的比重计算；得分 3 是以各公因子特征为权重的

表 4-29 金融机构主观福利评分

因子	评价指标	均值得分1	得分2	得分3
F1 现实福利	实施效率 X_{1-1}	3.329	3.294	3.195
	实施利润 X_{1-2}	3.260		
F2 预期福利	预期力度 X_{2-1}	2.959	3.084	
	预期覆盖 X_{2-2}	3.041		
	预期设计 X_{2-3}	3.348		
	长久实施 X_{2-4}	2.973		
F3 整体评价	机构认可 X_{1-3}	2.836	2.887	
	好项目 X_3	2.932		

所有问项的因子得分。从单问项得分可知，介于中性态度 3 和效果较好 4 得分的问项有实施效率、实施利润、预期覆盖率、预期设计四个问项；介于效果不太好 2 和中性态度 3 得分的问项有预期力度、长久实施、机构认可及好项目四个问项。从公因子得分来看，现实福利和预期福利的得分都介于中性态度 3 和效果较好 4 之间，说明信贷员认为所在金融机构实施土地承包经营权抵押贷款的现实效果和长期效果是较好的，而整体评价则介于 2 和 3 之间。从总福利来看，实施土地承包经营权抵押贷款后金融机构的福利效果均值为 3.195，说明对于金融机构而言，是具有较好福利的。

第五节 小结

一、四个主要试点区实施效果

通过实地调研，获取四个主要试点区土地承包经营权抵押贷款整体实施情况。分别从机构建设、机构运行、放贷情况、违约情况四方面进行效果分析。第一，在机构建设上，贵州凤冈县政府供给推动型、嘉兴南湖区金融机构供给推动型所需机构数量较多，宁夏同心县农户需求推动型所涉及机构较少。从所需机构运行情况来看，嘉兴南湖区与宁夏同心县的机构建设完备，而贵州凤冈县的收储中心、评估专业委员会还没有建立。第二，从机构运行情况来看，嘉兴南湖区的产权中心、村经济合作社、股份经济合作社都运行良好，宁夏同心县所需的土地流转合作社与保险公司都已成熟。贵州凤冈县的产权中心虽然已建设，但几乎没有运行，担保公司运行效率也较低。第三，从放贷情况来看，宁夏同心县从2009

年至今共放贷土地承包经营权抵押贷款15.9亿元，涉农75442户；嘉兴南湖区从2011年至今放贷1001万元，涉及20家新型农业经营主体；贵州省凤冈县从2009年至今共放贷3亿元，涉及12家新型农业经营主体；重庆江津区共放贷10319担保款项、8131.64万元互助社资金，涉及89家新型农业经营主体和673户农户。第四，从违约情况来看，宁夏同心县农户需求推动型无违约；嘉兴南湖区金融机构供给推动型有1例违约；贵州凤冈县违约资金1000万元；重庆江津区5例担保违约，共计违约款为63万元，互助社无违约。

从实证数据来看，宁夏同心县农户需求推动模式下的土地承包经营权抵押贷款运行效果最佳，嘉兴南湖区金融机构供给推动模式下的效果次之，贵州凤冈县政府供给推动模式下的效果最差。此实证数据与原始模式效果分析一致。

二、大样本试点区实施效果

通过问卷调查获取全国土地承包经营权抵押贷款试点区的大样本数据，从供需两方考量实施效果。主要结论如下：

（一）需方效果

需方效果从土地承包经营权抵押贷款的可行性、可得性与福利性反映。可得性是土地承包经营权抵押贷款制度被农业经营主体需求的程度；可得性是农业经营主体获得土地承包经营权抵押贷款的难易程度；福利性是获得贷款的农业经营主体福利增长的程度。理论而言，可行性越高，土地承包经营权抵押贷款实施基础越好，可得性与福利性越高，利用效率越好，整体土地承包经营权抵押贷款的需方效果就越好。数据分析得出以下主要结论：

1. 可行性分析

从农业经营主体的资金需求背景和土地承包经营权抵押贷款意愿两方面进行衡量。对全体样本量化后的结论有二：第一，相对于农户而言，新型农业经营主体的土地承包经营权抵押贷款的可行性基础更强，其资金需求度高、规模大、农业用途强、对土地承包经营权抵押贷款的了解程度高、贷款意愿强烈。虽然农户的土地承包经营权抵押贷款意愿不高，但是农户有资金需求，且外源正规金融机构的借贷偏好较强，可以预测，随着土地承包经营权抵押贷款的完善，农户的可行性基础会增强。第二，从试点地来看，宁夏同心县、重庆江津区的农户土地承包经营权抵押贷款的可行性较强，而贵州凤冈县、嘉兴南湖区的可行性相对较弱。宁夏同心县无论从农户意愿还是客观基础来看，可行性均强；嘉兴南湖区则是客观环境较好，但是农户抵押贷款意愿不足；重庆江津区则处于农户贷款意愿强、而基础较弱的情况。

2. 可得性分析

从农业经营主体贷款申请行为与获贷情况两方面进行可得性分析。第一，从整体性而言，新型农业经营主体的土地承包经营权抵押贷款可得性强于农户。从模式角度来看，需求推动模式下的农户可得性高于供给推动模式下的农户可得性。第二，阻碍农业经营主体贷款申请的因素不同，信息不对称是制约农户贷款申请行为的主要原因之一，担心贷款规则是新型农业经营主体的主要顾虑。

3. 福利性分析

选择农业收入、农业规模、农业技术、农业结构四个变量作为福利代表，对获得贷款群体进行主观与客观数据的福利检验。主要结论有：第一，农业经营主体主观认为土地承包经营权抵押贷款能在技术引进、扩大农业规模、增加农业收入及改善农业结构上提高获贷农业经营主体的福利。第二，实证数据表明，土地承包经营权抵押贷款受益程度越高的群体，其主观福利增加值越高。受益程度显著影响农业经营主体的农业收入、农业规模与技术引进，对农业结构影响不显著。

（二）供方效果

以金融机构作为供方的代表，分别对可行性、实际运行情况与福利性进行分析。可行性，指金融机构愿意提供土地承包经营权抵押贷款的程度；实际运行情况，指金融机构具体实施的抵押贷款内容及效果；福利性，指金融机构实施土地承包经营权抵押贷款后机构的福利变化情况。主要结论如下：

1. 可行性分析

以信贷员为调研对象，对供方提供土地承包经营权抵押贷款的意愿进行效果分析。首先，信贷员对土地承包经营权抵押贷款政策的认知程度较高，且多从正规途径获取。其次，信贷员认为土地承包经营权抵押贷款政策具有较强的必要性，而当前农地具有一定的价值，在一定程度上满足了金融抵押贷款的条件。最后，现阶段信贷员提供土地承经营权抵押贷款意愿并不高，相对国有银行而言，信用社与地方银行的意愿程度要强烈些。

2. 实际供给情况

从开展业务比例与放贷情况两方面进行实际供给效果分析。主要结论有：第一，仅有38.6%金融机构开展了土地承包经营权抵押贷款业务，其中信用社覆盖面最广，国有银行的相关业务种类创新最多。第二，金融机构开展土地承包经营权抵押贷款业务以短期为主，利率浮动较大。宁夏同心县金融机构土地承包经营权抵押贷款放贷覆盖面广，获得率高，违约率低。其他地方金融机构放贷对象主要为新型农业经营主体，以金额大，覆盖面小为主要特征，违约率高于宁夏同心县。

3. 福利性

信贷员对所在金融机构土地承包经营权贷款业务实施效果进行主观评价，以此衡量金融机构开展该项业务的福利程度。主要结论有：第一，金融机构更看重现在实施的福利效果，对其主观评价介于一般与较大成效之间。第二，金融机构对预期福利的评估同样介于一般与较大成效之间，认为金融机构会加大及完善土地承包经营权的实施力度和制度设计。第三，总体评价介于较小成效和一般之间，整体而言，金融机构认为该项制度具有一定的效果，但不显著。

（三）整体效果

从土地承包经营权抵押贷款的供需市场来看，需方具有强烈的需求意愿，而金融机构的供给性意愿较弱，市场处于需大于供的状态。实际运行中，农业经营主体的可得性弱，金融机构放贷谨慎。福利分析中，供需方均认为土地承包经营权抵押贷款能提高农业经营主体与金融机构的福利。

第五章 影响农村土地承包经营权抵押贷款试点效果因素分析

本章节要回答的问题是：什么影响了供需双方土地承包经营权抵押贷款的效果？通过何种途径影响的？对以上问题的回答，可以有针对性地调整影响要素，以此完善土地承包经营权抵押贷款。本章的逻辑思路如图 5－1 所示。

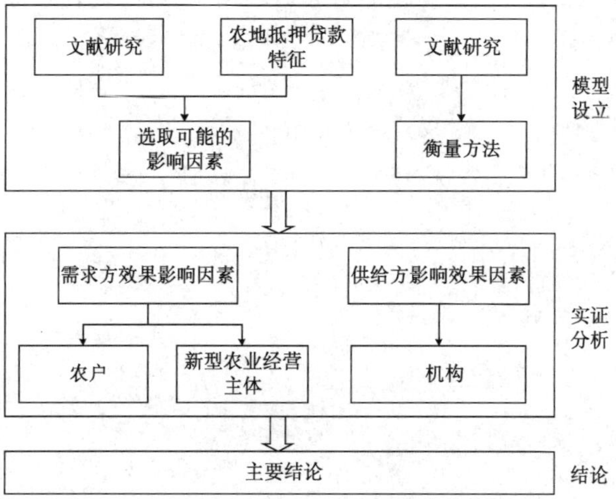

图 5－1 第五章逻辑框架

第一节 理论基础及文献综述

一、理论基础

（一）行为理论

行为理论主要有完全理性行为理论、有限理性行为理论、行为经济学理论及态度—行为理论四大类。

1. 完全理性行为理论

亚当·斯密（1974）① 在其《国富论》中构建了一个理性经济人的社会经济观，认为人类的行为受到一只无形的手所影响，这只无形的手通过自由竞争，推动每个人利益最大化的行为，可以最终促进国民财富的增长。“每个人都力求运用他的资本，生产出最大的价值。一般而言，他既不打算促进公共利益的增长，也不知道促进多少。他只考虑自己的安全、自己的所得。正是这样，他被一只无形的手引导，实现着他自己并不打算实现的目标。通过追求他自己的利益，他常常能够与有意去促进相比，更加有效地促进社会的公益”。可见亚当·斯密对理性经济人的解读是“自私”，即追求自身利益是驱使人的经济行为的最根本动因。“理性行为”是在信息充分的情况下，根据自身和市场的约束做出判断，以达到利益最大化的原则。亚当·斯密之后，新古典经济学家对理性行为进行了扩展。戈森（2000）② 提出了效用最大化原则，以边际效用递减规律为基础，论证了效用最大化法则。古诺、加里贝克尔、杰文斯、瓦尔拉斯、帕累托及萨缪尔森也做出了进一步的发展。古诺（1994）③ 提出了“利润最大化原则”，认为经济行为的动机在于增加一个产量的收益与成本之间的权衡，该理论对于生产行为产生了重大的影响。加里贝克尔（1992）④ 利润最大化构建了家庭经济学、犯罪经济学的研究框架。

2. 有限理性行为理论

经济理性人苛刻的假设条件在现实经济运行中遇到了瓶颈，因此学者们提出了有限理性行为的假设。阿罗（1989）⑤ 认为，有限理性即是有意识的理性，但这种理性又是有限的。赫伯特·西蒙（2004）⑥ 批判理性行为的经济人假设与现实中的人类实际理性和可能行为几乎没有关系，提出用有限管理人假设替代完全理性经济人的观点。他认为人的理性之所以是有限的，一方面是现实生活中无法达到信息的完全化，也无法找出全部的备选方案；另一方面由于人认知的局限性，人们在评估方案做出决策的时候，并不能正确预测完整的结果。此后，制度经济学家们分别从交易成本角度对有限理性进行了拓展。如科斯（1999）⑦ 认

---

① 亚当·斯密．国民财富的性质和原因的研究［M］．北京：商务印书馆，1974.

② 赫尔曼，海因里希，戈森．人类交换规律与人类行为准则的发展［M］．北京：商务印书馆，2000.

③ 古诺．财富理论的数学原理的研究［M］．北京，商务印书馆，1994.

④ 加里．贝克尔．人类行为的经济分析［M］．王业宇（译）．上海：格致出版社，1992.

⑤ 肯尼思，阿罗．信息经济学［M］．北京：经济科学出版杜，1989.

⑥ 西蒙．管理行为［M］．北京：经济科学出版杜，1989.

⑦ 罗纳德．科斯．企业的性质［M］．北京：三联出版社，2003.

为，市场交易中存在如时间、精力等交易成本，经济行为应该考虑交易成本在其中的影响作用。威廉姆斯（1996）①、诺思（1991）② 也对其进行了进一步研究。学者们还从信息不对称角度说明了有限理性的存在，阿克洛夫（1995）③ 用二手车市场诠释了市场上信息的不完备及不对称信息下人们的行为选择。

3. 行为经济学理论

2002 年诺贝尔经济学奖获得者丹尼尔·卡尼曼将经济学与心理学结合，提出了行为经济学理论观点。该观点是对理性人“正确判断”假设的挑战，认为人在信息处理判断的时候，除信息不完全外，还会做出一些不“理智”的行为。Camerer（2003）④ 认为，行为经济学理论是一种将行为决策引入传统经济学的分析框架，更具有现实性；行为经济学理论通过在标准模型的基础上进一步引入更贴近于现实的参数并进行估计，从而具有通用性；当出现动态和静态交互的时候，行为模型以其更贴近现实的假设，通过认知演绎等方法得到更加合理的答案。因此，行为经济学理论更加符合现实中的人的行为。其代表人物分别有丹尼尔·卡尼曼（1982）⑤ 提出的前景理论，即发现了在不确定条件下进行判断时发生的系统偏差的机理。Thaler（1985）⑥ 提出的心理账户及生命周期假设；Shiller（2000）⑦ 论证了投机性泡沫的存在及过度波动存在的原因；Shlefrin 等（2000）⑧ 对有效市场假说进行了积极挑战，构建了一个结合“噪声交易者”和“套利限制”双因素的资产定价模型。至此，行为经济学理论被广泛运用于行为金融学、宏观经济学与劳动经济学中。

4. 态度—行为理论

Ajzen Fishbein（1977）⑨ 将行为引入社会学领域，认为态度会影响人的行为选择，并分别在 1980 年和 1992 年构建了理性行为模型与计划行为模型。学者们

---

① 奥利弗.E. 威廉姆森. 资本主义经济制度［M］. 北京：商务印书馆，2002.

② 诺思. 经济史中的结构与变迁［M］. 上海：三联书店上海分店，1991.

③ Akerlof G. The market for lemons：Quality uncertainty and the market mechanism［M］. Essential Readings in Economics. Macmillan Education，1995：175 – 188.

④ Camerer C. Behavioral game theory：Experiments in strategic interaction［M］. Princeton University Press，2003.

⑤ Kahnema. Judgment under Uncertainty：Heuristics and Biases［M］. Cambridge：Cambridge University-Press，1982.

⑥ Thaler R. Mental accounting and consumer choice［J］. Marketing science，1985，4（3）：199 – 214.

⑦ Shiller. Measuring bubble expectations and investor confidence［J］. The Journal of Psychology and Financial Markets，2000，1（1）：49 – 60.

⑧ Hersh. Behavioral Portfolio Theory［J］. Jouranal of Finance and Quantitative Analysis，2000，35（2）：127 – 151.

⑨ Ajzen I，Fishbein M. Attitude – behavior relations：A theoretical analysis and review of empirical research［J］. Psychological bulletin，1977，84（5）：888.

借助此模型能有效地预测行为。但也有学者提出质疑，如未考虑到影响个体意志所无法控制的因素，仅仅根据行为意图来决定行为，将可能忽略其他因素对行为的影响（Sheppard，1988）①。于是 Ajzen 和 Fishbein 在 1985 年对理性行为模型进行了修改，提出了计划行为理论（Theory of Planed Behavior，TPB），修正后的模型增加了感知行为控制认知（Perceived Behavioral Control，PBC）变量，共形成三个内生变量。Ajzen 和 Fishbein 将其他影响因素称为外生变量。

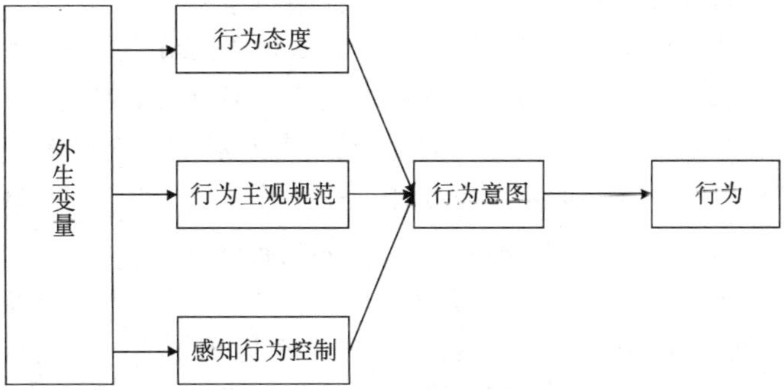

图 5－2　计划行为模型

模型描述了行为的形成过程，外生变量（如对事物的信念、人口变量、人格特征、情境等）影响行为的内生变量，三个变量行为态度、行为主观规范及感知行为控制影响行为意图，行为意图又决定个体的行为。其中感知行为控制可以直接作用于个人行为，也可以通过行为意图中介变量，间接作用于个人行为。

（二）农户行为理论

农户的行为理论有三种不同的观点：第一种是以舒尔茨（2006）② 为代表的"理性小农"理论，第二种是以斯科特（2001）③ 为代表的"道义小农"理论，第三种是以黄宗智（1985）④ 为代表提出的"拐点"逻辑理论。

理性小农理论，舒尔茨在其著作《改造传统农业》中指出："农户即企业，农民即是企业家。农户会对其所拥有的生产要素进行最优化的配置，直至达到效率最优化。农民斤斤计较，或多出来一个都是经过权衡利弊的"。因此，只要外部条件得到满足，那么农户就能有像企业家一样的行动。由此可知，理性小农指

① Sheppard B H, Hartwick J, Warshaw P R. The theory of reasoned action: A meta－analysis of past research with recommendations for modifications and future research [J]. Journal of consumer research, 1988, 15 (3): 325－343.

② 舒尔茨．改造传统农业［M］．梁小民（译）．北京：商务印书馆，2006.

③ 詹姆斯．C．斯科特．农民的道义经济学［M］．南京：译林出版社，2001.

④ 黄宗智．长江三角洲小农家庭与乡村发展［M］．北京：中华书局，2000.

农户是理性经济人假设，行为的动力来自于成本利润的权衡，农户有完全的决策能力和行为能力，国家的行为仅是提供完善的市场条件。林毅夫（1994）[①] 也指出，农户看似非理性的行为，实质是在经济、制度、习惯等外部条件制约下的有限理性，也是经济理性的一种表现。

道义小农观点是农民的行为决策不是成本利润之说，而是取决于消费与劳动辛苦程度的权衡。即农户将时间分成劳动时间与闲暇时间，劳动决策取决于因为劳动取得的经济收益与闲暇带来的闲暇效用之间的均衡。因此，农户不会仅仅因为经济的提高而选择劳动。道义小农还坚守着农户安全第一的原则与谋求生存的取向。对于小农而言，维持生存比赚取利润更加现实、也更加重要。在众多发展中国家，农户还在贫困线上挣扎，只要遇到天灾人祸，农户就像在“齐脖”的深水中，随时可能被洪水夺取生命。因此，在此假设前提下，需要政府像“有力的慈父”一样，增加外部供给，提高农户的生存福利。

拐点理论在黄宗智两本著作中提及，一本是 1985 年出版的《华北小农经济与社会变迁》，另一本是 1990 年出版的《长江三角洲的小农家庭与乡村发展》。在其理论中黄宗智提及了一个公式，即小农收入 = 家庭农业收入 + 非农收入，该公式论及了农户的行为次序与行为逻辑。该公式揭示两个层次的关系：第一，农户的收入是由家庭农业收入与非农收入两个方面构成；第二，家庭农业收入与非农收入两种收入来源相比较，家庭收入就好比是人的双脚，而非农收入就相当于是协助人走路的拐杖。只有在人双脚不太好使的时候，拐杖才会派上用途。张杰（2004）[②] 指出，黄宗智的拐点理论非常吻合中国小农的行为特征，大概从西汉以来就没有发生过质的变化。即使是如今，对于经济落后地区的小农家庭而言，收入的主体部分依然是农业收入，非农收入只占其中一个部分，即只起拐杖的作用。此外，在文中黄宗智还提出了过密化理论观点，认为农户的经济行为受到人口、耕地面积等的因素制约，表现为建立在大量投入基础上的过密型的商品化，是一种低效甚至是无效的行为。

二、文献综述

（一）影响信贷效果因素研究

对现有文献中影响农业信贷供给效果的因素进行归纳总结。

利率。利率是信贷的价格，也是银行的信贷盈利，因此利率高低是直接影响

① 林毅夫．关于制度变迁的经济学理论：诱致性变迁与强制性变迁［M］．上海：三联书店上海分店，1994.

② 张杰．解读中国农贷制度［J］．金融研究，2004，(4)：32－41.

农业信贷的关键。利率高低与信贷效果好坏的关系，众多学者形成了三种不同的观点。观点一：利率高则效果好。Stiglitz 和 Weiss （1981）① 认为高利率不仅增加了银行收益，还挤压出预期低收益及高风险群体。茅于轼（2006）② 认为，高利率可以作为一种甄别机制，可以消除农户贷款中的信息不对称的现象，提高农户贷款履约率。观点二：低利率有益于银行信贷效率。Basu （1997）③ 认为伴随着利率水平的升高，能够足额偿还贷款的农户比例也随之减少，最终金融机构所面临的违约风险会再度提高。马九杰等（2004）④ 认为高利率导致农户负担高，诱发道德风险的可能性增加，也刺激了主动违约的动机。孔哲礼、李兴中（2014）⑤ 对新疆信用社的可持续发展能力进行了实证研究，发现利率和可持续发展呈负相关关系。引入农户投入的努力程度为中间解释变量，认为影响机制是较高利率会挫伤农户从事农业生产的积极性，降低农户投入的努力程度，增加农户违约风险，不利于农信社的长期稳定经营。观点三：合理利率是银行收益的最佳均衡点。杨家才（2003）⑥ 认为如果一笔贷款的利率能够补偿管理费用、资金成本、与通货膨胀有关的资金损失及贷款损失，那么该利率就是合理的利率，是实现银行信贷效果最好的利率。

信誉与社会约束。Huppi （1990）⑦ 基于 Grameen 银行推行的合伙信贷成功后，认为社会约束和群体监督维系的合伙体系能降低农户违约的倾向。Yaron （1992）⑧ 认为联合责任中的合伙成员之间会进行彼此监督，监督造成的压力会促使贷款人及时还贷。Zeller （1997）⑨ 则指出，合伙信贷的效率严格依赖于合伙体系内个体对社会舆论的敏感性。

农户贷款额度。孔哲礼、李兴中（2014）⑩ 实证结果表明，单户平均贷款额

① Stiglitz, Weiss. Credit rationing in markets with imperfect information ［J］. The American economic revies, 1981 (2) 393 -410.

② 茅于轼. 兴办小额贷款的几点经验［J］. 农村金融研究，2006 (2)：41 -42.

③ Basu S. why institutional credit agencies are reluctant to lend to the rural poor: a theoretical analysis of the indian rural credit market ［J］. World Development, 1997 (25): 267 -280.

④ 马九杰，郭宇辉，朱勇. 县域中小企业贷款违约行为与信用风险实证分析［J］. 管理世界，2004 (5)：58 -66.

⑤ 孔哲礼，李兴中. 农户小额信贷与农村金融机构可持续发展关系研究［J］. 经济问题，2014 (12)：111 -117.

⑥ 杨家才. 农户小额信用贷款实证研究［J］. 金融研究，2003 (3)：86 -97.

⑦ Huppi M. the role of groups and credit cooperatives in rural lending ［J］. The World Bank Research Obsever, 1990 (2): 187 -204.

⑧ Yaron J. successful rural finance institutions ［J］. The Journal of economic, 1992 (4): 32 -46.

⑨ Zeller M. determinants of credit rationing: a study of informal lenders and formal credit groups in Madagascar ［J］. The Journal of economic, 1994 (12): 1895 -1907.

⑩ 孔哲礼，李兴中. 农户小额信贷与农村金融机构可持续发展关系研究［J］. 经济问题，2014 (12)：111 -117.

度规模与农信社可持续发展能力成反比，以此得出结论并不是贷款额度越高越好。

农户对未来收益的预期。孔哲礼、李兴中（2014）引入农户对未来收益的预期，并实证农户对未来收益的预期越高，其违约的可能性就越低，信用社的可持续发展就越好。

贷款者及贷款者家庭特征。贷款者及贷款者家庭特征所传递的信号往往能判别借款者风险类型以解决信息不对称带来的逆向选择问题（白永秀，2010）①，因此贷款者个人及家庭特征也是影响信贷效果的一个因素。家庭资源禀赋和社会资本越丰富，受教育程度越高的农户正规金融约束的可能性就越低（王定祥，2011）②，抵押担保越好的农户越不容易受到信贷排除（王修华，2011）③。

贷款用途。Kochar. A（1997）④、Okurut（2005）⑤、汪三贵（2012）⑥ 的研究均表明，中国农户正规信贷主要是用于生产领域。何广文（2005）⑦ 认为创业业态特征在一定程度上反映创业的盈利能力，是正规金融机构信贷审核的重要因素。

空间位置。金融地理理论认为，金融发展的空间差异与地理位置密切相关。因此，部分学者在空间位置与农业信贷效果中关注了两个问题：一个是信贷配给空间异质性解释，另一个是空间异质性的测量。Roberts（1976）⑧ 发现，不同区域信贷资金的流动性、到期日和风险水平具有异质性，信贷交易者的交易成本、流动性偏好和风险承担能力存在差异，这些都是信贷空间分割的关键因素。何问陶（2000）⑨ 指出银行机构撤并导致银企之间地理距离增加，进而产生地缘信贷

① 白永秀，马小勇．农户个体特征对信贷约束的影响：来自陕西的经验证据［J］．中国软科学，2010（9）：148－155.

② 王定祥，田庆刚，李伶俐等．贫困型农户信贷需求与信贷行为实证研究［J］．金融研究，2011（5）：124－138.

③ 王修华，刘灿，金洁．地方政府融资平台风险测算与规范发展研究［J］．财经理论与实践，2011，32（2）：25－29.

④ Kochar A. An empirical investigation of rationing constraints in rural credit markets in India［J］．Journal of Development Economics，1997，53（2）：339－371.

⑤ Okurut. Credit demand and credit rationing in the informal financial sector［J］．South African Journal of Economics，2005，73（3）：482－497.

⑥ 李庆海，李锐，汪三贵．农户信贷配给及其福利损失——基于面板数据的分析［J］．数量经济技术经济研究，2012（8）：35－48.

⑦ 何广文．中国农村金融发展与制度变迁［M］．北京：中国财政经济出版社，2005.

⑧ Roberts and Fishkind. Three essays on repu－tation effects in rural credit markets：a Honduran case study［R］．University of Wisconsin－Madison，PHD. 1976.

⑨ 何问陶，蒋海．农村信用社产权制度改革与组织制度选择［J］．金融研究，2000（11）：78－83.

配给。此外，政策性信贷配给在我国东、中、西部的表现形式不同。邱崇明(2011)[①] 指出我国区域法治环境差异对区域信贷配给具有重要影响。刘艳华(2014)[②] 等发现我国农户遭受的信贷配给程度整体较高，平均各省农户信贷配给程度高达80%，地区差异性很强，配给度的级差高达近38.81%。

信息不对称。信息不对称被认为是影响信贷效果、造成信贷配给与信贷约束的最重要原因。丁志国（2014)[③] 等通过对吉林3096户农户的田野调查及对正规机构的信贷记录对比研究，发现农村正规金融机构与农户之间存在显著的信息不对称，正规金融机构收集到的农户数据存在较多缺陷，如缺少农户健康状况、资产状况、收支状况及负载状况等指标的有效判别，而这些无法被观测到的和甄别的信息往往能够显著影响农户信贷违约的发生。

（二）影响土地承包经营权抵押贷款效果因素综述

分别从影响土地承包经营权抵押贷款供方（政府、金融机构）、需方（农户、新型农业经营主体）的意愿因素、行为因素进行文献综述。

1. 影响农业经营主体土地承包经营权抵押贷款效果的理论因素

第一，农业、农村、农业经营主体的特有性质影响了土地承包经营权抵押贷款效果。姜新旺（2007)[④] 认为，从农业上来看，农业生产具有弱质性、农业相关保险滞后、社会保障体系缺失，这些农业特征影响了农地抵押贷款的实施效果。韩俊（2009)[⑤] 认为，土地是农民的命根子，且土地的社会保障功能性很强，因此农户不会轻易选择土地承包经营权抵押贷款。张立（2012)[⑥] 认为我国的社会保障供给影响了农户的土地承包经营权抵押贷款意愿。在土地保障和养老保险还是我国农村社会保障主要形式的情况下，农户选择土地抵押贷款的意愿很低。曾庆芬（2010)[⑦] 认为农业经营主体类型是影响土地承包经营权抵押贷款效果的因素，对于资金实力雄厚的大型农业企业，农地抵押与否对其影响有限；单个小规模农户也不会因为农地抵押而大幅度改善融资能力，尤其是资金极弱的贫

---

① 邱崇明，王东明．我国地区间金融法治环境差异与区域信贷配给［J］．现代管理科学，2011(9)：21－23.

② 刘艳华，辉敏敏，李明．农户信贷配给程度的空间异质分析［J］．农业经济问题，2014（7）：52－58.

③ 丁志国，徐德才．农村金融有效促进了我国农村经济发展［J］．农业经济问题，2014（3）：111－115.

④ 姜新旺．农地金融制度应该缓行——对构建我国农地金融制度的思考［J］．农业经济问题，2007(6)：11－14.

⑤ 程郁等．供给配给与需求压抑交互影响下的正规信贷约束：来自1874户农户金融需求行为考察［J］．世界经济，2009（5）：73－82.

⑥ 张立．土地承包经营权抵押制度障碍与重构［D］．成都：西南财经大学，2012.

⑦ 曾庆芬．合约视角下农地抵押融资的困境与出路［J］．中央财经大学学报，2014，1：007.

困农户主体受益最大。张龙耀（2011）[①] 认为，只有盈利能力较高和拥有足够非农收入的农户能够获得信贷条件改善。

第二，抵押贷款的交易成本影响农业经营主体抵押贷款效果。赵振宇(2016)[②] 指出，土地承包经营权抵押贷款手续繁琐、交易成本大，使得农户缺乏很高的热情。王平（2011）[③] 认为，土地承包经营权抵押贷款的需求大，但是贷款渠道不畅而且暗流大、制度创新突破难，因此难以实现土地承包经营权抵押贷款。

2. 影响农户土地承包经营权抵押贷款效果的实证因素

国内大量学者对影响农户抵押贷款意愿进行了研究，并获得了丰富的研究成果。主要的影响因素及测量方法如表 5－1 所示（内容来源于文献整理）。

3. 影响供给方土地承包经营权抵押贷款效果的理论因素

对于影响供给方土地承包经营权抵押贷款效果的因素，国内外学者们在理论层面进行了探讨，主要观点有以下几点：

第一，土地产权性质对土地抵押贷款效果的影响。斯科特（2001）[④] 指出，发展中国家的居民缺乏正式的产权证明，僵化的资产很难转换为具有流动性的资本，也影响了土地资本化的运行。Deininger（2003）[⑤] 等认为土地产权的清晰化能有利于土地经营权市场的发展，从而使银行更加愿意接受土地作为抵押物。Feder（1998）[⑥] 研究表明，土地登记使土地能够成为正规金融机构的抵押品，并且产权确认会使地价上升，促进土地抵押贷款的获取。

第二，我国的现行法律、政策与市场对效果的影响。张立（2012）[⑦] 从法律层面解读了影响金融机构土地承包经营权抵押贷款的原因。因为土地承包经营权作为抵押物缺乏明确的法律依据，因此金融机构并不认为土地具有独立抵押功能，而必须借助于反担保才能完成融资。

4. 影响供给方土地承包经营权抵押贷款效果的实证因素

在实证层面，国内学者通常以金融机构的代表人（如部门经理、业务主管）和信贷人员作为供给方的代表，对抵押贷款的意愿程度及影响因素进行了研究。主要文献结论如表 5－2 所示。

---

① 张龙耀，杨军．农地抵押和农户信贷可获得性研究［J］．经济学动态，2011（11）：60－64.

② 赵振宇．基于不同经营主体的农地承包经营权抵押问题研究［J］．管理世界，2014（6）：174－175.

③ 王平．农村土地抵押贷款发展浅析——以重庆市开县为例［J］．西南大学学报：自然科学版，2011（3）：90－95.

④ 詹姆斯．C. 斯科特．农民的道义经济学［M］．南京：译林出版社，2001.

⑤ Deininger K W. Land policies for growth and poverty reduction［M］. World Bank Publications，2003.

⑥ Feder G. Land policies and farm performance in Thailand's forest reserve areas［J］. Economic Development and Cultural Change，1988，36（3）：483－501.

⑦ 张立．土地承包经营权抵押制度障碍与重构［D］．成都：西南财经大学，2012.

表 5-1　影响需求方抵押贷款效果的因素文献总结

效果	作者	研究方法	影响因素
农业经营主体抵押贷款意愿	肖轶等（2012）	Logistic	户主性别、打工经历、投资风险的承受能力、家庭是否有贷款投资项目，是否与企业签订购销合同、农业收入占家庭总收入比重、距离县城远近、距离公路远近显著正向影响贷款意愿。年龄、非农就业人口占家庭比重、是否有其他贷款需要偿还负向影响贷款意愿
	杨婷怡等（2014）	广义定序 logit 和回归后估计	性别、家庭生产经营类型、家庭负债水平、是否有家庭成员或者朋友担任村干部、对农村信用社服务以及信誉评价、对产权抵押是否了解、是否获得过农村产权抵押贷款（农户对金融环境的正面评价、农户社会资本、农户对制度的认知以及经历均提高意愿程度）
	牛荣等（2016）	Heckman 广义三阶段回归模型	• 一阶段 Probit 申请贷款可得性的影响因素：性别，女性更倾向贷款，文化程度和耕地面积影响申请贷款的可得性，政策了解程度、交通便利程度以及人际关系有正向影响；所处区域，一个区域纯农户数量越多，则农户信贷需求程度越低 • 二阶段 OLS 估计结果农户信贷意愿需求方程：文化程度，地区变量正相关，金融资产、交通便利影响贷款意愿 • 信贷缺口分析：农村金融机构对纯农业信贷供给能满足农户的需求，向非农业生产转变的农户，获得贷款的可能性越低，信贷约束的程度就越大
	于丽红（2014）	Logistic	受教育程度、土地面积、家庭年收入、贷款利率、家庭人口数、性别
	李超（2014）	Logistic	农户特征：年龄（负向）；家庭特征：是否有贷款经历（正）；社会经济特征：耕地面积、收入支出比（正）
	曾庆芬（2011）	Logit	户主性别、年龄、村民正规信贷经历
	刘婷婷等（2013）	Logit	户主年龄、农户的土地流转意愿
	金媛等（2012）	Logit	种植业、养殖业收入
	刘盈等（2013）	Probit	耕地面积、经济活动类型、年龄、文化程度和区位条件
	藏波（2013）	Logit	非农收入、承包地面积、生活与生产支出
	惠献波（2014）	Probit	个人特征：性别（男性比女性更有意愿）、年龄（负向影响）；家庭特征：农户类型（新型农业经营主体比农户意愿更强）、家庭收入来源（经商农户、打工农户、农业阶层）、信贷经历（正向）；产品特征：利率水平（负）。其他乡镇经济水平、区位优势、社会保障体系完善程度
贷款行为选择	靳聿轩等（2012）	Logistic	农地流转体系完善、专业合作社的发展、农村社会保障、现行禁止性法律影响农户选择土地抵押贷款行为

表 5－2　　影响供给方土地承包经营权抵押贷款效果的文献总结

作者	研究方法	影响因素
林乐芬等（2011）	二项 logistic	机构放贷意愿：法律法规限制、农地抵押权评估问题、土地的风险处理显著影响金融机构的贷款意愿
惠献波（2014）	Probit	机构放贷意愿：农户性质（大户、合作社、企业），农地规模、农地评估价值、产权价值评估完善程度、抵押品处置机制、产权稳定、土地流转机制完善程度
张迎春（2012）	统计性描述	农地产权残缺、不独立和高交易成本降低了银行的信贷供给意愿。贷款手续繁琐导致了高交易费用也减少了需求者的意愿
王兴稳（2007）	统计性描述	农地价值不高，取消赎回权困难，信贷员不愿意接受农地作为贷款抵押物
罗剑朝（2003）	博弈论	农地金融制度安排失当、运行低效
刘贵珍（2009）	统计性描述	抵押物处置困难、农业经营风险大
兰庆高（2013）	统计性描述	农村土地社会保障功能强、取消赎回权难，土地规模、农村土地产权稳定
林乐芬，王军（2011）		法律法规的限制、农地抵押评估问题和借款农户违约后被抵押土地的变现风险
Carter（2003）		财富达到一定阈值后，土地抵押品信贷供给增进效果才显著
Torero（2003）		抵押品处置的交易成本相对于借款规模非常大的时候，土地抵押的信用增进作用会受限
Conning（2005）		正规信贷和土地信贷市场发育不良，赎回权面临高额的成本或者法律障碍

三、理论启示与文献评述

（一）理论启示

本章节运用了行为理论与农户行为理论。行为理论分为完全理性行为、有限理性行为、行为经济学及态度—行为理论四个不同的理论主张。不同的主张分别给我们的研究带来不同的研究启示。理性行为理论表明，个体的行为受到经济约束，即个体的行为动机是经济利益最大化，因此在研究中尤其关注行为的经济动机。有限理性行为放宽了信息完全化的条件，以及交易成本对行为产生的影响。因此，在研究中需关注行为与信息、交易成本之间的逻辑关系。行为经济学理论放宽了完全理性行为中的完全人判断假设，认为人的行为往往还会受到其他如情境、习俗、认知上的影响。态度—行为理论聚焦在个人行为意图对行为的影响及行为意图的构成要素，是至今行为理论中运用最多、解释度较好的行为模型。农户行为理论的三种不同观点，为本章中土地承包经营权抵押贷款需方效果影响因素提供了理论基础。

（二）文献评述

与本章节相关的研究综述分别是影响信贷效果的因素及影响土地承包经营权抵押贷款效果的因素，这些影响因素从不同角度为我们的研究提供了可借鉴的宝贵基础。从文献中可看出，现有土地承包经营权抵押贷款效果影响因素的研究主要有以下几个特征：首先，多以研究影响意愿因素为主。无论是研究需求方还是研究供给方，学者们的研究多集中于意愿效果中，需方意愿研究的可能原因是土地承包经营权抵押贷款还处于试行阶段，因此行为效果暂时还未显示出来；也有可能是多数试点地区的土地承包经营权抵押贷款对象都是新型农业经营主体，而农户多被排除在现行的贷款制度之外，这直接导致了学者们的调研样本不够，也很难纳入计量模型。其次，在需方效果影响因素研究中，研究对象多是农户，较少涉及到新型农业经营主体，如家庭农场、农业企业、农业合作社。再次，在现有的影响需方效果因素中，多集中在农户的个体特征、家庭特征、社会经济特征等外因上，涉及到土地承包经营权制度本身的交易成本、利率及主体态度、认知上的内生因素很少。最后，现有影响供方效果影响因素的研究方法相对较单一。结合行为理论基础及影响信贷效果因素的文献综述研究，本文认为有以下几个方面需要做进一步深入研究：

第一，影响因素的拓展。现有研究集中在外在因素的探讨上，内生因素相对较少，只有内外因素的结合才能更完整地了解什么影响了土地承包经营权抵押贷款效果，以及什么因素需要在设计中或者后期执行中调整。

第二，不同模式、不同农业经营对象的效果研究。现有研究的样本区分性较差，如未进行贷款模式、试点地与非试点地、贷款对象的区分，这必定会带来结论的偏差。此外，不同的模式与差异化的研究对象，本身也可能是影响效果的因素之一。因此有必要将抵押贷款模式与农业经营对象进行差异化处理。

第三，土地抵押贷款效果从意愿效果拓展到行为效果研究。现有研究多集中在意愿研究中，而涉及到实质行为研究的相对较少。真实的土地承包经营权抵押贷款行为效果研究应该得到更充分的重视。随着时间的推移，如 2006 年探索实施土地承包经营权抵押贷款的宁夏同心县试点已经有了显著的实际效果，可以该试点为代表作行为效果研究。

基于此，本研究将效果影响因素研究扩展到意愿效果及行为效果因素两方面，区分不同的土地抵押贷款模式下的效果因素，以及不同农业经营主体的效果因素，并增加利率、态度认知等内生因素进行深入分析。以期对现有研究进行有效的补充，以便能获取更加准确完整的研究结论，为我国推进土地承包经营权抵押贷款提供理论参考。

第二节 影响农户抵押贷款效果的因素

本节主要回答影响农户土地承包经营权抵押贷款效果的影响因素有哪些？哪些是属于共性的因素，其影响力度有多大？该问题的探索，一方面能加深我们对土地承包经营权抵押贷款的认识，另一方面为全国范围内的土地承包经营权抵押贷款提供参考。

本节按影响意愿效果、行为效果、福利效果进行论证。其中意愿数据是具有资金需求的农户群体，行为数据是有资金需求且申请贷款的农户群体，福利数据是获得贷款的农户群体。影响因素，本研究将其分成内因与外因因素，内因是与土地承包经营权抵押贷款制度、实施相关的因素，比如土地抵押价格评估、贷款的利率等，外因包括地区特征、样本对象特征、样本家庭类型等。

一、影响农户贷款意愿的因素

国内大量文献聚焦影响农户土地承包经营权抵押贷款意愿，并积累了丰富的研究成果。学者们通常选择个体特征（如性别、打工经历、受教育程度、信贷经历）、家庭特征（家庭类型、负债水平、非农收入、耕地面积、社保情况）、地点特征（交通便利情况、乡镇经济水平）、土地承包经营权抵押贷款政策认知（了解情况、金融机构服务满意程度）等要素进行理论或者实证探讨，并获得相应的结果。已有文献为我们后期的研究奠定了基础，但以下几个问题值得后期作进一步的思考：第一，大量文献关注的是影响抵押贷款的外因，而涉及到抵押贷款内因要素的文献探讨几乎没有，如利率。而这些内因正是我们在探索土地承包经营权抵押贷款如何走、走向何方的关键要素。因此，非常有必要对此进行深入研究。第二，研究对象需要进一步精准。在现有农户土地承包经营权抵押贷款意愿的研究中，学者们往往将所有样本对象纳入模型分析，并未区分有资金需求和无资金需求的农户。我们认为，增加土地承包经营权为可行的抵押品，主要是对有资金需求农户的借贷途径的拓展，因此，应在模型中排除没有资金需求的农户样本。第三，现有文献多聚焦在单个试点，结论的推广性较差，也较难寻找到共性的影响因素。基于此，本研究拟对多试点，聚焦有资金需求的农户，加入内因要素探讨影响农户土地承包经营权抵押贷款意愿的要素。

（一）影响土地承包经营权抵押贷款的内因选择

内因即不随调研对象变化而改变的要素，是与制度的制定和实施相关的因素。在土地承包经营权抵押贷款中，我们选择与制度相关的贷款利率及土地承包经营权抵押贷款制度完善程度为内因变量。利率是贷款的价格，农户贷款是典型的经济行为选择，可以选择贷款或者不贷，可以选择以何种途径贷，而价格是行为选择中不可忽略的因素。鲜有学者从利率层面探讨土地承包经营权抵押贷款的农户可行性研究。原因可能是现有文献样本多集中在一个或者两个地区，贷款价格作为因变量的离差太小，较难量化其影响作用。将样本地增加，因为不同试点地有着不同的贷款利率，在试点地样本足够多的时候，就能解决离差太小的问题，进而衡量利率对贷款意愿的影响。土地承包经营权抵押贷款制度完善程度，即每个试点地的推行完善程度，如信息的通畅、确权的完善程度、是否有专业评估机构、是否有专门的土地仲裁机构等。

利率对土地承包经营权抵押意愿影响的文献综述及理论框架。2013 年 7 月 20 日，中国人民银行决定，取消农信社贷款利率 2.3 倍的上限。由农信社根据商业原则自主利率定价。该决定标志着中国农村信贷利率市场化，利率对农户借贷行为的影响将无法忽视。现有文献中尚未出现利率对土地承包经营权抵押贷款的研究，但可以借鉴利率对农户借贷需求的相关文献。主流的观点认为，农户借贷需求对利率是不敏感的，融资过程中更加关注的是信贷的可获性（张龙耀等，2011）①，尤其是贫困地区农民更是如此。因此政府多通过补贴或者强制低利率的方式供给农村低廉、农户能负担的贷款项目。但事实证明，这些便宜的贷款项目多以失败告终（Hoff，1990）②。随着中国利率市场化进程的推进，越来越多的研究表明，农户对正规金融市场利率是敏感的（刘西川等，2014）③。也有学者将非正规金融市场引入后获取同样的结论，在正规和非正规金融市场，农户的借贷行为都显著与利率的高低相关，且非正规贷款与正规贷款的利率差也影响农户借贷途径的选择。张宁等（2015）④、Karlan（2008）⑤ 对南非的消费放贷者进行实证，结果表明每月利率若高过基准利率 7.75% ~11.75%，则会稳定地减少借款者的贷款需求与还款率。当低于基准利率时，需求则会增加。Dehejia

① 张龙耀，杨军．农地抵押和农户信贷可获得性研究［J］．经济学动态，2011（11）：60 -64.

② Hoff K，Stiglitz J E. Introduction：Imperfect information and rural credit markets：Puzzles and policy perspectives［J］. The world bank economic review，1990，4（3）：235 -250.

③ 刘西川等．农户正规信贷需求与利率：基于 TobitⅢ模型的经验考察［J］．管理世界，2014（3）：75 -91.

④ 张宁，张兵，周明栋．利率对农村家庭贷款决策的影响——基于带删失的 probit 模型及 Tobit 模型的实证分析［J］．南京农业大学学报（社会科学版），2013，15（5）：79 -86.

⑤ Karlan D. Credit elasticities in less - developed economies：Implications for microfinance［J］. The American Economic Review，2008（3）：1040 -1068.

(2012)① 以银行的 safesave 贷款产品为例，评估贷款需求者对利率的敏感弹性。结论表明，需求价格弹性在（-0.73，-1.04）之间，借方更倾向于小额的、更频繁的、更快捷的还款的借贷项目。从文献可知，农村信贷市场上的利率敏感与否，依然是一个具有争议的话题，需求价格弹性量化多针对所有借款者，较少聚焦到农户群体。本文认为，没有区分农户的贷款用途是造成差异结果的主要原因之一。农户贷款可分为与生活消费相关的消费性借贷，以及与生产投资相关的投资性借贷。消费借贷往往是平滑生活消费，尤其是在应急或者婚丧嫁娶的重大事宜上。生产投资性借贷是农户为了获取更多农业收益，是利率与投资收益率的权衡。在投资性的农业借贷中，利率会影响农户的行为意愿。国家及地方政府在实施土地承包抵押贷款时就明确指出，土地承包经营权抵押贷款用于农业投资专款。所以，本文认为，利率对农户的土地承包经营权抵押贷款是具有影响的。此外，随着我国利率市场化进程的推进，必定带来土地承包经营权抵押贷款利率的市场化，因此，市场化利率是农户与银行的供需力量决定，所以，农户对土地承包经营权抵押贷款利率是敏感的。根据价格规律，利率是贷款的价格，负向影响农户需求。高利率通过规模效应与替代效应减少农户的贷款意愿，高利率会缩小农户投资规模，淘汰部分农业投资回报率低的农户；高利率会增加其他生产要素的替代效应，减少价格相对较高的资本投入量而选用相对较便宜的其他生产要素，如用劳动力来替代资本。土地承包经营权抵押贷款是农村金融借贷的一种，存在着众多的替代方式，如非正规金融借贷、正规金融借贷的其他金融产品。在借贷行为中，国内学者更多关注正规与非正规金融市场的借贷研究。并一致认为中国农村信贷市场具有分割性、稳定性和独立性，一方面因为政府实施利率上限和其他管制，农户受到正规金融的配给而溢出到不受管制的非金融部门，另一方面因为筛选、监督和合约实施成本的差异，导致了正规金融市场和非正规金融市场的同存（Kochar，1992）②。在二元的借贷市场上非正规金融借贷（高利贷、地下钱庄等）的利率普遍高于正规金融市场利率，也大于非正规金融市场上的亲戚朋友之间的无息借贷。张杰（2004）③ 认为农户选择借贷的顺序是政府的低息贷款、熟人信贷和高息信贷。也有学者认为，农户借贷资金主要来源是非正规渠

① Dehejia R. Do interest rates matter?［J］. Journal of Development Economics，2012，97（2）：437－449.

② Kochar A. An empirical investigation of rationing constraints in rural credit markets in India［J］. Journal of Development Economics，1997，53（2）：339－371.

③ 张杰. 解读中国农贷制度［J］. 金融研究，2004，2（4）.

道（赵学军，2013①；童馨乐，2015②）。国外学者对农村金融产品利率比较与行为进行了研究，普遍认为抵押是贷款利率的减函数，即有抵押物的贷款利率要低于无抵押物的贷款利率（Barro，1976）③。而银行往往会提供两种利率与抵押的合同供农户选择，一种是有抵押低利率的贷款合同，一种是无抵押高利率的贷款合同。通常低风险借款人会选择低利率的抵押贷款，高风险借款人会选择高利率的无抵押贷款（Chan，1985④；Bester，1985⑤）。根据以上分析，本研究假设农户土地承包经营权抵押贷款意愿受到土地承包经营权抵押贷款利率及替代利率的影响。

政策完善程度对土地承包经营权抵押意愿影响的文献综述及理论框架：完善程度对抵押贷款意愿的影响多出现在理论分析的相关文献中，如渠道不通畅影响制度效果（王平，2011）⑥、手续繁琐交易成本大影响农户的贷款意愿（赵振宇，2011）⑦，而在实证层面的验证几乎没有。从理论上来说，信息渠道越通畅，农户对土地承包经营权抵押贷款了解程度越高，则利用性就越强；政策完善程度越高，规范性越强，则农户实施土地承包经营权抵押贷款的交易成本就越小，可获得性就越强，则意愿效果越明显。因此本文通过多试点样本数据采集，对试点地区的政策完善程度进行量化，实证对贷款意愿的影响程度。

（二）影响土地承包经营权抵押贷款的外因选择

现有文献已经提供了大量外因影响因素，在参考现有文献的基础上，选取有代表性的外因因素进行实证研究。

个体特征：选取年龄、受教育程度两个代表性变量。普遍的研究结论是，中青年、受教育程度越高的农户越具有土地抵押贷款意愿。

家庭特征：选取经营土地面积与家庭类型两个代表性变量。普遍的实证结果

---

① 赵学军．华北农户借贷渠道变迁之管窥——基于“无锡保定农村调查”系列资料（1930～2010）的分析［J］．中国经济史研究，2013（4）：128－139.

② 童馨乐，杜婷，徐菲菲等．需求视角下农户借贷行为分析——以六省农户调查数据为例［J］．农业经济问题，2015（9）：11－17.

③ Barro R J. The loan market, collateral, and rates of interest［J］. Journal of money, Credit and banking, 1976, 8（4）: 439－456.

④ Chan Y S, Kanatas G. Asymmetric valuations and the role of collateral in loan agreements［J］. Journal of money, credit and banking, 1985, 17（1）: 84－95.

⑤ Bester H. Screening vs. rationing in credit markets with imperfect information［J］. The American Economic Review, 1985, 75（4）: 850－855.

⑥ 王平．农村土地抵押贷款发展浅析——以重庆市开县为例［J］．西南大学学报：自然科学版，2011，33（3）：90－95.

⑦ 赵振宇．基于不同经营主体的农地承包经营权抵押问题研究［J］．管理世界，2014（6）：174－175.

是，农业收入占比越大、经营土地面积越大的家庭，愿意选择土地抵押贷款的比例越高。

认知程度：即个人对土地承包经营权抵押贷款了解的程度。

地区特征：选取金融机构距离、所在地区两个代表性变量。

（三）变量测量及数据获取方法

因变量（Y）—土地承包经营权抵押贷款意愿。已有研究主要用“是否愿意用土地承包经营权抵押贷款”作为解释变量，这种做法对于本文而言具有以下三个方面的不足：首先，本文将土地承包经营权抵押贷款意愿界定为“有资金需求的农户，对土地承包经营权抵押贷款方式选择的意愿程度”。现有的提问方式于本文而言扩大了农户范围，没有识别出“有资金需求的农户”。其次，该种提问方式蕴含了农户知道贷款利率的假设前提，或者利率不会对农户贷款意愿产生影响的假设前提。最后，两维度的测量离差太小，不能更好地描述意愿程度的变化。鉴于此，本文通过3个问题设定，获取本文所需的因变量数据：第一，识别有资金需求的农户作为样本群体。问题①您家最近三年是否有资金需求？（问题选项：0没有、1有），筛选出选项1的农户作为整样本。第二，识别利率信息下的意愿。明确农户对土地承包经营权抵押贷款利率的知晓情况，并对农户进行贷款利率信息的完善和补足。问题②你是否知道当地土地承包经营权抵押贷款的利率？（问题选项：0不知道、1知道），选择0的农户，则调研员将利率告之，并留足农户思考的时间；选择1的农户，调研员要求其说出具体利率，若不正确则进行调整。第三，识别更准确的贷款意愿，将传统两维度的问项扩展到五维度进行意愿程度提问。具体问题③你选择土地承包经营权抵押贷款的意愿程度是什么？（问题选项：1～5从完全不愿意递增到完全愿意）。

内因变量：实际贷款利率（X_{1-1}）。实际贷款年利率，即试点地区依据经济社会发展所制定的土地承包经营权抵押贷款利率。确定本文贷款利率的原则有三：第一，利率通过当地金融机构获取，土地承包经营权抵押贷款利率是一个浮动范围，如贵州凤冈县规定，土地抵押贷款利率在基准利率上浮10%～20%，选择浮动均值作为实际贷款利率。第二，在同一个试点，不同贷款模式存在不同的利率水平，以针对农户抵押贷款的利率为主。比如在重庆江津区，既有通过抵押担保方式获取土地承包经营权抵押贷款，利率在8%左右；又可以直接向银行抵押贷款，利率在7.2%左右；同时还可以向资金互助社进行土地抵押贷款，利率是12%～15%。调研发现，实际农户能获取土地抵押贷款的途径现只有资金互助社，其他两种均是针对农业企业或者农业合作社。在实际利率核定时，选择资金互助社的12%～15%的利率纳入模型。第三，替代利率（X_{1-2}）为识别土地承包经营权抵押贷款的替代利率，问卷中设计了对应的问项：你最近一次借钱的利率是多少？如农户没有借钱的经历，则选择农村小额信贷利率为替代利率，因为农村小额信贷是农村信贷最普及的一种贷款方式。

外因变量：个人特征选择受教育程度与年龄；家庭特征选择经营的土地面积与家庭类型；贷款实施情况选择农户对土地承包经营权知晓程度、农户家离最近金融机构距离与样本所在地区，共 7 个控制变量。其中受教育程度（edu）用读书年限衡量；年龄（yea）用受访者的岁数；经营的土地面积（lan）为现耕种的土地面积，包括家庭承包的土地面积和向他人流转的土地面积；家庭经营类型（kin）以家庭的收入来源构成划分，分成纯农业户（kin_1）、兼业户（kin_2）、非农户三类（kin_3）；认知程度（cog），即农户对土地承包经营权抵押贷款政策的了解情况，用五刻量表来衡量；农户家距离金融机构的距离（dis），表征地理位置空间距离，用农户家离最近金融机构的实际距离衡量，单位为里；试点地区（loc），将样本地归于东（loc_1）、中（loc_2）、西（loc_3）三个区位。

（四）方法选择

本文选择农户土地承包经营权抵押贷款意愿为因变量，考量内外因素对农户贷款意愿的影响。本文意愿是具有序列信息的五维度，因此选择广义定序 Logistic 回归模型，模型公式如下：

$$Y = f(x_1、x_2) + \mu \tag{5-1}$$

其中，Y 为农户的贷款意愿，x_1、x_2 分别代表土地承包经营权抵押贷款内因、外因。

$$P_i(y_i > j) = g(x\beta_j) = \frac{\exp(x_j + x_i\beta_j)}{1 + \exp(x_j + x_i\beta_j)} \tag{5-2}$$

其中，P_i 表示第 i 个样本农户做出意愿选择的概率，β 是回归系数，为回归截距。

$$\begin{aligned} &P(y_i = 1) = 1 - g(x_i\beta_j) \\ &P(y_i = j) = g(x_i\beta_{j-1}) - g(x_i\beta_j) \\ &P(y_i = M) = g(x_i\beta_{M-1}) \end{aligned} \tag{5-3}$$

式中 M 是 y 的取值，是农户土地承包经营权抵押贷款意愿，取值为 5 个序列类别。j 为类别比较值，j = M − 1，取值为 1 ~ 4，当 j = 1 时表明类别 1 和类别 2、类别 3、类别 4、类别 5 比较；当 j = 2 时表明类别 1、类别 2 和类别 3、类别 4、类别 5 比较，以此类推。为检验结论的稳健性及考察利率对不同收入组农户的作用效果，本文引入了模型 2 低收入组的回归模型与模型 3 高收入组的回归模型。分组方法是最低人均收入的 1/2 样本为低收入组，最高人均收入的 1/2 样本为高收入组。

（五）变量统计

对各试点地的土地承包经营权抵押贷款利率进行统计，如表5－3所示：

表5－3 土地承包经营权抵押贷款实际利率统计

利率规定	利率范围	试点地
基准利率上浮10%～30%（包含30%）	6.6%～7.8%	贵州省瓮安县、嘉兴南湖区、宁夏同心县、宁夏县永宁、云南隆阳、湖南祁东
基准利率上浮30%～60%（包含60%）	7.8%～9.6%	贵州省习水县、贵州省剑河县、贵州省湄潭县、辽宁省丹东县、青海省湟中、甘肃省天水县、贵州省凤冈县
基准利率上浮60%～90%（包含90%）	9.6%～11.4%	贵州省威宁县、湖北仙桃、河北盐山
不和基准利率绑定	12%～15%	重庆市江津区

统计发现，即使国家已经实施利率市场化，但是多数试点依然选择和基准利率挂钩，规定土地承包经营权抵押贷款的范围。具体利率值，调研试点的利率范围在6.6%～15%之间，较多的试点地区将利率设计到6.6%～9.6%之间，该值与其他农业贷款的利率相差不大，如张宁（2013）① 在江苏正规利率调研中发现，利率值在6.25%～11.25%之间。土地抵押贷款利率值要小于NGO小额信贷利率与民间借贷，如孔荣等（2007）② 调研发现平遥晋源泰小额贷款有限公司对种植业实行12.83%～22.32%的贷款利率。张宁（2013）的民间借贷调研显示利率在15%～24%之间。

变量统计显示，农户参与土地承包经营权抵押贷款的意愿均值为3.40，集中在一般与愿意之间，与杨婷怡（2014）③ 的3.3调研值相一致。土地承包经营权抵押贷款的平均利率为8.441%，要高于替代利率平均值6.262%。其主要原因是，随着国家对三农问题的重视，政府以补贴、无息等方式支持农村发展，如妇女无息的小额创业贷款、返乡农民工创业无息贷款等，因此替代利率均值相对较低。值得一提的是，农户对土地承包经营权抵押贷款的认知情况，均值为1.76，

① 张宁．利率对农村家庭贷款决策的影响——基于带删失的probit模型及Tobit模型的实证分析［J］．南京农业大学学报（社会科学版），2013，15（5）：79－86.

② 孔荣，罗剑朝．信任，利率与农村金融市场竞合关系——中国农村小额信贷市场的理论模型［J］．农业技术经济，2007（5）：4－9.

③ 杨婷怡，罗剑朝．农户参与农村产权抵押融资意愿及其影响因素实证分析——以陕西高陵县和宁夏同心县919个样本农户为例［J］．中国农村经济，2014（4）：42－57.

介于完全不了解与了解小部分之间。该数值与肖轶（2012）①、黄惠春（2015）②等的结论相一致，即农户对土地承包经营权抵押贷款认知度低的观点。可能的原因是，土地抵押贷款尚处于起步阶段，地方政府、银行都在谨慎推行，因此并没有大范围宣传。从知晓的渠道分布可见，有33.7%的农户通过电视广播了解土地承包经营权抵押贷款，17.8%通过亲戚朋友传递信息，13.5%通过村里聊天得知。这说明，农户对土地承包经营权抵押贷款的获取途径主要是以正规信息渠道（电视广播、报纸标语、村干部通知）为主，非正规信息渠道（亲戚朋友、村里聊天）为辅。其他变量描述见表5-4所示：

表5-4 变量描述及统计

代码	变量名	变量赋值	最小值	最大值	标准差	均值	方向
Y	参与意愿	非常不愿意=1；不愿意=2；一般=3；愿意=4；非常愿意=5	1	5	1.112	3.401	
X_1	实际贷款利率		6	14	2.137	8.441	-
X_2	替代利率		0	25	3.993	6.262	+
Edu	受教育程度		0	18	3.068	6.711	+
Yea	年龄		27	69	8.372	49.506	-
Lan	土地面积		0	80	8.418	7.77	+
kin_1	纯农业户	是=1　否=0	0	1	0.488	0.384	
kin_2	兼业户	是=1　否=0	0	1	0.499	0.457	
kin_3	非农户	是=1　否=0	0	1	0.366	0.158	
Cog	认知程度	完全不了解=1；了解小部分=2；基本了解=3；了解大部分=4；完全了解=5	1	4	0.873	1.76	+
Dis	距离	<3=1；3-5=2；5-10=3；10-20=4；>20=5	1	5	1.235	2.46	-
loc_1	东部	是=1　否=0	0	1	2.463	0.431	
loc_2	中部	是=1　否=0	0	1	0.061	0.244	
loc_3	西部	是=1　否=0	0	1	0.707	0.325	

注：家庭经营类型按照家庭农业收入比重划分，农业收入占家庭总收入的90%以上，90%~10%，10%以下的分别为纯农业户、兼业户与非农户。

① 肖轶，魏朝富，尹珂．农户农村“三权”抵押贷款需求意愿及影响因素分析——基于重庆市22个县（区）1141户农户的调查数据［J］．中国农村经济，2012（9）：88-96.

② 黄惠春，祁艳，程兰．农村土地承包经营权抵押贷款与农户信贷可得性——基于组群配对的实证分析［J］．经济评论，2015（3）：72-83.

(六) 模型结论

本文运用 STATA 12.0 统计软件对调查数据进行广义定序 Logit 回归，估计结果如表 5 - 5 所示。

表 5 - 5 回归模型估计结果

	变量	模型 1：全样本		模型 2：低收入组		模型 3：高收入组	
		估计系数	z 值	估计系数	z 值	估计系数	z 值
利率	X_1	-0.090**	-0.174	-0.073**	-0.138	-0.119**	-0.234
	X_2	0.038**	0.135	0.022*	0.094	0.079**	0.181
个人特征	edu	0.282***	4.640	0.110***	0.273	0.130***	0.410
	yea	-0.015	-0.660	-0.034	-0.026	0.114	0.094
家庭特征	lan	0.059**	2.910	0.023**	0.179	0.022**	0.159
	kin_1	-0.007	-0.003	-0.211	-0.087	0.281	0.135
	kin_3	-0.247	-0.081	-0.708**	-0.211	0.070	0.026
贷款情况	cog	1.569***	6.330	0.717***	0.522	0.120**	0.104
	dis	0.0176	0.130	0.070	0.069	-0.055	-0.071
	loc_1	-0.145	-0.346	-0.245	-0.037	-0.075	-0.038
	loc_2	0.602	0.130	0.250	0.057	0.356	0.069
Log likelihood		-141.392		-54.327		-46.0859	
Prob > γ^2		0.0000		0.0000		0.0000	
Lr chi2		132.80		68.11		58.92	
Pseudo R^2		0.554		0.626		0.544	

注：***、**、* 分别表示在 1%、5% 和 10% 的水平上显著。

回归结果显示，模型似然比值为 141.392，在 1% 水平上显著；模型的 Lr chi2 = 132.8、Pseudo R^2 = 0.554，说明模型拟合效果较好。

内因实际利率对农户土地抵押贷款意愿的影响。表 5 - 5 显示土地承包经营权抵押贷款实际利率（X_1）对农民贷款意愿的影响在 5% 水平上显著，影响方向为负，即随着利率的增加贷款意愿逐渐减少。该研究结论证明了农民对土地承包经营权抵押贷款利率是敏感的。调研中发现，农户对土地承包经营权抵押贷款利率的权衡体现在成本核算上，农户往往会给我们计算贷款的总成本，包括土地确权、土地价值衡量、担保公司的来回花费、担保费及贷款成本等。最终农户以是否“划算”、“值得”来形成最终的贷款意愿。即利率是成本与收益之间的衡量。分组模型结果显示，无论是低收入组还是高收入组，农户均对土地承包经营权抵押贷款的利率敏感，证明了结论的稳定性，也对主流“穷人贷款需求由于中国农村金融制度上的缺陷长期没有得到有效满足，因而低收入群体对贷款利率不敏感”的观点进行反驳。但从系数上来看，高收入组的敏感性要强于低收入组。贷款利率对农户土地承包经营权抵押贷款意愿的弹性范围为（-0.073，-0.119），该值小于 Dehejia（2012）①所测算的（-0.73，-1.04），其可能原因是调研对象是所有贷款群体，包括城镇居民和农户。同时也证明，收入水平越高，则对利率的敏感性越强的结论。

替代利率对农户土地抵押贷款意愿的影响。表 5-5 结果表明，土地承包经营权抵押贷款替代利率（X_2）在 5% 水平上显著影响农民贷款意愿，且正向影响。即其他贷款的利率越高，农户选择用土地承包经营权抵押贷款的意愿也就越强烈。数据结果符合经济学的替代效应。在调研中发现，农户不仅将土地抵押贷款利率与正规借贷的其他产品利率相比较，甚至在不同的土地承包经营权抵押贷款模式利率、不同银行利率之间也会权衡。如在嘉兴南湖区，可供农户选择的土地承包经营权抵押贷款模式有两种：一种是银行的直接抵押贷款，另一种是反担保贷款。此外，可供直接抵押贷款的银行有多家，如农业银行、农村商业银行等。农户会对此做出最有效的判别，该结论也有力地证实了农民具有经济理性。分组模型同样获取相同的结论，低收入组在 10% 的水平上显著影响农户的意愿，高收入组在 5% 水平上显著影响农户的意愿。可见，无论收入高低的农户在进行土地抵押贷款时候，均会对不同金融产品的利率进行权衡考量。

外因变量对意愿的影响结果是，农户受教育程度、农户所经营的土地面积、农户对土地承包经营权抵押贷款的认知均不同程度地影响农户的贷款意愿。从系数上来看，农户受教育程度越高，经营土地面积越大，对土地承包经营权抵押贷款认知度越高，则农户的抵押贷款意愿越强烈。

二、影响农户贷款行为的因素

土地产权抵押贷款在国外普遍运用，并被证明是提高农户融资能力的一种有效途径（Menkhoff，2012）②。我国在推进农业现代化进程中，为缓解农户贷款难问题，也试点开展了土地承包经营权抵押贷款的农村金融改革。农户作为改革的主要参与者和受益者，其行为直接影响试点效果，因此有必要深入了解农户参与土地承包经营权抵押贷款行为的影响机制，掌握其行为规律。计划行为理论是解

---

① Dehejia R, Montgomery H, Morduch J. Do interest rates matter? Credit demand in the Dhaka slums［J］. Journal of Development Economics, 2012, 97 (2): 437-449.

② Menkhoff L, Neuberger D, Rungruxsirivorn O. Collateral and its substitutes in emerging markets' lending［J］. Banking & Finance, 2012, 36 (3): 817-834.

释行为人一般决策过程的理论（Ajzen，1991）①，广泛运用在社会学、心理学、经济学等领域。大量国内外研究证实，计划行为理论能显著提高行为的解释力和预测力（段文婷等，2008）②。本文将对计划行为理论在中国文化背景下做一定的修正，引入土地承包经营权抵押贷款行为研究中，以此探讨影响农户参与行为的影响因素与途径。对此研究，一方面，深化农户参与土地承包经营权抵押贷款的行为认识；另一方面检验了试点地区开展土地承包经营权抵押贷款的可行性与有效性，为后期完善土地承包经营权抵押贷款的政策制定、提高实施效果提供了理论依据和决策参考。

（一）文献综述及研究理论

1. 文献综述

农户参与土地承包经营权抵押贷款行为是在试点地区，农户利用政策，将自有的或者流转的土地承包经营权向金融机构抵押，申请贷款的行为。国内涉及农户实际参与行为的研究较少。靳聿轩（2012）③ 对山东省试点区的农户融资方式进行研究，只有9%的农户选择了土地承包经营区抵押贷款方式，覆盖面较低。农地流转体系完善、专业合作社发展情况、农村社会保障、现行禁止性法律影响农户选择土地承包经营权抵押贷款行为。李韬（2015）④ 以宁夏同心县为样本，将农户行为深化为响应本身和响应次数两类，研究表明响应本身的意义大于响应次数，小农户较大农户而言响应程度更高；教育水平、家庭结构、耕地面积、最近金融机构距离对农户行为响应产生影响，农户家庭结构变量同时也影响农户的响应频率。国内大量文献集中在农户参与意愿及影响因素上，研究表明农户参与土地承包经营权抵押贷款的意愿较高（肖铁，2012⑤；杨婷怡，2014⑥），影响农户参与意愿的因素总体上有人口特征、家庭特征、产品特征、个人社会特征等

① Ajzen I. The theory of planned behavior [J]. Organizational behavior and human decision processes, 1991, 50 (2): 179-211.

② 段文婷，江光荣．计划行为理论述评［J］．心理科学进展，2008，16（2）：315-320.

③ 靳聿轩，张雷刚．农户农地抵押融资方式选择行为影响因素分析——以山东临沂，枣庄，莱芜为例［J］．经济与管理研究，2012（7）：75-83.

④ 李韬，罗剑朝．农户土地承包经营权抵押贷款的行为响应——基于 Poisson Hurdle 模型的微观经验考察［J］．管理世界，2015（7）：54-70.

⑤ 肖铁，魏朝富，尹珂．农户农村“三权”抵押贷款需求意愿及影响因素分析——基于重庆市22个县（区）141户农户的调查数据［J］．中国农村经济，2012（9）：88-96.

⑥ 杨婷怡，罗剑朝．农户参与农村产权抵押融资意愿及其影响因素实证分析——以陕西高陵县和宁夏同心县919个样本农户为例［J］．中国农村经济，2014（4）：51-54.

（杨婷怡，2014[①]；于丽红，2014[②]；肖轶，2012[③]，张龙耀，2015[④]；惠献波，2014[⑤]）。

总体来看，已有研究还存在以下不足：①意愿与行为分离研究。已有文献分别选择意愿与行为两种响应方式，来反映土地承包经营权抵押贷款的可行性与效果，有的学者甚至将其混成一个概念运用。行为经济学理论与实证数据表明，意愿与行为之间并不完全一致。因此有必要在一个体系中厘清农户参与土地承包经营权抵押贷款的意愿和行为，并且讨论两者之间的关系。②变量缺乏体系性。现有文献在变量选择时，并未形成一定的理论体系，多根据主观判别选择影响变量。③研究对象需进一步精确。现有文献已将研究对象从无差异的农户调整为试点区农户，但依然需要作进一步的修正。我们认为，研究对象应进一步瞄准到"有贷款需求的试点地区农户"，否则"无贷款需求的试点地区农户"样本将会降低意愿与行为值，弱化土地承包经营权抵押贷款的可行性与有效性。

基于此，本文采用解释意愿与行为修正后的计划行为模型，对已经实施土地承包经营权抵押贷款的贵州凤冈县、嘉兴南湖区、宁夏同心县、重庆江津区的1156户有贷款需求的农户进行实证分析。主要回答以下两个问题：①农户参与土地承包经营权抵押贷款意愿与行为之间存在什么关系？②什么要素影响了农户参与意愿与行为，以何种方式影响？

2. 理论基础

计划行为理论（Theory of Planned Behavior，TPB）是Ajzen在其理性行为理论基础上推进的一套解释个体行为的理论，被广泛应用在社会、心理学领域。20世纪90年代后，逐渐被国内学者引入农业经济领域，用以解释经济市场上供方需方的行为，如农户安全农产品供给行为（赵建欣等，2007）[⑥]、消费者安全食品支付意愿及行为（罗丞等，2010）[⑦]、农户参与专业合作社组织行为（张高亮等，2015）[⑧] 等。

---

① 杨婷怡．农户参与农村产权抵押融资意愿及其影响因素实证分析［J］．中国农村经济，2014（4）：51－54.

② 于丽红．农村金融机构开展农地经营权抵押贷款的意愿［J］．农村经济，2013，8：013.

③ 肖轶，魏朝富，尹珂．农户农村"三权"抵押贷款需求意愿及影响因素分析——基于重庆市22个县（区）141户农户的调查数据［J］．中国农村经济，2012（9）：88－96.

④ 张龙耀，杨军．农地抵押和农户信贷可获得性研究［J］．经济学动态，2011（11）：60－64.

⑤ 惠献波．农村土地经营权抵押贷款制度运行效率评价——基于DEA模型的估计［J］．浙江金融，2014（7）：49－53.

⑥ 赵建欣，张忠根．基于计划行为理论的农户安全农产品供给机理探析［J］．财贸研究，2007，6：40－45.

⑦ 罗丞．消费者对安全食品支付意愿的影响因素分析［J］．中国农村观察，2010（6）：22－34.

⑧ 张高亮等．基于计划行为理论的渔民参与专业合作组织行为的产生机理［J］．农业经济问题，2015（8）：97－104.

计划行为理论指出，行为人不总是理性的决策，多数时候，人们依靠其自动激活的态度和信息在头脑中的组织形式，以及外部资源、基于内部的情绪去决定其行为。Ajzen 在行为研究中，系统地构建了影响因素与影响路径，形成了计划行为理论。理论指出，个体的实际行为受到行为意愿（implement intention）与感知行为控制（perceived behavior control）的影响。行为意愿是行为内部的驱动力，是主观行为意图的概率，也可作为行动前的心理准备。计划行为理论认为行为意愿到实际行为的过程是内在活动与外在实际行动的联接。Ajzen（1985）[①] 证实了行为意愿与行为之间高度相关。感知行为控制类似于 Bandura（1982）[②] 提出的自我效能感（self - efficacy），即对一件事情的难易感知，行为成功率的自我评估。Ajzen（1991）[③] 证明，加入感知行为控制后，模型的稳定性与解释力度会增加。行为意愿作为影响行为的主要因素，是个体的行为态度（behavioral attitude）、主观规范（subject norm）及感知行为控制的共同作用结果。行为态度是个体对特定行为所持有的积极或者消极程度的评价，受到行为信念的影响。主观规范指个体在决策是否实施某项行为时候所感知到的社会压力，社会压力通常是来自于他人和团体两个方面。计划行为理论认为，个体对行为的态度越积极、社会支持越大、直觉行为控制越强，则行为意愿就越强烈，个体的行为倾向就越清晰；反之则越小。计划行为理论一经提出，众多学者对其进行了验证与修正。Armitage（2001）[④] 用元分析方法对 180 篇相关 TPB 的文献进行有效性实证，结果表明 TPB 模型能 39% 解释意愿、27% 解释行为。Hagger（2001）[⑤] 在计划行为理论中纳入了纵向时间因素，认为过去的行为（past behavior）会通过路径依赖对现在的行为产生影响；Parker（1995）[⑥] 在模型中增加的个人道德规范要素（personal norm），Sparks（1998）[⑦] 拓展的自我认同要素（self - identity）等都是对计划行为模型的修正。

---

① Ajzen I. From intentions to actions：A theory of planned behavior［M］. Action controlSpringer Berlin Heidelberg，1985：11 - 39.

② Bandura A. Self - efficacy mechanism in human agency［J］. American psychologist，1982，37（2）：122 - 136.

③ Ajzen I. The theory of planned behavior［J］. Organizational behavior and human decision processes，1991，50（2）：179 - 211.

④ Armitage C J，Conner M. Efficacy of the theory of planned behaviour：A meta - analytic review［J］. British journal of social psychology，2001，40（4）：471 - 499.

⑤ Hagger M S，Chatzisarantis N，Biddle S J H. The influence of self - efficacy and past behaviour on the physical activity intentions of young people［J］. Journal of sports sciences，2001，19（9）：711 - 725.

⑥ Parker D，Manstead A S R，Stradling S G. Extending the theory of planned behaviour：The role of personal norm［J］. British Journal of Social Psychology，1995，34（2）：127 - 138.

⑦ Sparks P，Guthrie C A. Self - identity and the theory of planned behavior：A useful addition or an unhelpful artifice?［J］. Journal of applied social psychology，1998，28（15）：1393 - 1410.

诺思（1994）[①] 在人类行为理论中指出，人们通过先存的心智构念来处理信息和辨析环境，而文化与生存环境是影响心智构念的主要因素。中国文化与 Ajzen 所处的西方文化存在着巨大的差异，这些差异必然会导致行为人的不同心智构念，进而影响人的行为方式。因此，有必要将 Ajzen 的计划行为理论模型进行修正，提高该理论对中国特色文化下人的行为的解释力度。杨国枢（2013）[②] 指出，中国传统的农业耕种方式决定了以家族为中心的集体主义，个人必须忠于家族，依附于家族，在必要时甚至可以牺牲自己成全家族。而西方更多的是工业经济形态，强调个人知识、技能及性格，形成了个人主义。在决策中个人的重要性高于团体，团体的价值在于能为个人谋求福利。冯友兰（1985）[③] 也有着相同的论述"在中国生产家庭化的社会里，人所直接依靠以生存者，是其家"。可见，家庭对行为人的影响是重大的。梁漱溟（2006）[④] 将中国人的家庭观扩展形成伦理本位，认为人一生下来便有与他相关系之人（父母、兄弟），人生且将始终在与人相关系中生活，此种种关系即是种种伦理，伦理始于家庭而不止于家庭。伦理本位及关系本位，即个人的行为是嵌入社会关系中的行为。一如徐烺光（1989）[⑤] 所说中国人的分析单元应该是关系中的个人，西方人的分析单元是个体。费孝通（2011）[⑥] 将中国式关系概括为差序格局，差序格局中的关系位置也决定了对行为人的影响程度。这便形成了杨国枢（2013）[⑦] 所定义的中国人行为中的"家庭取向"与"他人取向"特征。因此我们认为，中西文化下周围环境对行为人的影响有以下两点不同：第一，相比较西方行为人而言，中国文化下个体行为更多受到关系的影响，尤其是受关系最密切家人的影响。第二，西方文化下，他人的影响会通过调整决策间接作用于个体行为。中国文化下，他人的影响则直接导致个体行为甚至是超越个体决策意愿。在计划行为理论模型中，外界通过主观规范影响行为人，基于此我们从两点修正计划行为理论：第一，主观规范中除原有的个人和团体外，加入家庭要素的影响。第二，主观规范不仅中介行为意愿作用于行为，主观规范还直接对行为产生影响。基于以上分析，做出修正后的计划行为模型，如图 5－3 所示：

① 道格拉斯 C，诺思．制度，制度变迁与经济绩效［M］．上海：上海三联书店，1994.
② 杨国枢．中国人的蜕变［M］．北京：中国人民大学出版社，2013.
③ 冯友兰，赵复三．中国哲学简史［M］．北京：北京大学出版社，1985.
④ 梁漱溟．中国文化要义［M］．香港：三联书店有限公司，1987.
⑤ 徐烺光．美国人与中国人——两种生活方式的比较［M］．北京：华夏出版社，1989.
⑥ 费孝通．乡土中国［M］．北京：北京出版社，2005.
⑦ 杨国枢．中国人的蜕变［M］．北京：中国人民大学出版社，2013.

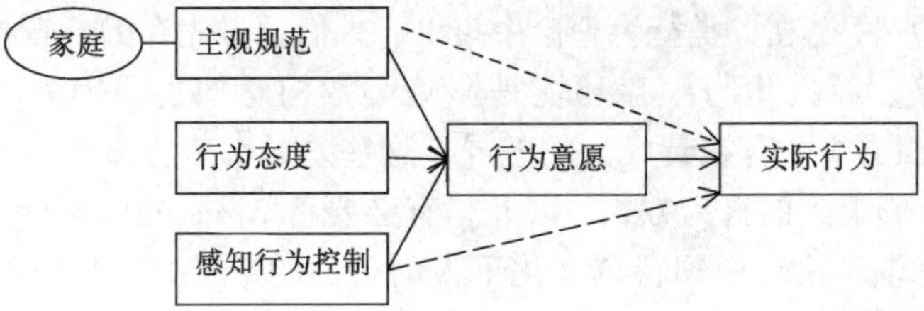

图 5-3 修正后的计划行为模型

（二）变量定义及数据说明

1. 变量定义及获取

以修正后的计划行为理论为基础，借鉴已有文献，本文对相应变量进行定义与量化。

（1）农户参与土地承包经营权抵押贷款行为（Y_1）：指农户参与土地承包经营权抵押贷款业务的实际行动，用农户是否向金融部门递交土地承包经营权抵押贷款申请衡量，对应的问项为①你是否向银行申请了土地承包经营权抵押贷款？

（2）农户参与土地承包经营权抵押贷款意愿（Y_2）：指假设在供给充分的情况下，农户尝试参与土地承包经营权抵押贷款的主观概率，是排除外部干扰下，个体行为的内部驱动力。本文用五维度意愿程度表示意愿，对应的问项为①你选择土地承包经营权抵押贷款的意愿程度是多少？

（3）农户对土地承包经营权抵押贷款的态度（X_1）：指农户对土地承包经营权抵押贷款此项改革的主观评价。参考 Ajzen 的态度量化，用农户对土地抵押贷款政策的满意度、政策实施效果预期及政策实施长久性预期三个题项反映。对政策满意度越高、政策实施预期效果越好、政策的稳定性越好，则农户的态度越积极。对应的测度问项分别是①X_{1-1}你认为土地承包经营权抵押贷款政策对农户的作用是积极的吗？②X_{1-2}你认为该政策能解决农民贷款难问题吗？③X_{1-3}你认为该政策会长久实施吗？

（4）农户对土地承包经营权抵押贷款的主观规范（X_2）：主观规范指农户预期参与土地承包经营权抵押贷款行为时所感受到的来至外界的压力程度。学者的大量研究表明，人们受到外界群体压力主要是为了避免不确定性、产生归属感，维持与群体之间满意的关系及实现自己价值最大化（李东进，2009）[①]。经济行为是嵌入

① 李东进．中国消费者购买意愿模型——对 Fishbein 合理行为模型的修正［J］．管理世界，2009（1）：121－129.

社会关系网络中的行为（Granovetter，1985）①，中国农户的行为更是受所处社会关系的影响。埃克哈特·施里特（2005）② 指出人的行为受到保守主义与顺从主义的影响，即人们更倾向于延续个人过去已经发生过的选择和坚持那些别人已经建立起来的行为方式。当人们的行为选择与别人不同，受到舆论压力的时候，会产生失衡与不被认同感，而人们的行为往往会避免此种不协调。参考上文分析及 Ajzen 的主观规范量化，本文选择周围人的知晓程度及家人、周围人的支持程度衡量。周围人的知晓程度越低，家人与周围人的支持程度越高，则主观规范性越好。对应的问项有①X_{2-1}如果你用土地抵押贷款，别人会知道吗？②X_{2-2}如果你用土地抵押贷款，家人会支持吗？③X_{2-3}如果你用土地抵押贷款，别人会说三道四吗？

（5）农户对土地承包经营权抵押贷款的感知行为控制（X_3）：感知行为控制指农户预期对参与土地承包经营权抵押贷款行为难易程度的估计。计划行为理论指出，感知行为控制可同时影响个人行为意愿与个人实际行为。制度经济学也指出，人的经济行为不仅受到商品价格的约束，还受到交易过程中交易成本的制约。个人感知行为控制越强，认为预期交易越容易，则预期交易成本越小，人们选择参与的意愿与行为倾向就越大。本文用获贷的预期交易成本、难易程度、还贷的预期估计来衡量。对应的问项有①X_{3-1}你认为申请土地承包经营权抵押贷款的复杂程度有多大？②X_{3-2}你认为获得土地承包经营权抵押贷款的难易程度有多大？③X_{3-3}你认为我获得土地抵押贷款后，还款的难易程度有多大？

2. 数据来源

本文将土地承包经营权抵押贷款意愿与行为界定为“试点地区有贷款需求农户的土地承包经营权抵押贷款意愿与行为”，故需对样本通过问项设置做进一步的筛选。在问卷中设置问题①你家最近三年是否有贷款需求（问题选项：0 没有、1 有），筛选出选项 1 的农户作为整样本，以此识别有贷款需求的农户群体。整理后如表 5 - 6 所示。

表 5 - 6　样本筛选情况

样本区域	有效样本数（户）	有贷款需求数（户）	贷款需求比例
全样本	1953	1156	59.2%
贵州凤冈县	792	417	52.7%
嘉兴南湖区	138	117	84.8%
宁夏同心县	501	414	82.6%
重庆江津区	282	75	26.6%

① Granovetter M. Economic action and social structure: The problem of embeddedness [J]. American journal of sociology, 1985: 481 - 510.

② 埃克哈特·施里特. 习俗与经济 [M]. 秦海等译, 长春: 长春出版社, 2005.

3. 变量统计

对变量进行数据统计，结果如表 5－7 所示。

表 5－7 变量统计

变量	度量	离差	均值
行为（Y_1）	0－没有申请；1－申请	0.484	0.37
意愿（Y_2）	1－不愿意；2－小部分愿意；3－还行；4－比较愿意；5－非常愿意	1.201	3.40
态度（X_1）	X_{1-1}：1－不积极；2－小部分积极；3－还行；4－比较积极；5－非常积极	0.994	3.49
	X_{1-2}：1－完全没有；2－解决小部分；3－还行；4－解决大部分；5－完全解决	1.071	3.04
	X_{1-3}：1－完全没有；2－可能性不大；3－不一定；4－可能性很大；5－会	1.003	3.56
主观规范（X_2）	X_{2-1}：1－肯定会；2－可能性大；3－不一定；4－大部分支持；5－不会	1.517	2.43
	X_{2-2}：1－不支持；2－不大支持；3－不一定；4－大部分支持；5－支持	0.082	4.99
	X_{2-3}：1－肯定会；2－可能性大；3－不一定；4－可能性不大；5－不会	0.674	4.62
行为控制（X_3）	X_{3-1}：1－非常复杂；2－比较复杂；3－一般；4－比较容易；5－非常容易	1.221	2.86
	X_{3-2}：1－非常难；2－比较难；3－一般；4－比较容易；5－非常容易	1.247	3.14
	X_{3-3}：1－非常难；2－比较难；3－一般；4－比较容易；5－非常容易	1.197	3.59

从表 5－7 可见，农户对土地承包经营权抵押贷款的态度均值介于 3 与 4 之间，即农户对土地承包经营权抵押贷款具有较积极的态度，其中政策执行的长久性得到了农户的充分认同。在主观规范中，农户普遍认为如果自己用土地经营权进行抵押贷款，别人会知道的，但是别人不会对自己的行为有所舆论，家里人也会支持这种行为。在感知行为控制中，贷款复杂性农户认为介于比较复杂和一般之间，获贷预期及还款预期都介于一般和比较容易之间。农户的参与行为均值为 0.37，而参与意愿均值为 3.40，意愿高于行为的数据表明，主观意愿与实际行为之间存在一定的现实约束，如制度约束、身份约束，在贵州凤冈县、嘉兴南湖区实施的土地承包经营权抵押贷款制度设定中，只有规模经营的农户（贵州凤冈县是 10 亩以上农户，嘉兴南湖区是 20 亩以上农户）才能申请抵押贷款；宁夏同心县抵押贷款规定，只有土地流转合作社社员才具有抵押贷款资格。对参与行为与意愿做进一步的统计分析，结果见表 5－8 所示：

表 5－8 农户意愿与行为交叉统计

意愿	行为		合计
	没申请（0）	申请（1）	
不愿意（1）	44	6	50
小部分愿意（2）	234	16	250
还行（3）	190	9	199
大部分愿意（4）	162	206	369
非常愿意（5）	97	191	287
合计	728	428	1156
Spearman 相关性	0.513	显著性	0.00

从表 5－8 可见，农户土地承包经营权抵押贷款的意愿与行为相关，但存在差异性。在意愿程度较低（不愿意与小部分愿意）的 300 户农户中，有 22 户农户实施了贷款申请行为，在意愿程度较高（大部分愿意与非常愿意）的 656 户农户中，也有 259 户农户没有付诸行动。对两变量做相关性分析，结果可见两者显著相关，即可初步判断意愿越强烈则行为性越强。

（三）假设检验及分析

1. 问卷信度与效度检验

为验证量表的准确性和可靠性，对问卷的信度和效度进行检验。利用 SPSS22 检验量表可靠性，Cronbach's 系数为 0.71，说明问卷具有较高的内部一致性，信度较好。对题项进行探索性因子分析，通过 KMO 及 Barteleet 进行效度验证，KMO 值为 0.73，对应 P 值小于 0.00，可见问卷具有较好的效度。

共线检验。运用双尾 Pearson 进行相关性检验，其结果表明所有相关系数均在 0.6 以下，且存在显著相关，因此可判别问卷变量之间不存在共线性问题。

2. 回归分析

为检验自变量、因变量、中介变量之间的关系，进一步采用逐步回归分析的方法研究变量之间关系，以此对假设进行检验。回归分析共 3 个模型，分别是模型 1 变量直接对行为的回归分析，模型 2 变量对意愿的回归分析，模型 3 意愿为中介变量时变量对行为的回归分析。利用 SPSS22 分别做对模型 1、模型 3 做二元 logit 分析，对模型 2 做多元有序 logistic 分析。回归结果如表 5－9 所示。

（1）自变量（X_1-X_3）对农户参与土地承包经营权抵押贷款行为（Y_1）的回归分析。从表 5－9 可见，农户的主观规范（X_2）、感知行为控制（X_3）显著影响农户参与土地承包经营权抵押贷款行为。从显著性及系数来看，首先感知行

表5-9 变量对农户意愿、行为的回归结果

	模型1 Y_1		模型2 Y_2		模型3 Y_1+M	
	系数	Wald	系数	Wald	系数	Wald
X_1	0.161	0.300	0.316***	0.089	0.604*	2.821
X_2	-0.890**	5.238	-0.162*	0.121	-0.760*	3.169
X_3	1.048***	0.282	0.214**	0.082	0.959***	16.812
Y_2					1.303***	16.812
-2对数拟然		134.744		302.77		112.934
Cox & Snell R^2		0.193		0.534		0.303
Nagelkerke R^2		0.285		0.597		0.449

注：***、**、*分别表示在1%、5%和10%水平上显著。

为控制对行为的影响最大，其次是主观规范。该结论表明，农户在贷款行为中更多考虑的是获得贷款的难易程度，即贷款的可得性。从影响方向来看，主观规范负向影响农户行为、感知行为控制正向影响农户行为。即农户认为外界给予的压力越小，自己预期贷款越容易，农户参与土地承包经营权抵押贷款的行为越强烈。

（2）自变量（X_1-X_3）对农户参与土地抵押贷款意愿（Y_2）回归分析。从表5-9分析结果可见，农户主观态度在1%水平上显著影响农户的参与意愿，农户认为政策越积极、政策预期性越好，则参与意愿越强烈。主观规范在10%水平上显著影响农户的参与意愿，即他人关注度越低、舆论压力越小、家人支持度越高，则农户参与抵押贷款的意愿越强烈。感知行为控制在5%水平上正向显著影响农户参与土地承包经营权抵押贷款意愿。从系数来看，影响意愿程度从大到小的分别是农户态度、行为控制与主观规范。态度对参与意愿的影响程度高于主观规范，说明农户在参与意愿选择中更多考虑个人因素而非外界压力因素。

（3）农户参与土地抵押贷款意愿（Y_2）的中介效应检验。借鉴Judd C（1981）①、Baron（1986）②的中介判别方法，选择检验回归系数方法对本文的中介效应进行检验。共分为三个步骤：第一步将自变量（X_1-X_3）对因变量（Y_1）回归，检验回归系数 α 的显著性。第二步，将自变量（X_1-X_3）对中介变量（Y_2）回归，检验回归系数 β 的显著性。第三步，将自变量（X_1-X_3）与中介变

① Judd C M, Kenny D A. Process analysis estimating mediation in treatment evaluations [J]. Evaluation review, 1981, 5 (5): 602-619.

② Baron R M, Kenny D A. The moderator - mediator variable distinction in social psychological research: Conceptual, strategic, and statistical considerations [J]. Journal of personality and social psychology, 1986, 51 (6): 1173.

量（Y_2）对因变量（Y_1）回归，检验回归系数 α' 的显著性。如果系数 α、β、α' 均显著则存在中介效应；如果 α' 不显著则存在完全中介；如果回归系数 α' 显著，但是 $\alpha' < \alpha$，就称该中介效应为部分中介。上表结论可知，农户对土地承包经营权抵押贷款态度是完全中介，主观规范与感知行为控制是部分中介。从中介效果来看，态度和主观规范在 10% 水平上通过中介变量影响农户参与行为，感知行为控制在 1% 水平上显著影响农户行为。从系数来看，影响农户行为大小程度的分别是感知行为控制、主观规范与态度。可见，获得贷款的难易程度是农户参与行为的主要考虑因素，主观规范大于态度对农户参与行为的影响，该结论与以往研究结论相一致（Lee，1991①；Yau，1988②），表明在中国这个集体主义文化中，社会因素对农户参与行为的影响大于个人因素的影响。

（四）主要结论

本文利用修正后的计划行为理论模型，对试点区有贷款需求的 1156 户农户进行参与抵押贷款行为的实证分析，得出以下几点结论：

第一，农户参与意愿与行为有差异，但两者存在显著相关性。意愿与行为的差异体现在以下几点：①程度差异。统计分析发现，农户参与土地承包经营权抵押贷款意愿均值高于参与行为。②影响因素差异。态度直接影响农户的参与意愿，而中介效应农户参与行为。在意愿决策中，个人因素（态度）相对于社会因素（主观规范）影响更大，在实际行为决策中，社会因素较个人因素影响要大。农户参与土地承包经营权抵押贷款意愿与行为存在显著的正向相关性，即农户参与意愿越高则实施抵押贷款行为的概率就越大。

第二，修正后的计划行为模型能很好地解释农户参与土地承包经营权抵押贷款行为。本文基于中国集体主义下的行为人特征，对主观规范进行了修正。计量结果显示，修正后的计划理论模型能很好地解释农户参与行为。

第三，影响农户参与土地抵押贷款行为的因素。态度通过参与意愿完全中介效应影响参与行为，主观规范与行为控制直接与部分中介影响农户参与行为，参与意愿直接对参与行为产生影响。即农户参与意愿越强烈，外界压力越小，预期贷款越容易则农户参与抵押贷款行为的概率越大。态度、主观规范、行为控制对参与意愿直接产生影响。

---

① Lee C, Green R T. Cross – cultural examination of the Fishbein behavioral intentions model [J]. Journal of international business studies, 1991, 22 (2): 289 – 305.

② Yau O H M. Chinese cultural values: Their dimensions and marketing implications [J]. European Journal of marketing, 1988, 22 (5): 44 – 57.

三、影响农户贷款福利的因素

土地承包经营权抵押贷款福利的影响因素分析，其实质是影响农户贷款资金利用效率的因素分析。因此，本文从生产函数角度对贷款资金的利用效率进行因素分析，选择农户家庭收入、农业经营规模、农业技术引进及农业结构调整四个变量作为福利的代表。

（一）理论框架及计量模型

生产理论指出，农业产出是农业生产要素的函数，生产要素包括土地、资本、劳动力及企业家才能。即 Q = F（T、K、L、R），其中 Q 为农业产出，F 为生产函数，T 为土地，K 为资本，L 为劳动力，R 为企业家才能。

要素均衡理论指出，某一生产要素达到最高使用效率时，即是生产要素达到均衡的条件，即生产要素之间的配比达到最优化，即 $Q_t/P_t = Q_k/P_k = Q_l/P_l = Q_r/P_r$，其中 Q 为增加单位要素的产出，P 为生产要素的价格。

基于此，本文认为影响土地承包经营权抵押贷款福利效果的因素，实质是研究影响贷款资金 Q_k 的因素。根据以上的经济学理论，可以得出，理论上影响资金产出的要素有资金价格、其他生产要素的投入量两部分。构建福利影响因素模型，如下公式所示：

$$\begin{aligned} &Y_{ij} = e_j + \alpha P_k + \beta Q_w + \mu_j \\ &i = 1、2、3、4 \\ &w = T、K、L、R \end{aligned} \quad (5-4)$$

其中 Y_{ij} 表示第 j 位农户的第 i 种福利；e 表示农业经营主体的个体特征值；P_k 表示贷款价格，即利率；Q_w 表示第 w 种生产要素投入量，μ 为随机误差项，α、β、γ 分别表示贷款价格、其他要素投入量、其他要素价格对贷款资金效果影响系数。

（二）变量测算与数据统计

变量的具体量化见表 5-10，贷款资金的价格以贷款利率表示，土地投入量以农户家庭耕种土地面积衡量，投入劳动力以家庭现在从事农业劳动人口数衡量，企业家才能转化为农户才能，体现在人力资本与社会资本上，其中人力资本以受教育程度衡量，社会资本借鉴边燕杰的是否村干部来衡量。其他的特征选择了家庭类型、与经济中心距离、地区及年龄四个变量。

表 5 - 10　　影响农户的福利变量测算与描述性统计

类型	符号	变量名称	定义	均值	标准差
因变量 - 福利	Y_1	农业经营主体家庭收入	年均家庭收入金额	27498.05	19321.08
	Y_2	农业经营规模	1 = 扩大；0 = 不变	0.660	0.475
	Y_3	农业技术改进	1 = 引进；0 = 不变	0.271	0.447
	Y_4	农业结构	1 = 改变；0 = 不变	0.078	0.268
自变量 - 资金价格	P_K	土地抵押利率	%	0.142	0.503
自变量 - 其他要素投入	Q_t	土地规模	耕种土地面积（亩）	2.982	5.57
	Q_l	家庭劳动力	家庭劳动力数（口）	4.813	1.66
	Q_{r1}	农户才能 - 人力资本	受教育程度（年）	6.205	3.63
	Q_{r2}	农户才能 - 社会资本	家庭里面是否有村干部	0.17	0.429
其他特征变量	kind	家庭类型	1 = 纯农户；2 = 兼职户；3 = 非农户	1.038	0.194
	dist	距离县城位置	里	42.71	9.792
	age	年龄		43.651	10.632

数据采集说明：①其中农业经营规模福利、技术引进、农业结构调整变量是通过开放式的问题获取，对应的问项是：获贷后资金用于什么地方？将购买更多的牛羊、流转土地等归为经营规模扩大；将购买新的种植品种、购买新的工具归为技术引进；将新开农家乐、调整了种植内容归为农业结构调整。值得注意的是，资金并非单一用途，如有的农户得到信贷资金后既能增加流转面积，又能购买新的机器设备。②利率以实际农户获取土地承包经营权抵押贷款的利率为准。

共有 369 份样本获得了土地承包经营权抵押贷款资金，其中 274 户农户获得了全部申请资金，95 户农户获得了部分申请资金。从样本地区分布来看，甘肃有 3 份有效样本、贵州有 12 份有效样本，354 份宁夏的有效问卷占总有效问卷的 95.9%。可见，样本分布的差异性太大，主要集中在宁夏地区，主要原因是宁夏的土地承包经营权抵押贷款以针对农户为主，因此农户的受益面大，收集的有效样本所占比例也就大。从变量的统计数据来看，农户的平均收入是 27498 元，获贷后 66.0% 的农户扩大了经营规模，27.1% 的农户引进了新的技术，7.8% 的农户改变了农业结构（此处的结构主要指产业结构，即获贷后是否增加了二、三产业的生产，而非农业中的种植结构）。土地抵押贷款利率均值为 14.2%，主要集中在 9% 左右。最低贷款利率为 4.8%，出现在宁夏地区；最高贷款利率在 21%，出现在贵州地区。

（三）模型结果及分析

利用SPSS22对模型进行回归分析，收入福利是连续变量，故选择线性回归分析方法；规模、技术、结构是二元变量，故选择logit回归分析方法。模型结果如表5-11所示。

表5-11　　农户福利因素的回归模型结果

变量	Y1 农户家庭收入		Y2 农户生产规模		Y3 农户技术引进		Y4 农业结构调整	
	系数	误差	系数	误差	系数	误差	系数	误差
P_k	-12774.076	8489.525	-0.429**	0.205	0.064	0.158	0.087	0.163
Q_t	307.028	490.176	0.015	0.012	0.003	0.009	-0.015*	0.009
Q_l	1869.018*	955.272	-0.046	0.047	0.014	0.036	-0.025	0.038
Q_{r1}	362.45	846.188	-0.013	0.020	0.041**	0.016	-0.004	0.016
Q_{r2}	13583.82*	7911.310	-0.202	0.191	0.222	0.147	0.057	0.152
kind	17532.010	14728.851	0.421	0.355	-0.374	0.274	-0.059	0.284
dist	141.486	517.800	0.004	0.012	0.009	0.010	0.009	0.010
age	-202.242	332.170	0.008	0.008	-0.002	0.006	-0.001	0.006
R^2	0.33		0.30		0.39		0.23	

注：***、**、*分别表示在1%、5%和10%的水平上显著。

从R^2值来看，纳入的变量对技术、收入与规模的解释力度分别是39%、33%、30%，高于结构的解释力度。

纳入的变量中，家庭劳动力数目及社会资本分别对获贷农户的收入福利产生正向影响，即获贷后的农户家庭劳动力数目越多、社会资本越高则收入福利增加越大。利率在5%的水平上显著影响农户的规模福利，即利率越低，获贷后的农户越容易扩大生产规模，可见农户在规模生产的时候是具有经济理性的。人力资本在5%水平上对获贷后农户的技术引进产生正向影响，即在获得贷款的农户中，受教育程度越高、人力资本越强，则越倾向于将获贷资金通过技术引进增加福利。土地面积在10%的水平上对农业结构产生负向影响，即土地面积越小的农户，获贷后越倾向于将资金通过投资第二、三产业增加农户福利，其可能的原因是土地面积小，则农户寻求其他产业增收的机会成本越小，则行为倾向就越强烈。

第三节　影响新型农业经营主体抵押贷款效果的因素

随着现代农业的发展，细碎化小农经营的传统方式已经不能满足大市场的要求，而规模化、现代化的农业生产方式逐渐进入农业领域。国家文件也多次提出发展现代农业、培育新型农业经营主体的主张。可见新型农业经营主体在农业中将占据重要的地位，是不能被忽略的群体。因此在土地抵押贷款的需求方分析中，有必要将传统农户与新型农业经营主体作区别分析。此处，本文的新型农业经营主体包括农业企业、农业合作社和家庭农场。

从一手资料上显示，新型农业经营主体的样本只有81份，其中合作社占30家，占总样本的38.3%；企业占41家，占总样本的49.4%；家庭农场10家，占总样本的12.3%。直接从事农业生产的有73家，占总样本的90%。其中从事养殖生产的有8家，种植生产的有65家。从事加工及服务的新型农业经营主体有8家。从样本分布来看，13份样本来自于宁夏同心县，44份来自于浙江嘉兴南湖区，24份来自于重庆江津区。

一、影响新型农业经营主体行为的因素

随着中国现代农业的发展，国内学者对新型农业经营主体融资的关注度逐渐增加，如对农村中小企业融资难成因的研究（周月书，2009①；刘会荪，2005②）、农村中小企业融资渠道的选择研究（田秀娟，2009③；葛永波，2008④）、融资行为影响因素研究（卢亚娟，2009⑤）、合作社融资难的成因分析（王文献，2008⑥；李璞玉，2013⑦）、合作社融资模式分析（邓俊淼，2010）⑧、影响合作社正规信贷获贷因素（郭红东，2011）⑨ 等。现有的文献为我们研究新型农业经营主体的融资行为提供了丰富的理论基础和方法借鉴，但是纵观现有文献可以发现，有以下两点值得深入研究：第一，现有文献将借贷作为一整体来考察，或将其按渠道分成民间借贷、内部融资和正规借贷三种。第二，现有文献将农业企业与合作社区分研究，并未将其看成新型农业经营主体进行统一研究。基于此，本文以土地承包经营权抵押贷款信贷产品为例，将农业企业和合作社统称

① 周月书．农村中小企业融资障碍因素分析［J］．中国农村经济，2009（7）：77－85.

② 刘会荪，李汉铃，冯兴元．我国农村中小企业融资问题与对策［J］．中国软科学，2005（1）：51－58.

③ 田秀娟．我国农村中小企业融资渠道选择的实证研究［J］．金融研究，2009（7）：146－160.

④ 葛永波，姜旭朝．企业融资行为及其影响因素［J］．金融研究，2008（5）：151－162.

⑤ 褚保金，卢亚娟，张龙耀．信贷配给下农户借贷的福利效果分析［J］．中国农村经济，2009（6）：51－61.

⑥ 王文献，董思杰．农民专业合作社融资难问题的形成及原因分析［J］．农村经济，2008（12）：75－77.

⑦ 李璞玉．农民专业合作社的融资难题及其对策［J］．农村经济，2013，5：117－120.

⑧ 邓俊淼．农民工创业环境管理研究［J］．农业经济，2010（4）：86－89.

⑨ 郭红东．农民专业合作社正规信贷可得性及其影响因素分析［J］．中国农村经济，2011（7）：25－33.

为新型农业经营主体，对影响其融资行为的因素进行实证分析。对此的探讨，可为推进中国土地承包经营权抵押贷款，对新型农业经营主体融资难问题提供理论参考。

（一）影响因素的选定及量化方法

基于现有研究与实际调研情况，本文将影响新型农业经营主体融资的因素分为新型农业经营主体基本特征、财务状态、资金需求情况、土地承包经营权抵押贷款认知4个方面。具体解释变量如下所示：

资金需求（X_1）：本文用三方面来衡量新型农业经营主体的资金需求程度，第一是新型农业经营主体是否存在资金需求（X_{11}）；第二是有资金需求主体的需求规模，即对资金需求的具体额度（X_{12}）；第三是有资金需求主体的需求用途（X_{13}）；将其分成与基础建设相关如厂房修建、机耕道修建等，与生产相关如购买种子、购买牛羊、购买机器设备，与销售相关如周转资金等。

土地承包经营权抵押贷款认知（X_2）：新型农业经营主体对土地承包经营权抵押贷款的认知程度，我们用两个层次衡量：一个是新型农业经营主体了解土地承包经营权抵押贷款的程度（X_{21}）。另一个是新型农业经营主体对土地承包经营权抵押贷款的态度衡量（X_{22}）。从理论上来说，新型农业经营主体对土地承包经营权抵押贷款政策了解程度越大、态度越积极则贷款行为越强烈。

经营主体基本特征（X_3）：经营主体基本特征分成组织形式（X_{31}）、成立年限（X_{32}）、以往贷款次数（X_{33}）、以往贷款成功率（X_{34}）四个变量。其中，组织形式分成农业企业、合作社与种植大户；成立年限代表新型经营组织的成长周期，根据企业管理理论资金需求与经济组织所处的周期密切相关。企业在成长期间是主要资本投资期，对资金的需求度很高，成长期后因为已经有一定的利润且基本投资结束，对资金的需求度较低，成熟期对资金的需求降低。因此，本文用新型农业经营主体的建立时间来衡量成长周期，考量周期是否影响新型农业经营主体的贷款行为。以往贷款次数和贷款成功率是以往贷款经历的两个重要指标，贷款经历通过路径依赖影响新型农业经营主体的贷款行为。从理论上来说，以往贷款经历越多，贷款成功率越高，则现在利用土地承包经营权抵押贷款的意愿也就越强烈。一方面因为其预期较高，另一方面成熟的贷款经历会减少新型农业经营主体在此贷款的交易成本。

财务状态（X_4）：用资产总额（X_{41}）和负债率（X_{42}）代表新型农业经营主体的财务状态。

（二）影响因素统计分析

具体影响因素的变量统计值如表5－12所示。

表 5-12　　新型农业经营主体行为影响因素统计

代码	变量名	变量赋值	最小值	最大值	变异数	均值	方向
Y	申请行为	没有申请=0；申请=1	0	1	0.501	0.420	
X_{11}	是否资金需求	不需要=0；需要=1	0	1	0.179	0.815	+
X_{12}	资金需求额度	万元	0	550	22391	109.2	+
X_{13}	资金需求用途	基础建设=1；生产=2；销售=3	1	3	0.390	1.762	
X_{21}	了解程度	完全不了解=1；了解小部分=2；基本了解=3；了解大部分=4；完全了解=5	1	5	2.781	4.290	-
X_{22}	态度	不满意=1；小部分满意=2；还行=3；大部分满意=4；非常满意=5	1	5	1.558	3.593	+
X_{31}	组织形式	企业=1；合作社=2；家庭农场=3	1	3	1.556	0.506	
X_{32}	成立年限	年	1	4	0.718	2.111	-
X_{33}	贷款次数	次	0	6	2.085	1.462	+
X_{34}	贷款成功率	%	0	1	0.252	0.612	+
X_{41}	资产总额	50万元以下=1；51万~100万元=2；101万~500万元=3；1001万~3000万元=4；3000万元以上=5	1	5	2.846	1.223	
X_{42}	负债率	10%以下=1；11%~20%=2；21%~50%=3；51%以上=4	1	4	1.454	0.800	

从统计表可见，42.0%的新型农业经营主体利用了土地承包经营权抵押贷款政策，即34人向金融机构提交了贷款申请。新型农业经营主体对资金的需求程度也较高，有81.5%的主体有资金需求，平均资金需求额度是109.2万元，最高资金需求额度是550万元，可见新型农业经营主体对资金需求度、需求金额大。从资金用途来看，23.3%的资金用在基础建设上，57.1%用于生产上，9.5%用在销售上。新型农业经营主体对土地承包经营权抵押贷款的了解程度均值为3.370，即介于基本了解和了解大部分之间。态度均值是3.593，介于还行和大部分满意之间。由此可见，新型经营者主体对土地承包经营权抵押贷款的了解及认可程度较高。从新型农业经营主体的贷款经历来看，最多贷款6次，平均贷款次数为1.462次，平均贷款成功率为61.2%，与农户的贷款与获贷情况相比，新型农业经营主体的贷款次数与获贷率都较高。新型农业经营主体的成立年限平均值为2.111年，最多4年。从资金总额来看，新型农业经营主体主要集中在51万~500万元之间，负债率以10%以下的为主。

（三）模型构建

该小节以新型农业经营主体土地承包经营权抵押贷款行为为因变量，研究自变量对参与行为的影响。因变量是典型的二元选择，根据计量经济学原理，选择二元 Logistic 回归模型进行计量分析。公式表达如下所示：

$$Y = f(x_1、x_2、x_3、x_4) + \mu \quad (5-5)$$

其中，Y 为农户新型农业经营主体的贷款行为，x_1、x_2、x_3、x_4分别代表影响主体参与意愿的资金需求、认知情况、基本特征及财务状况。μ 为随机误差项。设 y=1 的概率为 P，则 y 的分布函数为：

$$F(y) = P^y(1-P)^{(1-y)} \quad (5-6)$$

整体概率函数如下所示：

$$P_i = F(\alpha + \sum \beta_i x_{ij} + \mu) \quad (5-7)$$

其中，P_i表示第 i 个样本新型农业经营主体做出特定选择的概率，β_i为影响因素的回归系数，x_{ij}为 i 个样本新型农业经营主体的第 j 个影响因素，α 表示回归截距。

（四）模型结论

利用 SPSS22 软件，选用二元 Logistic 模型，利用 Bootsrap 扩大样本倍数，进行计量分析，结论如表 5-13 所示。

表 5-13　　新型农业经营主体行为影响因素模型估计结果

因素	变量	实际贷款行为影响因素	
		估计系数（B）	标准误差（S. E）
资金需求	X_{11}	1.917**	0.675
	X_{12}	0.001**	0.001
	X_{13}	0.146	0.179
	X_{22}	-0.035	0.092
基本特征	X_{31}	0.003	0.201
	X_{32}	-0.32	0.105
	X_{33}	0.507**	0.158
	X_{34}	0.143*	0.376
财务状况	X_{41}	0.075	0.083
	X_{42}	0.255*	0.127
Loglikelihood		1132	
Prob > γ^2		0.046	
PseudoR^2		0.885	

回归模型 Log likelihood 值为 1132，PseudoR^2 值为 0.885，说明模型的拟合程度和解释程度较好，选取的变量能较好地解释新型农业经营主体土地承包经营权抵押贷款的行为。

从资金需求因素来看，新型农业经营主体是否具有资金需求、资金需求的额度都在 5% 水平上显著影响新型农业经营主体的抵押贷款行为。即新型农业经营主体对资金越有需求、需求的额度越大，则实际利用土地承包经营权抵押贷款政策的概率就越大。

从认知因素来看，新型农业经营主体对土地承包经营权抵押贷款政策了解变量在 5% 水平上正向影响申请行为，即了解程度越高则申请行为的概率就越大。

从基本特征来看，新型农业经营主体的贷款经历显著影响贷款行为。贷款次数在 5% 水平上正向影响贷款行为，贷款成功率在 10% 水平上正向显著影响贷款行为。即新型农业经营主体曾经贷款次数越多、获贷率越高，则申请行为的概率越高。而新型农业经营主体组织类型及成立的时间并不显著影响行为，可能的原因是新型农业经营主体的成长年限都较低，集中在 2 年左右，变量没有太多离差，导致结果的不显著。

从财务状态来看，负债率在 10% 水平上显著，正向影响新型农业经营主体的贷款申请行为。

（五）申请行为的定量分析

此外，问卷中还针对 47 家未申请土地承包经营权抵押贷款的新型农业经营主体提出定性问项，以此辅助定量分析结果。

具体问项为“为什么不申请土地承包经营权抵押贷款?”，该问项为开放式复合答案，对答案进行统计性分析，得出表 5－14 中的结果：

表 5－14　　新型农业经营主体放弃贷款的原因统计

影响因素	频数（人）	所占比（%）
不知道这件事	12	14
不需要资金	8	10
需要资金，但可以从其他渠道获取	14	17
需要资金，但是手续太麻烦	18	22
需要资金，但是利率太高	6	7
需要资金，担心申请也贷不到	9	11
需要资金，担心还不了	3	4
其他	12	14

因为是开放式回答，所以回答频数大于未申请的新型农业经营主体数。从统计结果来看，排在前3位影响新型农业经营主体贷款行为的因素，分别是手续麻烦、有其他资金来源渠道、信息不畅。担心即使申请了也贷不到的有9位，占总比11%；不需要资金而导致没有申请行为的占10%。该结论与定量分析中的资金需求对行为影响的结论一致。此外，利率及还贷能力的自我评估也会影响农业经营主体的贷款行为。

（六）主要结论

实证模型与定性研究表明，新型农业经营主体参与土地承包经营权抵押贷款实际行为受到以下因素的影响：第一，资金需求与渠道的影响。越有资金需求的新型农业经营主体，需求金额越大则申请行为的概率越大。但资金来源越广，则申请贷款行为就越小。第二，信息的影响。大量新型农业经营主体因为不知道土地承包经营权抵押贷款而未参与其中，信息了解程度越大，则参与的概率越大。第三，贷款成本的影响。利率及办理贷款手续成本都影响新型农业经营主体的申请行为。利率越大、手续越麻烦，则新型农业经营主体的贷款行为概率越低。第四，新型农业经营主体基本特征影响。贷款经历对土地承包经营权抵押贷款行为产生正向影响，以往贷款经历越丰富、获贷率越高，则行为概率越大。值得注意的是新型农业经营主体的组织形式并不影响贷款行为。第五，财务状态影响。负债率越高，则发生贷款行为的可能性越大。

二、影响新型农业经营主体获贷的因素

对申请土地承包经营权抵押贷款的34家新型农业经营主体进行获贷与否分析，统计发现有24家获得了全部申请贷款，占总样本的70%；有3家获得了部分贷款，占总样本的8%；有7家没有获得贷款，占总样本的22%。从数据来看，土地承包经营权抵押贷款有效缓解了新型农业经营主体的资金约束。

对未得到全部贷款及没有获得贷款的10家进行原因访谈，有2家因为抵押物价值不够而没有获得完全资金，有4家因为不符合银行土地承包经营权抵押贷款制度而没有获得完全资金，有1家因为还有未还贷款而没有获得贷款，有3家是其他原因。在4家不符合银行土地承包经营权抵押贷款制度中，4家均已经完成了土地承包经营权的确权和评估环节，但是银行要求新型农业经营主体要取得所有流转土地农户的土地抵押贷款许可证明。新型农业经营主体表示，很难获得所有流转户的抵押贷款证明。一方面流转农户不同意将自己承包流转的土地给新型农业经营主体作为抵押物，或者需要增加流转租金。另一方面，与各农户签订许可证明，对于新型农业经营主体而言要花费很大的精力和成本。因此缺乏承包

者的抵押许可证，新型农业经营主体没有办法获得银行的抵押贷款。

第四节　影响金融机构放贷效果的因素

本节主要回答的问题是：影响金融机构土地承包经营权抵押贷款的因素有哪些，其作用力度有多大的？对该问题的探讨，能在需求大于供给的土地承包经营权抵押贷款市场上，为提高金融机构供给，刺激土地抵押贷款意愿提供理论参考。

本章节的写作内容分成两部分：第一部分以信贷员为调研对象，对影响信贷员意愿的因素做实证分析，第二部分对影响金融机构土地承包经营权抵押贷款实施的因素做分析。

一、影响信贷员放贷意愿的因素

信贷员作为放贷业务的主要承办人员，其放贷意愿与决策行为受到两方面的影响：一方面受到信贷市场的影响，由于信贷员业绩与其业务效果直接挂钩，因此其决策是基于理性经济的考虑，是贷款成本与利润的预期权衡。另一方面，受到公司发展的影响，公司往往会通过对信贷员业务的方向指导达到公司的发展战略目标，因此，信贷员的意愿与行为在一定程度上也反映了公司的发展方向。基于此，对信贷员发放土地承包经营权抵押贷款意愿的因素分析，能较好地反映影响市场与金融机构贷款意愿的因素，对于构建农村土地金融制度具有重要的参考价值。

（一）理论框架

现有文献大多集中于对农户贷款意愿的研究上，以供给方金融机构视角进行要素分析的相对较少。在少量的供给角度文献中，又多以理论分析为主，认为法律法规的限制（林乐芬，2011）①、农地价值不高（王兴稳，2007）②、抵押物处置难（刘贵珍，2009）③、金融制度安排低效（罗剑朝，2003）④ 等是影响以信贷员或者金融机构主管人员为代表的供方市场实施土地承包经营权抵押贷款项目效

① 林乐芬，王军．农村金融机构开展农村土地金融的意愿及影响因素分析［J］．农业经济问题，2011（12）：60－65.

② 王兴稳，纪月清．农地产权，农地价值与农地抵押融资［J］．南京农业大学学报：社会科学版，2007，7（4）：71－75.

③ 刘贵珍．推行农村土地承包经营权抵押贷款的建议［J］．青海金融，2009（1）：29－31.

④ 罗剑朝．博弈与均衡：农地金融制度绩效分析——贵州省湄潭县农地金融制度个案研究与一般政策结论［J］．中国农村观察，2003（3）：43－51.

果的因素。以上文献主要基于法律环境与制度建设的分析，诚然法律环境与制度建设是土地承包经营权抵押贷款开展的宏观大环境，对放贷效果产生直接而重大的影响。但是在短期宏观环境难以调整的情况下，什么因素影响了金融机构的供给意愿也是需要我们所关注的重要问题。因此，本文在法律和制度建设不变的前提下，实证分析影响金融机构供给意愿的影响因素。

参考已有文献的基础上，构建影响以信贷员为代表的供给方贷款意愿的理论框架。Stiglitz（1981）① 以信息不对称理论解释了农村信贷市场配给的原因，即金融机构与贷款者之间关于资金使用、贷款者资信等影响合约是否履约的信息不对称，进而导致了金融机构要求增加抵押物或者实施信贷配给的行为。抵押物的作用有两个：第一是传递贷款者的资信情况，抵押物的价值在一定程度上起到甄别贷款者资信的作用。第二是抵押物的价值大小约束着贷款者的还款行为，抵押物价值越大，则贷款者违约成本越高，履约的激励机制就越强。因此抵押物价值的大小与金融机构放贷决策密切相关。Fishbein 和 Ajzen②（1998）在其理性行为理论及计划行为理论中均指出，行为态度对行为意愿产生显著影响，态度越积极、强度越大，则行为意愿越强烈。基于以上理论，本章从信息、抵押物价值、态度三方面，探讨影响信贷员土地承包经营权抵押贷款意愿的因素。

（二）变量测量及分析框架

信息（X_1）：本文从政策信息及贷款信息两方面反映信息指标。政策信息变量（X_{1-1}）即信贷员对土地承包经营权抵押贷款信息掌握的程度，以问项①你是否了解土地承包经营权抵押贷款政策？获取对应变量数据。贷款信息分成贷款对象信息（X_{1-2}）与贷款资金使用情况（X_{1-3}）两类，指信贷员对贷款信息的掌握程度，对应的问项分别是②你是否能区分土地承包经营权抵押贷款者的资信？③你是否掌握土地承包经营权抵押贷款者获得贷款后的使用情况？一般来说，信贷员信息掌握程度越大，则可控范围越大、放贷风险越小、放贷意愿越强。

抵押物价值（X_2）：通常情况下抵押物价值与贷款总额相比较，形成高与低的程度判别，抵押物价值相对于贷款总额而言越高，则代表贷款人财产资源越强，且违约成本越高，因此信贷员对抵押物价值评价就越高，则信贷员放贷意愿越高。但同时，土地承包经营权作为抵押物，在我国还处于法律上未解禁、政策

---

① Stiglitz，Weiss. credit rationing in markets with imperfectinformation ［J］. American Economic Review. 1981（7）：393 –410.

② Ajzen I. From intentions to actions：A theory of planned behavior ［J］. Action control Springer Berlin Heidelberg，1985：11 –39.

上鼓励实施的阶段，因此不同信贷员对此的判别不同，则必然会影响其放贷意愿。理论上而言，信贷员如果觉得土地不够作为抵押物的要求，则代表他不认可土地的抵押价值，即使当地农地市场价值很高，也会降低信贷员的贷款意愿。基于此，本文从土地价值（X_{2-1}）及土地抵押资格（X_{2-2}）两方面衡量抵押物价值内容，对应的问项分别是④你认为你所在地区的农地值钱吗？⑤你是否认为农地满足金融机构对抵押物的要求。

态度（X_3）：态度即信贷员对土地承包经营权抵押的态度，本文将其分成三个维度考量：一是对政策必要性的态度，二是对政策预期长久性的态度判别，三是整体判别。具体对应问项分别是⑥政策必要性态度（X_{3-1}）——你认为是否有必要开展土地承包经营权抵押贷款？⑦预期长久性（X_{3-2}）——你认为土地承包经营权抵押贷款可以长久实施吗？⑧整体性态度（X_{3-3}）——整体而言，你认为土地承包经营权抵押贷款是否是一项利民的好政策？其他变量及其取值，以及定义、统计性描述与预期影响方向，见表 5－15 所示：

表 5－15　　变量定义、赋值及描述性统计

因素	变量	变量取值及定义	均值	标准差	方向预期
供给意愿 Y		非常不愿意＝1；不愿意＝2；一般＝3；愿意＝4；非常愿意＝5	2.616	1.185	
信息 X_1	政策信息 X_{1-1}	不了解＝0；了解＝0	0.84	0.373	+
	对象信息 X_{1-2}	完全不能＝1；比较不能＝2；一般＝3；比较能＝4；完全能＝5	3.771	0.8773	+
	资金使用信息 x_{1-3}	完全不能掌握＝1；比较不掌握＝2；比较能＝3；一般＝4；完全掌握＝5	4.111	0.7082	+
抵押物 X_2	土地价值 X_{2-1}	不值钱＝1；一般＝2；值钱＝3	2.260	0.6672	+
	抵押资格 X_{2-2}	不具备抵押资格＝0；具备抵押资格＝1	0.056	0.5034	+
态度 X_3	必要性 X_{3-1}	完全不必要＝1；比较不必要＝2；一般＝3；比较必要＝4；完全不要＝5	3.05	1.153	+
	预期长久性 X_{3-2}	完全不必要＝1；比较不必要＝2；一般＝3；比较必要＝4；完全必要＝5	2.972	0.7812	+
控制变量	所在机构 kin	信用社＝1；地方银行＝2；国有银行＝3	1.686	0.7008	
	工作经历 exp	年	5.924	6.249	

（三）模型选择

本文以信贷员土地承包经营权抵押贷款供给意愿为因变量，考量各因素对信贷员贷款行为意愿的影响。意愿是具有序列顺序的五维度，因此选择广义定序Logistic回归模型，模型公式如下所示：

$$Y = f(x_1、x_2、x_3) + \mu \tag{5-8}$$

其中，Y为信贷员供给贷款的意愿，x_1、x_2、x_3分别代表影响信贷员供给意愿的信息、抵押物、态度三个因素。

$$P_i(y_i > j) = g(x\beta_j) \tag{5-9}$$

其中，P_i表示第i个样本信贷员做出意愿选择的概率，β是回归系数，为回归截距。

$$\begin{aligned} &P(y_i = 1) = 1 - g(x_i\beta_j) \\ &P(y_i = j) = g(x_i\beta_{j-1}) - g(x_i\beta_j) \\ &P(y_i = M) = g(x_i\beta_{M-1}) \end{aligned} \tag{5-10}$$

式中M是y的取值，是信贷员土地承包经营权抵押贷款意愿，取值为5个序列类别。j为类别比较值，j = M - 1，取值为1 - 4，当j = 1时表明类别1和类别2、类别3、类别4、类别5比较；当j = 2时表明类别1、类别2和类别3、类别4、类别5比较，以此类推。

（四）模型结果及分析

本文利用统计软件STATA12.0对样本数据纳入回归分析，分析结果如表5 - 16所示。

表5 - 16 信贷员供给意愿回归模型结果

变量		模型1		模型2	
		估计系数	Z值	估计系数	Z值
信息	政策信息 X_{1-1}	2.968 ***	1.040	1.972 **	1.068
	对象信息 X_{1-2}	-0.301	0.231	-0.258	0.236
	资金信息 X_{1-3}	-0.056	0.319	-0.067	0.321
抵押物	土地价值 X_{2-1}	0.063	0.277	0.214	0.276
	抵押资格 X_{2-2}	1.434 ***	0.392	1.222 **	0.396
态度	必要性 X_{3-1}	0.343 **	0.163	0.238 **	0.179
	预期长久性 X_{3-2}	0.317	0.252	0.310	0.250
	整体性态度 X_{3-3}	0.100	0.214	0.155	0.231

续表

变量		模型1		模型2	
		估计系数	Z值	估计系数	Z值
其他	所在机构性质kin			-0.426*	0.243
	工作经验exp			0.016	0.036
Log likelihood		-121.426		-241.392	
Prob > γ^2		0.0000		0.0000	
Lrchi2		158.480		232.80	
Pseudo R^2		0.582		0.641	

注：***、**、*分别表示在1%、5%和10%的水平上显著。

回归结果显示，模型似然比值分别为121.426、241.390，在1%水平上显著；模型的Lrchi2 = 158.480和232.80、Pseudo R^2 = 0.582和0.641，说明模型拟合效果及解释力度较好。

信息（X_1）对信贷员土地承包经营权抵押贷款供给意愿的影响。表5-15显示，信息的三个变量中政策信息（X_{1-1}）在1%水平上显著对信贷员的供给意愿产生影响，影响方向为正，即随着信贷员对政策信息的了解程度增加，越倾向于放出土地承包经营权抵押贷款，该结论符合理论预期。在调研中发现，信贷员对土地承包经营权抵押贷款的了解程度不同，当信贷员完全不了解土地承包经营权抵押贷款时，信贷员会表示国家不允许这么做，因为土地所有权不属于农业经营主体。部分了解土地承包经营权抵押贷款的信贷员知道在土地三权分离的现阶段，国家在尝试进行土地融资，其目的是为了缓解农业经营主体的资金需求，因此是可以尝试供给的。少数信贷员不仅了解我国开展的土地承包经营权抵押贷款的背景和意义，甚至对世界上其他国家开展的土地金融业务熟知，认为不仅在中国而且在其他国家土地金融也是一项有效的农村信贷产品，因此愿意积极在我国尝试土地承包经营权抵押贷款业务。而对象信息与资金信息在此并不显著影响信贷员的供给意愿，其可能的原因是大量样本没有开展土地承包经营权抵押贷款业务的数据样本，因此对未知的对象信息和资金信息并没有确定的答案，导致结论的不确定性。

抵押物（X_2）对信贷员土地承包经营权抵押贷款供给意愿的影响。数据显示，抵押物的两变量中抵押物资格（X_{2-2}）分别在1%和5%水平上显著影响信贷员的供给意愿，且影响方向为正。即信贷员越认为土地具有抵押资格则越倾向于提供土地承包经营权抵押贷款，与理论预期结论相一致。而土地价值并不显著影响供给意愿，可见在现阶段影响信贷员供给的首要因素是“土地是否具有抵押贷款资格”，即资格是首要因素，其次才是土地价值所代表的“能贷多少”的价值评估。

态度（X_3）对信贷员土地承包经营权抵押贷款供给意愿的影响。结果显示，在态度的三变量中，只有必要性（X_{3-1}）在5%水平上显著影响信贷员的供给意愿，即信贷员对土地承包经营权抵押贷款越认同，则贷款意愿越强烈，与我们的理论假设相一致。该结论与林乐芬（2011）认为必要性不显著但正向影响意愿的结论有一定差异，可能与其以信用社行长为调研对象的选择相关。其他预期长久性（X_{3-2}）、整体性态度（X_{3-3}）变量并不显著影响供给意愿，但其系数符号为正，也符合我们最初的理论预期。

控制变量中所在机构性质（kin）在10%水平上显著影响信贷员的供给意愿，从方向上来看，相比较国有银行而言，信用社及地方银行的信贷员提供土地承包经营权抵押贷款意愿更加强烈。可能的原因是，不同金融机构的业务重点造成了供给的差异性，信用社的主要业务面对农村，土地承包经营权抵押贷款属于其业务范围，因此供给性会更强；而四大银行的业务主要在城市，因此将其作为业务的补充领域，信贷员并没有给予过多的重视。信贷员的供给意愿既与信贷员的信贷业务工作年限无关，也与信贷员的资历无关。

以上分析可得：第一，信贷员对土地承包经营权抵押贷款业务的供给并不强烈。第二，现阶段影响信贷员土地承包经营权抵押贷款供给的主要因素依然是土地抵押贷款的合法化，具体体现在政策信息越了解、土地抵押物资格越合理、土地抵押贷款必要性越强，则信贷员的供给意愿越强烈。而影响信贷业务利润、绩效的其他变量指标，并不显著影响供给意愿。

二、影响金融机构放贷实施的因素

在225份有效信贷员样本中，有86份信贷员所在金融机构开展了土地承包经营权抵押贷款业务，其中有75位被调研的信贷员放贷过土地承包经营权抵押贷款。对已开展业务的86位信贷员进行座谈，分别对影响抵押贷款实施的影响因素进行研究，具体内容如下：

（一）放贷对象、放贷项目意愿

学术界普遍认为，金融机构更加倾向于向规模农业经营主体进行放贷。小农户传统的经营方式、细碎化的土地资源，会增加金融机构的放贷成本和风险。基于此，本研究在问卷中设计相应问项①在土地承包经营权抵押贷款放贷中，你更倾向于什么类型的农业经营主体？数据统计结果如表5－17所示。

表 5－17　　信贷员放贷对象意愿

	对象差异				都愿意
	农户	农业企业	合作社	家庭农场	
人数	62				24
频数	10	25	10	23	

因为该问项为多选题，因此以回答的频数来统计。从统计结果来看，有 24 位信贷员表示在土地承包经营权抵押贷款放贷时候，不会区分放贷对象，有 62 位信贷员表示会有对象差异。由此可见，更多比例信贷员会依据身份进行对象选择。对 62 位有对象差异的信贷员做进一步研究，依据选择频数的大小，信贷员的放贷倾向分别是农业企业、家庭农场、合作社和农户。由此可见，在具有对象差异性的选择中，信贷员更加倾向于新型农业经营主体的放贷。

对倾向放贷对象做进一步的细化分析，用问项②你更倾向于哪一类型的农业企业、合作社、家庭农场、农户的放贷？按照条件，将答案做梳理统计，结果见表 5－18 所示。

表 5－18　　信贷员放贷项目意愿

	经营类型		生产类型			规模			条件					
	农业生产	加工服务	传统作物	经济作物	养殖	中小型	大中型	大型	项目	信用	能力	担保	资金	经验
频数	9	18	3	6	9	6	7	15	21	27	24	8	11	9

由表 5－18 数据可见，从经营类型来看，信贷员更加倾向于选择农业加工服务型，即附加价值高的产业；从生产类型来看，更加倾向于经济作物和养殖业，如花卉、茶叶、特色蔬菜等；从规模大小来看，选择中小型规模的有 6 位信贷员，选择大中型和大型规模的有 22 位，可见信贷员更加倾向选择大规模的农业经营主体；从条件来看，信贷员更看重的是农业经营主体的资信信用、还款能力、经营能力及项目。在项目中，首先信贷员指出得到国家政府支持补贴的项目、环保项目及具有较好市场前景的项目都是信贷员放贷的首选；其次信贷员看重农业经营主体的资金多少，特别是固定资金的数目；最后，农业经营经验也影响信贷员的放贷行为，信贷员指出农业是一个高风险行业，自然与市场风险往往是不可控的，而丰富的农业经营经验往往具有较好的预期性与防范准备，因此 3 年以上的农业经营经验是必不可少的。

（二）放贷风险对放贷行为的影响

风险是影响金融机构放贷行为的最大因素，土地承包经营权抵押贷款作为一种新的农村金融改革，其面临的风险较其他信贷产品更加复杂。那么对于金融机构而言，土地承包经营权都有些什么风险？哪些风险直接影响信贷员的放贷行为呢？问卷中设计问项②你所在的金融机构在实施土地承包经营权抵押贷款的时候，存在哪些风险？金融机构是如何进行防范的？数据整理统计，如表 5－19 所示。

表 5－19　　　　信贷员放贷风险选择比例

	抵押物					贷款者		农业		体系	
	合法	价值	获取	保管	处置	信用	能力	市场	自然	市场	法律
频数	5	11	1	2	69	8	9	1	2	3	7

从表 5－19 的统计可以看到，影响信贷员贷款行为的风险主要体现在抵押物、贷款者、农业风险及体系完善程度上。从频数来看，抵押物是制约信贷员贷款行为的最大风险，其中 80.2% 的受访信贷员表示抵押物土地的处置，特别是违约后土地的变现问题是最大的制约。从法律上来说，金融机构不具备交易土地的权利。从市场上来说，土地交易存在地理上、细碎化程度上的处置难问题。因此，法律与市场制约了金融机构对抵押物的处置，“无法处置，处置成本大也就意味着抵押物价值的缺失”大部分信贷员如此表示。土地价值也是信贷员所担心的重要贷款风险之一，具体体现在两方面：一方面抵押物土地承包经营权的评估价值难核定，至今国家没有出台土地承包经营权抵押的评估体系。各试点地尝试使用土地租金价值、土地产出价值等进行评估，尝试组织地方政府评估小组、第三方评估组织等方法进行土地价值评估，但信贷员们依然普遍认为评估出来的土地价值依然被高估。其原因是没有考虑到金融机构对抵押物的处置成本，而仅仅考虑到土地现在的价值，因此存在高估的现象。另一方面，信贷员表示抵押物存在市场价值波动风险，尤其是在偏远农村，随着外出务工人员数量的逐渐增加，土地抛荒低效现象越发严重，土地市场价值也会随之贬值。综上所述，在没有形成一套包括处置成本、市场价值变动的评估办法与标准之前，抵押物价值会严重制约信贷员的放贷行为。除此外，土地作为抵押物的合法性、金融机构对抵押物的保管及获取能力，也都是影响信贷员行为的因素。合法性体现在法律还未解禁的现阶段，要将不合法的土地抵押转变为合法的抵押品，需要相关部门的确权、登记等环节，若此环节缺失或者成本太大，则会直接阻碍信贷员的放贷行为。贷款者风险主要是贷款者的信用及还款能力。8 位信贷员表示，由于农业信贷存在监管难的普遍性问题，因此农业贷款者出现道德风险的概率较高，尤其是那些拥有土地、却不在土地上经营的农业经营主体，更容易出现道德风险。农业风险指的是市场风险和自然风险，少部分信贷员表示由于农业上的双重风险会导致农户收入降低，进而影响农户的还款能力，基于此考虑而缩小信贷供给。体系指的是

土地承包经营权抵押贷款市场体系和相关法律体系，信贷员表示在市场体系和法律体系都还没有完善的情况下，土地承包经营权抵押贷款的违约处置很难，会造成金融机构的财务负担。

（三）政府支持对放贷行为的影响

土地承包经营权抵押贷款在我国依然处于试行阶段，其试点实施的背景是法律上依然没有认可，市场上没有建立起土地承包经营权交易平台。在此环境下，地方试点工作的开展遇到了阻碍，如上文信贷员对土地承包经营权抵押贷款风险的判别可知，土地作为抵押物的合法性及处置，都制约了此项土地金融改革的开展。理论上而言，政府的支持能部分解决此问题，一方面地方政府的支持能给予试点地区的土地承包经营权抵押贷款以合法性，另一方面地方政府的支持在市场还不完善的情况下，能弥补金融机构的经济成本，刺激金融机构的供给行为。基于此，问卷中设计相关问项进行验证考量③你所在金融机构是否得到了地方政府土地承包经营权抵押贷款的专项支持？若有，具体支持内容是什么？将该问项答案与信贷员所在机构是否开展业务进行交叉分析，将贷款行为分成未开展和已经开展两类，将政府支持分成未得到政府支持和得到政府支持两类。数据统计如表5－20所示。

表5－20　　　　地方政府支持与贷款业务开展交叉统计

		贷款业务		
		0 未开展	1 已经开展	合计
政府支持	0 未支持	83	14	98
	1 有支持	56	72	127
	合计	139	86	225

从表5－20统计数据可见：第一，地方政府对土地承包经营权抵押贷款专项支持覆盖了大部分金融机构。有43.4%的金融机构表示没有得到地方政府的支持，有56.6%的金融机构得到了地方政府的土地承包经营权抵押贷款专项支持。其中88.6%的信用社表示拥有专项支持的优惠政策，65.3%的地方银行表示得到专项支持，35.6%的四大银行表示得到专项支持。可见地方政府主要以扶持信用社和地方银行为主。第二，金融机构开展土地承包经营权抵押贷款行为与是否得到政府支持密切相关。从表5－20数据来看，在得到政府支持的127家金融机构中，有56.2%金融机构开展了土地承包经营权抵押贷款；在未得到支持的98家中，有84.3%的金融机构83家未开展土地承包经营权抵押贷款业务。从比例上来看，两者之间具有相关性。进一步将两者做相关性分析，结果显示T值为2.151，在5%水平上两变量显著相关，Spearman相关性为0.383。即在5%水平

上，政府支持行为显著影响金融机构土地承包经营权抵押贷款行为，以便得到政府支持的金融机构放贷的可能性增加38.3%。

地方政府支持的方式是否影响金融机构的行为呢？进一步对金融机构得到支持内容和贷款行为进行分析，将地方政府的支持分成资金支持、非资金支持、双重支持三类，再依据具体支持内容做二级分类。统计结果如表5-21所示：

表5-21　政府支持类型与金融机构放贷行为交叉表

			政府支持		
		资金支持=1	非资金支持=2	双重支持=3	合计
业务开展	未展业务=0	4	30	7	41
	开展业务=1	12	57	17	86
	合计：金融机构	16	87	24	127

从表5-21可得以下结论：第一，现阶段，土地承包经营权抵押贷款项目政府支持以非资金形式为主。在受支持的127家金融机构中，得到非资金支持的比例为68.8%，得到资金支持的比例为12.5%，其中18.8%的金融机构得到了政府双重支持，可见非资金支持是现阶段政府支持的土地承包经营权抵押贷款项目开展的主要方式。其中非资金支持的具体形式包括政府担保、承诺违约后的土地收购的兜后工作及让土地合法化的办证流程，如确权、评估、登记等；资金支持包括地方政府对金融机构的贴息、建立土地承包经营权抵押贷款风险基金、按照业务量补贴金融机构等；双重支持则是多种不同资金支持和非资金支持的组合。按照支持的频数来看，地方政府给予最多的是担保及合法化的办证流程。第二，现阶段，地方政府的支持形式并未对金融机构的供给行为产生显著的影响。资金支持能更好地刺激机构的供给行为，得到资金支持的金融机构中有75.6%的金融机构开展了业务，得到双重支持的机构中有72.2%的机构开展了业务，单纯得到非资金支持的机构中有65.7%的机构开展了业务。但对补贴类型和业务开展变量做回归分析，两者之间不显著相关。从实施效果来看，资金支持相对于非资金支持而言，短期效果好，作用力度强，能有效刺激金融机构的供给行为，但可持续性不强。因此，较好的试点地区往往是先选择资金支持刺激有效供给，再长期辅助非资金支持，特别是政策、市场建设的支持。

（四）制度完善对放贷行为的影响

制度完善是信贷长期性的关键，包括市场制度、信贷制度等，而哪些制度是对金融机构开展土地承包经营权抵押贷款业务的最大影响呢？对此问题的分析，有利于在有限的成本和时间下，地方政府有重点、有先后地进行市场完善。对应问项是④影响你所在金融机构土地承包经营权抵押贷款业务开展的是什么制度？按照重要性请说出三种：参考王兴稳（2007）的排序方法，将重要性第一位赋予权重 0.6，第二位权重 0.3，第三位权重 0.1。然后计算各属性的重要性，分值越大则说明金融机构越看重该项制度。根据信贷员的回答，数据整理如表 5－22 所示。

表 5－22　　金融机构放贷条件排序

	第一	第二	第三	分值
农地产权稳定	133	6	3	81.680
完善的确权、评估、监控体系	9	74	120	39.760
农地市场价值稳定、变现和赎回难易	37	40	22	36.370

从分值来看，影响金融机构放贷供给行为的重要制度分别是土地产权稳定、完善的土地承包经营权抵押贷款制度、土地交易制度。首先，产权稳定是金融机构土地承包经营权抵押贷款供给行为的前提条件。农地产权稳定得分为 81.680，是影响金融机构土地承包经营权抵押贷款业务的关键制度。稳定的产权制度通过两方面影响金融机构的供给行为：一方面，稳定的产权制度刺激农业生产，增加农业经营主体的还款能力。稳定的产权制度能稳定农业经营主体的预期，刺激农业经营主体的农业投资，促使生产积极性高，最终增加农业产出提高主体收入，保证金融机构和农业经营主体的信贷履约率。另一方面，稳定的产权制度能稳定农地的价值，减少农地产权变动引起的农地贬值，保证了抵押品价值的保值。而从我国的土地制度发展来看，我国的农地产权制度也朝着稳定、清晰的途径发展。实施家庭联产承包责任制后，国家规定农户对特定地块的承包权只有 2～3 年，承包地块需频繁调整；1984 年下发的《关于 1984 年农村工作的通知》规定，将土地承包经营权延长到 15 年以上；1993 年 11 月国家颁布的《关于当前农业和农村经济发展的若干政策措施》决定，土地的承包期再延长 30 年不变，要求各地实施“增人不增地，减人不减地”的办法；2008 年《中共中央关于推进农村改革发展若干重大问题的决定》文件中明确指出“现有土地承包关系要保持稳定并长久不变”。由此可见，农地产权稳定是金融机构开展土地承包经营权抵押贷款的前提条件，而我国土地制度改革的方向正与此吻合。其次，合法、完善的贷款制度是影响金融机构土地承包经营权抵押贷款供给行为的关键因素。从数值上来看，该项制度得分为 39.760，排序第二。完善的确权、评估、监控体系，一方面是土地作为抵押物合法化的必然程序，另一方面也是抵押物公平价值的体现。最后，土地交易制度是影响金融机构土地承包经营权抵押贷款供给行为的保障因素。该项制度得分 36.37，排序第三。土地交易制度包括土地的市场价值稳定程度、变现难易程度及取消贷款人赎回农地权利的难易程度。该项制度与金融机构的风险防范有关，土地交易制度越完善，则违约后土地处置的交易成本

越小、风险越小，则越刺激金融机构的供给行为。本文所得结论与王兴稳(2007)① 的农地市场价值、农地产权稳定、赎回农地权利及寻求农地购买者所需费用的四大重要影响因素基本一致。可见，产权制度、抵押制度及交易制度是影响金融机构土地承包经营权抵押贷款供给行为的共性因素。

第五节　小结

本章节对影响农户、新型农业经营主体、金融机构土地承包经营权抵押贷款效果的因素进行实证分析。主要结论有以下几个：

一、农户效果影响因素分析

第一，农户参与意愿影响因素。选择利率作为内因影响因素，个人特征、家庭特征等变量作为外因影响因素。结果表明：土地承包经营权抵押贷款利率对农户的贷款意愿有显著稳定的负向影响，土地抵押贷款的替代利率对农户的贷款意愿有正向影响，即替代利率越高，农户的土地承包经营权抵押贷款意愿越低。其他外因影响因素有受教育程度、耕地面积、土地抵押贷款认知变量。

第二，农户参与行为影响因素。选用计划行为理论对农户参与土地承包经营权抵押贷款的行为进行实证分析。结论表明：农户行为态度、主观规范性、行为控制作用于农户抵押贷款意愿，农户抵押贷款意愿中介影响农户参与行为；主观规范与行为控制也直接影响农户参与行为，其中行为控制影响最大。即农户对土地承包经营权抵押态度越积极、别人知晓程度越低、舆论压力越小，则主观控制越强；认为获贷越容易、行为控制越强，则农户参与土地承包经营权抵押贷款行为倾向就越强。

第三，农户福利影响因素。分别对获贷农户的农业家庭收入、生产规模、农业技术、农业结构四个福利变量求影响因素。结论表明：获贷农户家庭劳动力数量越多，获贷后农业收入福利越大；土地承包经营权抵押贷款利率越低，则获贷农户越容易扩大农业生产规模；获贷农户受教育程度越大，则越倾向于技术的引进；获贷农户生产规模越小，则获贷农户越倾向于向第三产业发展，调整农业结构。

---

① 王兴稳. 农地产权，农地价值与农地抵押融资——基于农村信贷员的调查研究 [J]. 南京农业大学学报，2007 (4)：71 - 75.

二、新型农业经营主体效果影响因素分析

第一，新型农业经营主体行为影响因素。选用二元 Logit 回归对新型农业经营主体参与土地承包经营权抵押贷款影响因素进行实证。结论表明，新型农业经营主体是否具有资金需求、资金需求额、对土地承包经营权抵押贷款了解情况、曾经的借贷次数与成功率、资产负债率均显著影响新型农业经营主体的土地承包经营权抵押贷款行为。此外，对未申请土地承包经营权抵押贷款的新型农业经营主体进行定性分析，发现贷款利率大小、贷款手续的复杂程度、金融机构的借贷配给程度、自我资金需求及获取资金渠道，都对行为产生影响。

第二，新型农业经营主体获贷影响因素。以访谈法获知，土地承包经营权抵押的价值及金融机构对土地承包经营权抵押贷款的制度要求，影响了新型农业经营主体获贷及获贷程度。

三、金融机构效果影响因素分析

对影响信贷员放贷意愿、金融机构放贷行为两方面进行量化分析，主要结论有：

第一，信贷员放贷意愿的影响因素。基于信息不对称、计划行为理论等，构建影响信贷员土地承包经营权抵押贷款供给意愿因素模型，引入信息、抵押物价值、态度三维度影响因素，选用广义定序 Logistic 回归模型对 225 份有效问卷进行实证分析。回归结论表明，政策信息、土地是否具有抵押品资格、土地承包经营权抵押贷款必要性态度、金融机构类型显著影响信贷员的供给意愿。结论进一步表明，现阶段信贷员更加看重土地承包经营权抵押贷款的合法性。

第二，金融机构放贷行为的影响因素。分别从放贷对象、政府支持、制度完善三方面分析影响金融机构的供给行为。从放贷对象来看，86 份有放贷行为的金融机构中存在放贷对象的差异性，即金融机构更加倾向对新型农业经营主体发放土地承包经营权抵押贷款项目，且倾向于附加价值大的经济作物和大规模的、信用条件好、还款能力高、有项目的新型农业经营主体。从政府支持来看，地方政府支持覆盖了大部分金融机构，政府支持与否显著影响金融机构的放贷行为，但支持的形式不显著影响金融机构的供给行为。从制度完善来看，金融机构最看重的是农地产权稳定、抵押贷款制度完善及土地交易制度。

第六章 存在的主要问题及对策建议

第一节 存在的主要问题

一、农村土地承包经营权抵押贷款依然存在法制约束

现阶段我国依然缺乏实际可操作的土地承包经营权抵押贷款法制保障。随着土地承包经营权抵押贷款试点的推进，国家已通过文件在制度上赋予土地产权抵押功能，但在基本法律上依然没有给予土地承包经营权抵押权利，且在抵押后续处理上也没有对应的制度指导，这导致在操作中土地产权的抵押权依然得不到实际意义上的实现。

现行的土地承包经营权抵押贷款的法制环境是文件制度上解禁但法制上依然存在约束。2015 年国务院下发《国务院关于开展农村承包土地的经营权和农民住房财产权抵押贷款试点的指导意见》① 《全国人民代表大会常务委员会关于授权国务院在北京市大兴区等 232 个试点县（市、区）、天津市蓟县等 59 个试点县（市、区）行政区域分别暂时调整实施有关法律规定的决定》② 两个文件，分别指出“试点涉及突破《中华人民共和国物权法》第 184 条、《中华人民共和国担保法》第 37 条相关法律条款，由国务院按程序提请全国人大常委会授权，允许试点地区在试点期间暂停执行相关法律条款”，以及“授权国务院在北京市大兴区等 232 各试点县（市、区）行政区域，暂时调整实施《中华人民共和国物权

① 国务院．关于开展农村承包土地的经营权和农民住房财产权抵押贷款试点的指导意见［Z］．2015－8－24.

② 国务院．关于授权国务院在北京市大兴区等 232 个试点县天津市蓟县等 59 个试点县行政区域分别暂时调整实施有关法律规定的决定［Z］．2015－12－27.

法》《中华人民共和国担保法》关于集体所有的耕地使用权不得抵押的规定”。文件从制度上赋予了土地承包经营权抵押权利，有效促使地方政府推进土地承包经营权抵押贷款改革。然而文件中并没有对抵押后土地承包经营权的处置问题作出进一步指示，且法律上也未真正赋予土地承包经营权以抵押权，从而导致普遍存在地方政府开展土地承包经营权抵押贷款容易，但切实独立运行较难的现象。

二、农村土地承包经营权抵押贷款的“普惠性”不足

普惠性金融提出，要让更多弱势群体如贫困农户、城镇低收入人群等，获得金融机会，共享金融利益。但从现阶段的土地承包经营权抵押贷款试点实施效果来看，其普惠性不足，尤其是贫困农户的覆盖面较窄。

从模式设定来看，低资本农户较难被覆盖，其中包括供给推动型模式对经济资本的要求、需求推动型模式对社会资本的要求。供给推动型的土地承包经营权抵押贷款模式分别从政府角度、金融机构角度设定抵押贷款模式，为有效控制贷款风险，二者均设定供给门槛，而这些门槛无疑会降低土地承包经营权抵押贷款的普惠性，将“低经济资本”农户挤出获贷行列。这些门槛包括：①设置抵押土地规模下限，挤压出传统农户。贵州凤冈县政府供给推动型模式要求抵押土地须在10亩以上，嘉兴南湖区金融机构供给推动型模式要求抵押土地须在20亩以上，重庆江津区的直接贷款与反担保贷款模式均须20亩以上的土地规模。在实地调研中发现，户均承包面积为4.13亩，以贵州凤冈县农户为例，需流入5.87亩以上土地的农户才能参与土地承包经营权抵押贷款。②不接受土地承包经营权单独抵押贷款，需要一篮子物品捆绑抵押。贵州凤冈县模式接受地上附着物作为抵押，嘉兴南湖区模式接受以土地经营权的流转费及土地上的资产物作为抵押，而重庆江津区模式接受土地上的资产作为抵押。由此可见，供给推动型模式的贷款对象实际上是瞄准具有一定经济基础和规模的新型农业经营主体，而传统农户无论是土地面积还是土地上的资产物均较难达到模式所设定的门槛。需求推动型模式从农户基础设置了抵押贷款的门槛，更多利用社会资本减少风险，如宁夏同心县要求借贷农户必须是村土地流转合作组织成员，且需要两名以上的成员做联保，重庆江津区互助社要求必须是社员才能参与土地抵押贷款，而合作组织及互助社的成员数量存在一定的限制，其往往通过农户资本存量来筛选社员。这些门槛的设定将限制经济资本、社会资本不足的农户进入受益群体。

从实施效果来看，土地承包经营权抵押贷款的受益群体是新型农业经营主体和优质农户。首先，就土地承包经营权抵押贷款四个试点区实施效果而言，受益群体多为新型农业经营主体。贵州凤冈县自2009～2014年有12家新型农业经营主体从中受益；嘉兴南湖区自2011～2014年有20家新型农业经营主体从中受

益；重庆江津区自 2012 ~ 2015 年有 89 家新型农业经营主体和 673 户农户从中受益；宁夏同心县自 2009 ~ 2015 年累计受益 75442 户农户。可见，除重庆江津区和宁夏同心县的需求推动型模式的受益群体为农户外，其他模式的受益群体均为新型农业经营主体。其次，从全试点区调研数据来看，在有资金需求的 1156 样本农户中，仅有 274 户获得全额土地承包经营权抵押贷款，占总样本的 23.7%；95 户获得部分贷款，占总样本的 8.21%。在有资金需求的 66 家新型农业经营主体中，有 24 家获得全额贷款，占总样本的 36.4%，共获得部分贷款的有 3 家，占总样本的 4.55%。

综上所述，无论是从模式设定还是从模式实施效果来看，土地承包经营权抵押贷款更多的是面向新型农业经营主体与社会资本、经济资本较强的农户群体。而获贷能力最弱的一般和贫困农户被排除在外，且该类群体多是由于缺乏抵押物而受到信贷约束。因此，最贫困最弱势的群体并没有因土地承包经营权可用于抵押贷款而得到信贷缓解，进而言之，土地承包经营权抵押贷款在实施过程中普惠性不够。

三、金融机构土地承包经营权抵押贷款有效供给不够

金融机构作为土地承包经营权抵押贷款的实际供给组织，其供给行为直接影响试点效果。但从试点实施效果来看，金融机构普遍存在有效供给不足的问题。

金融机构的供给性不足体现在以下几个方面：第一，相对于农业经营主体的需求而言，金融机构的供给不足。从调研数据来看，农业经营主体的农业资金需求性很强，其中有 59.2% 的农户表示有贷款资金需求，平均需求规模为 8.26 万元；81.5% 的新型农业经营主体有贷款资金需求，平均需求规模为 82.2 万元。与农业经营主体强烈资金需求相对应的是高的抵押贷款意愿。在五维度的意愿值中，农户的意愿均值为 3.26，其中 25% 的农户表示愿意尝试土地承包经营权抵押贷款，31% 的农户表示想利用该政策，21% 的农户表示非常想申请土地承包经营权抵押贷款。新型农业经营主体的意愿均值为 4.29，介于愿意与非常愿意之间，其中选择非常愿意的有 57%。然而农业经营主体对土地承包经营权抵押贷款强烈的需求相对应的是金融机构对待土地承包经营权抵押贷款的谨慎供给态度。从调研数据来看，49.3% 的信贷员认为现有的土地承包经营权不能满足金融机构的抵押条件，21.9% 的信贷员表示不愿意使用土地承包经营权抵押贷款，25.7% 的信贷员表示不太愿意，放贷意愿的均值仅为 2.6，介于不愿意和一般之间，远低于农户 3.26 和新型农业经营主体 4.29 的意愿均值。可见，从主观意愿来看，金融机构的供给相对于农业经营主体的需求而言是不足的。第二，相对于农村信用贷款而言，金融机构的土地承包经营权抵押贷款供给不足。调研发现，在有贷款需求的 1156 份样本农户中，通过信用社获得一次贷款的有 798 户农户；

在两次借贷经历的621户中有427户通过信用社获得；在三次借贷经历的301户农户中，有235户是通过信用社获得。可见，农户使用信用贷款的比例非常高，且随着借贷次数的增加，信用贷款的被利用率更高。与信用贷款相比，土地承包经营权抵押贷款利用率和满足度较低，在试点区，1156份有贷款需求的农户中，只有321户农户获得全额贷款，39户获得部分贷款，供给率只有3.11%。进一步对试点地区土地承包经营权抵押贷款业务占比进行调研，平均而言，土地承包经营权抵押贷款占整个金融机构贷款总额的2.21%，其中宁夏同心县农村信用社最高为12.3%，贵州台江信用社最低仅占0.1%。由此可见，无论从农户的获贷情况，还是金融机构的放贷情况来看，相对于农村信用贷款而言，土地承包经营权抵押贷款的供给存在不足。

金融机构作为市场中的营利性机构，其供给的可持续性从理论上而言取决于土地承包经营权抵押贷款的净收益，当土地承包经营权抵押贷款的利润大于成本时则具有可持续性，且二者之差越大可持续性越强。但从试点地区土地承包经营权抵押贷款实施效果来看，大部分金融机构的供给有效性不足，主要体现在以下几点：第一，金融机构开展土地承包经营权抵押贷款多为完成“政府任务”。在贵州省凤冈县、嘉兴市南湖区、重庆江津区的访谈中，金融机构与地方政府表示是为响应号召而开展土地承包经营权抵押贷款，且嘉兴南湖区、重庆江津区的相关人员表示，利用土地承包经营权抵押贷款获贷金额较少，农户可抵押土地的价值在3万元以内，农户表示小额资金的需求完全可依靠外出打工或向亲朋好友借贷获取。金融机构开展土地承包经营权抵押贷款业务，更多是基于“政策”目的去寻找合适的贷款方，因此土地承包经营权抵押贷款的“政策性”强于“市场性”。第二，地方政府利率指导导致金融机构开展土地承包经营权抵押贷款的市场动力不足。由农户土地承包经营权抵押贷款行为的实证分析可知，利率是影响农户土地承包经营权抵押贷款行为的重要因素。虽然我国正逐步推进金融开放和利率市场化，但地方政府依然在土地承包经营权抵押贷款的利率设定上给予一定的指导，多控制在基准利率的50%以内上下波动，即在6%～9.6%之间，而该利率不足以弥补金融机构开展土地承包经营权抵押贷款的成本。相对而言，重庆江津区的资金互助社是完全基于市场化的融资组织，无政府的指导参与，将利率设定在12%～15%之间，该区间更能反映现阶段土地承包经营权抵押贷款的真实市场利率值。可见，多数金融机构设置的低利率会导致金融机构的市场动力不足，降低其市场供给的有效性。

四、农业经营主体土地承包经营权抵押贷款需求被抑制

农业经营主体的土地承包经营权抵押贷款需求受到的抑制，主要体现在参与

意愿、申请行为和获贷情况三个方面。

第一，农业经营主体的土地承包经营权抵押贷款参与意愿被抑制。农业经营主体有着较强的资金需求，但其参与土地承包经营权抵押贷款的意愿可能由于信息不完全、利率较高等原因受到抑制。首先，从农户角度来看，在1953份全样本农户中有59%的农户明确表示在近3年内有资金贷款需求，平均资金需求规模为8.26万元；就该政策了解程度而言，采用五维度来进行衡量，在全样本农户中，1152户农户表示完全了解土地承包经营权抵押贷款，占总样本的59%，273户农户表示知道但是不太了解，占总样本的14%，而了解程度较高的（即完全了解和了解大部分）农户仅占10%，进一步通过描述统计分析得出全样本农户的政策了解均值仅为1.84，介于完全不了解和了解小部分之间，可见农户受到较为严重的信息制约。从而针对农户进行有效信息补充后，再对其参与意愿进行调研，结果发现，21%的农户表示非常想利用土地承包经营权抵押贷款，31%的农户表示出有较大意愿，25%的农户表示可以一试，其总体意愿均值为3.40。因此，在信息充分条件下农户具有较强的土地承包经营权抵押贷款参与意愿。其次，从新型农业经营主体角度来看，81%的新型农业经营主体具有资金需求，平均需求额度为82.2万元。但只有50%的新型农业经营主体表示较高程度地了解土地承包经营权抵押贷款，29%的新型农业经营主体表示完全不知道，其整体了解均值为3.31，介于基本了解和部分了解之间，进一步对其补充信息后，81%的新型农业经营主体表示愿意利用土地承包经营权抵押贷款，平均意愿值为4.29。通过上述分析可见，信息不完全对农户与新型农业经营主体的土地承包经营权抵押贷款参与意愿具有一定的抑制性。最后，从对大样本实证分析结果来看，利率、受教育程度都不同程度影响着农户的土地承包经营权抵押贷款意愿。其中土地承包经营权抵押贷款利率负向影响农户抵押贷款意愿，而替代利率如信用贷款利率则呈现正向影响。利率作为贷款成本，尤其在利率市场化背景下对农户的贷款意愿影响更为强烈，以重庆江津区互助社模式为例，土地承包经营权抵押贷款利率设定为12%～15%，农户表示在小额贷款中，更倾向于选择信用贷款，可见高利率抑制了农户的贷款意愿。针对受教育程度这一因素，具体表现为受教育程度越低，对土地的依赖性越强，接受新鲜事物的能力越低，参与土地承包经营权抵押贷款的意愿也就越低。由上可知，信息不完全是制约农业经营主体贷款意愿的主要原因，而高利率与受教育程度较低同样制约着农户的贷款意愿。

第二，农业经营主体的土地承包经营权抵押贷款的申请行为被抑制。在具有较强贷款需求的农业经营主体中，仅有37%的农户、52%的新型农业经营主体申请了土地承包经营权抵押贷款，表明申请行为受到抑制。从试点区的农户调研来看，贷款门槛即准入条件限制了农户土地承包经营权抵押贷款申请行为。准入条件宽松即农户门槛低的，土地承包经营权抵押贷款利用率高；准入条件严格即农户门槛高的，利用率则非常低。如制度环境宽松的宁夏同心县“农户需求推动型模式”下有88%的农户申请了土地承包经营权抵押贷款，农户贷款门槛较高的贵州凤冈县、嘉兴南湖区的“供给推动型模式下”分别仅有9%和3%的农户申请土地承包经营权抵押贷款。从对大样本实证分析结果来看，影响农户抵押贷款行为的因素有行为意愿、行为态度、行为主观规范和感知行为控制。在外部土地承包经营权抵押贷款假设一定的情况下，农户参与土地承包经营权抵押贷款的意愿越强、外部行为压力越小、自我控制力度越大，则土地承包经营权抵押贷款的申请行为越积极。数据表明，农户的土地承包经营权抵押贷款意愿均值为3.51、行为态度均值为3.36、主观规范均值为4.01、行为控制均值为3.19，以五维度来衡量，表明影响农户内生行为的意愿、态度、规范与行为控制都在平均值以上，具有较高的内在行为动力。由此可见，贷款门槛是制约农户土地承包经营权抵押贷款的主要因素。从试点区的新型农业经营主体调研来看，信息不均衡是制约新型农业经营主体申请行为的首要因素，贷款成本亦影响新型农业经营主体的申贷行为。14%的新型农业经营主体表示因为不了解相关信息，而未申请土地承包经营权抵押贷款，实证数据亦表明对土地承包经营权抵押贷款的认知正向影响其贷款行为。贷款成本包括直接成本利率和间接成本过程耗费，实证分析数据表明贷款成本与行为成反比关系，有29%的新型农业经营主体是由于成本较高而放弃申请。因此，信息不均衡与贷款成本高昂，均制约着新型农业经营的申请行为。

第三，供给推动模式下的农户土地承包经营权抵押贷款受到较大抑制。数据表明，贵州凤冈县未得到贷款的农户占申请农户的平均比例为77%、嘉兴南湖区的比例为100%、重庆江津区的比例为50%，平均受到的土地承包经营权抵押贷款约束率为76%。抑制性具体体现在以下几个方面：一是，与农村信用贷款相比，供给推动模式下农户受到极大的信贷约束。2009年中国人民银行农户借贷情况问卷调查分析小组（2009）[①] 进行大样本调研，发现只有11.4%的农户提出没有获得信用贷款，童馨乐（2015）[②] 在对全国调研问卷中发现有21.36%的申请农户未获得贷款。二是，与需求推动型模式下的获贷情况相比，供给推动型模式下的农户受到信贷约束的程度更高。宁夏同心县的需求推动型模式下农户受到的信贷约束率仅为5%，而86%的农户申请并获得全部贷款，9%的农户申请但只获得部分贷款。三是，与新型农业经营主体的获贷情况相比，供给推动型模

① 中国人民银行农户借贷情况问卷调查分析小组．农户借贷情况问卷调查分析报告［M］．北京：经济科学出版社．2009.

② 童馨乐，杜婷，徐菲菲等．需求视角下农户借贷行为分析——以六省农户调查数据为例［J］．农业经济问题，2015（9）：89－96.

式下的农户面临更大的信贷约束。新型农业经营主体受到的信贷约束率为22%，其中70%申请并获得全部贷款，8%申请并获得部分贷款，新型农业经营主体受到的信贷约束率比供给推动型模式下农户的平均约束率低54个百分比。

造成供给推动型模式下农户获贷约束严重的原因有以下三点：一是，准入条件是造成农户与新型农业经营主体，在供给模式与需求模式下农户获贷约束差异的主要原因。供给推动型模式下，为了减少风险、摸索经验，土地承包经营权抵押贷款的模式设计中往往更加倾向信用风险低、资信较高的新型农业经营主体。需求推动型模式是站在农户角度而设计的制度，因此农户准入度高，其获贷率也就更高。二是，周期不同造成信用贷款与土地承包经营权抵押贷款的获贷约束差异。现阶段我国的土地承包经营权抵押贷款仍处于先试先行的摸索阶段，而农村信用社的信用贷款已处于相对成熟阶段，其无论从贷前评估还是从贷后风险处置都已达到最优配置，因此相比较信用贷款而言，农户的土地承包经营权抵押贷款会受到更大的约束。

第二节　对策建议

一、赋抵押权于民，放活土地市场

我国开展土地承包经营权抵押贷款的法制背景是法律上未解禁，但地方政府进行了突破性的探索。虽然政策层面上我国政府不断加大对土地承包经营权抵押贷款的支持力度，如从允许土地承包经营权抵押贷款试点，到扩大试点区范围及出台整体实施意见，但是法律层面并未松动，会给现行及以后的土地承包经营权抵押贷款实施带来制度上的障碍。这些障碍具体体现在以下几个方面：第一，增加现有土地承包经营权抵押贷款的交易成本。地方政府若要规避土地使用权和承包权不可以用于抵押的法律制度，必定要设定一系列合法的、与土地相关的抵押产权相关且认可产权抵押贷款的程序，这势必会增加参与抵押贷款各方的交易成本，削弱抵押贷款的实际效果。第二，减少土地的资本价值。在我国土地“三权分置”的背景下，多数地方政府都将法律没有明文禁止的经营权与流转权作为抵押物，并转变为“合法”的抵押贷款形式。但正如巴泽尔（1997）[①] 所说，产权的细分与分割也是价值的细分和分割，土地的经营权与流转权作为抵押，会大幅度削减其抵押价值，导致在经济较为发达的地区如嘉兴南湖区，农业经营主体认

---

① 巴泽尔．产权的经济分析［M］．上海：三联书店上海分店，1997.

为土地价值不高，可贷款额度与需求额度相比显得微不足道，土地承包经营权抵押贷款的意义并不显著。第三，降低土地承包经营权抵押贷款的供给动力。土地不具备合法抵押物资格会给金融机构带来一系列风险，尤其体现在违约后的处置风险上，直接降低了金融机构的贷款供给意愿。基于以上三个方面，本研究建议从国家法律及地方政策角度赋予土地承包经营权抵押贷款的合法性。

（一）修改国家相关法律，赋予土地承包经营权抵押贷款合法性

在我国集体所有权不改变的前提下，修改与土地相关的法律制度，在土地产权细分的基础上赋予土地承包经营权抵押贷款的合法性。

第一，明确界定可抵押贷款的土地产权。土地产权是一束权利组合，经过多年的土地制度变迁，现阶段我国土地产权划分为所有权、承包权和经营权，即所谓的“三权分置”。基于公平与安全角度考虑的集体所有权不变和承包权稳定不变的前提下，建议：一方面细化现有土地产权束，挖掘可合理交易的产权束，具体来讲，可将经营权进一步细分为流转权、流转经营权、收益权、流转收益权和处置权，并赋予细分经营权抵押贷款的合法性；另一方面逐步放宽土地产权的交易范围，随着农村市场化的推进、城乡统筹发展的步伐加快，允许土地承包经营权抵押贷款显得尤为重要。嘉兴南湖区成功探索的城乡统筹“两分两换”模式表明农户在具备城市生存能力的前提下，会选择退出土地。多国发展历史亦表明，城乡统筹发展转移出部分农户是经济发展的必然，因此逐步放开承包经营权的抵押贷款限制条件，从经济及安全上来讲是切实可行的。

第二，修改相关法律法规。现阶段我国并未从法律层面解禁土地承包经营权抵押贷款，但通过政策文件逐步赋予其合法的抵押贷款资格。如 2015 年 8 月国务院下发的《国务院关于开展农村承包土地的经营权和农民住房财产抵押贷款试点的指导意见》中指出“试点涉及突破《中华人民共和国物权法》第一百八十四条、《中华人民共和国担保法》第三十七条等相关法律条款，由国务院按程序提请全国人大常委会授权，允许试点地区在试点期间暂停执行相关法律条款”①；2015 年 12 月第十二届全国人民代表大会常务委员会第十八次会议通过的《全国人民代表大会常务委员会关于授权国务院在北京市大兴区等 232 个试点县（市、区）、天津市蓟县等 59 个试点县（市、区）行政区域分别暂时调整实施有关法律规定的决定》中指出“授权国务院在北京市大兴区等 232 个试点县（市、区）行政区域，暂时调整实施《中华人民共和国物权法》、《中华人民共和国担保法》

① 国务院．关于开展农村承包土地的经营权和农民住房财产权抵押贷款试点的指导意见［Z］．2015－08－24.

关于集体所有的耕地使用权不得抵押的规定”①。这些破冰之举，均为我国土地承包经营权抵押贷款的合法性实施提供保障。除此之外，国家政府仍需要从法律层面直接赋予土地承包经营权抵押贷款合法性。需要修改的法律包括《物权法》《担保法》《土地承包法》，具体而言，建议对《担保法》的第37条进行修订，在原有条款“耕地、宅基地、自留地、自留山等集体所有的土地使用权不得抵押”② 后增加“耕地经营权、流转权、收益权和处置权允许抵押贷款”内容；建议对《土地承包法》的第49条进行修改，原有条款“通过招标、拍卖、公开协商等方式承包的农村土地，依法登记取得土地承包经营权证或林权证等证书的，其土地承包经营权可以依法采取转让、出租、入股、抵押或者其他方式流转”③ 增加“农村集体经济组织内部分配的家庭承包地，依法取得土地承包经营权证的，土地经营权可以抵押”内容；建议对《物权法》的相关规定进行修改，即第133条“通过招标、拍卖、公开协商等方式承包荒地等农村土地、依照农村土地承包法等法律和国务院的有关规定，其土地承包经营权可以转让、入股、抵押或者以其他方式流转”，第180条“以招标、拍卖、公开协商取得的荒地等土地承包经营权可以抵押”进行相应修改④，即通过集体分配的农村土地承包经营权在抵押范围上予以合法化，允许抵押贷款的土地产权是经营权和流转权。由此，确认和巩固《担保法》《土地承包法》《物权法》中允许家庭承包方式取得的土地承包经营权可用于抵押贷款的基本立场。

（二）建议地方政府出台相关政策，积极探索多产权土地承包经营权抵押贷款

现阶段，各试点地方政府多方位探索开展土地承包经营权抵押贷款，并取得了一定的成果。如嘉兴南湖区的土地流转经营权抵押贷款、宁夏同心县的土地反抵押经营权抵押贷款、四川成都的土地经营权抵押担保贷款、贵州凤冈县的土地附着物抵押贷款等。从经验来看，无论是政府自上而下的推动还是农户自下而上的开展，最后的实施均需得到地方政府的认可。因此，为进一步完善试点地区抵押贷款工作及后期全国大范围推广，地方政府需出台相关政策，保障并支持土地承包经营权抵押贷款的顺利实施。具体可从以下几个方面进行探索：

第一，地方政府应该对土地承包经营权抵押贷款的长期性有深刻的认知。土地承包经营权抵押贷款作为一种新型的农村金融创新方式，是解决农民融资难问题的有效途径。因此，地方政府不能割裂地看待，亦不能仅把其当作一种尝试

---

① 国务院．关于授权国务院在北京市大兴区等232个试点县天津市蓟县等59个试点县行政区域分别暂时调整实施有关法律规定的决定［Z］．2015－12－27.

② 全国人民代表大会．中华人民共和国担保法［Z］．1995－06－30.

③ 全国人民代表大会．中华人民共和国农村土地承包法［Z］．2002－08－29.

④ 全国人民代表大会．中华人民共和国物权法［Z］．2007－03－16.

“静观其变”，需要将其融入新农村建设及城乡统筹发展的长期工作中。只有地方政府给予长期稳定性支持，才能带给金融机构及农户稳定的预期，积极响应并利用土地承包经营权抵押贷款，从而提升其实施效果。

第二，地方政府出台相关政策意见，规范土地承包经营权抵押贷款的实施。地方政府以国家出台的有关土地承包经营权抵押贷款意见为指导，结合地方实际情况，制定更加具体细化的地方政策意见。在出台相关政策中，应注意以下几个方面：首先，确立土地承包经营权抵押贷款制度的合规性，明确且详细规定抵押贷款的主体与客体范围。在国家指导意见的基础上，可进行适当探索创新，通过拓展农地的细分产权，扩大抵押贷款的权限范围，设计出产权与其他资产的多种组合，鼓励更多形式的金融创新。其次，制定明晰的相关制度条款，规范具体的操作实践。规范且明晰的制度条款，一方面能给金融机构、农户提供抵押贷款的具体流程，保证交易主体之间的信息充分，减少信息不完全所带来的不良后果，尤其需加大农业经营主体特别是农户对土地承包经营权抵押贷款的认知，增加其利用率；另一方面能减少抵押贷款的交易成本，地方政府在借鉴其他试点地区的经验并结合本地区的金融发展现状，制定相适宜的贷款规则，在一定程度上降低摸索过程中带来的交易成本。最后，地方政府及时建立与土地承包经营权抵押贷款配套的政策与机构。为了后期土地承包经营权抵押贷款的顺利开展，减少抵押贷款的实施障碍，地方政府需在现有的机构和政策基础上，制定能落地实施的政策。在机构设置中尤为注意的是，土地交易平台是抵押贷款能否有效实施的关键，地方政府应该赋予其独立的职权，如独立的人事权与核算权等。

二、结合试点经验，探索合宜模式

贷款模式对实施效果的影响是直接的，不适宜的贷款模式，一方面会削弱供需双方的行为意愿，降低覆盖面；另一方面会在实施中增加交易成本，减弱实施效果。因此，各地方政府应借鉴试点模式经验，积极探索适宜本地的土地承包经营权抵押贷款模式。

（一）借鉴试点模式经验，探索适宜模式

适时调整贷款模式，最终实现模式的帕累托最优。最优模式不仅与当地经济、社会相适应，还与当地农村金融发展相适宜。结合试点区的贷款模式分析，建议地方政府从以下几个方面积极探索：

第一，在贷款模式制定前，地方政府应认真研学试点区的贷款模式。国内已有较多地方成功开展土地承包经营权抵押贷款，积累了丰富的实践经验，当然其中亦有失败的案例，从中汲取经验教训，可为当地的抵押贷款制度设计提供宝贵

的经验借鉴。

第二，在贷款模式制定时，地方政府应以尊重内生制度演变为主、外生制度演变为辅。从本研究的分析中可看出，模式的发展存在两种途径：一种是内生的制度演变，如宁夏同心县的贷款模式，另一种是外生的制度演变，如贵州凤冈县的贷款模式。从两种模式的效果对比来看，内生性的贷款模式无论从交易成本还是从自我履约上来看，都要优于外生的制度演变模式。因此，地方政府制定模式时，应该首先建立在已有的、民间自发的并与土地金融相关的贷款业务上，其次再考虑外生创建一个新的贷款模式，通过地方政府文件将其“习俗”予以规范化，搭建更加间接合理的交易平台。对建立在外生制度演变上的模式，地方政府首先要综合考虑当地农业经营主体的借贷习惯、对土地的依赖程度，以及当地农村发展特点，设计符合当地农户借贷偏好的抵押贷款模式。一般而言，当地农业经营主体有借贷经历，且对土地依赖程度越低，则地方政府开展土地承包经营权抵押贷款的意义愈突出。当地农村的发展特点亦影响着贷款模式的设计，在农地公有制基础下，没有单一使用土地产权作为交易标的物，故结合当地农村发展特点设计出与土地产权相结合的贷款模式是现阶段地方政府的重点所在。综上所述，在较封闭的、熟人社会关系较强烈的地区，建议政府设计“土地产权 + 关系”的抵押贷款模式；在市场经济较发达、非人格化特征较强的地区，建议政府设计“土地产权 + 市场链接”的贷款模式；在关系社会与市场经济之间过渡的地区，建议设计“土地产权 + 担保”的贷款模式。其中，“关系”“市场链接”“担保”均需选择当地具有强声誉的载体，借助已有的载体进行抵押物组合。

第三，在贷款模式实施时，地方政府要关注模式的动态变化性。一方面，模式设计与实施之间存在着一定的差异性，因此地方政府根据模式实施效果的反馈，适时调整最初的模式设定；另一方面，地方政府应积极跟进模式的效果评估，动态地调整不适宜的流程，以达到模式与环境动态的一致。

（二）鼓励农村土地承包经营权抵押贷款多组合共存

建议地方政府设立土地承包经营权抵押贷款多组合共存。多组合共存体现在以下三个方面：

第一，土地承包经营权抵押物与其他抵押物的多组合模式。从试点区的模式实施效果来看，土地产权抵押物与其他抵押物组合的贷款模式会排除部分受益群体，即模式覆盖面不完整。如宁夏同心县的“土地产权 + 关系”组合的受益群体为“关系圈”内的成员，而排除了关系圈外的农业经营主体；嘉兴南湖区的“土地产权 + 市场链接”的受益群体为土地流转市场上的农业经营主体，而排除了没有流转土地的农业经营主体；贵州凤冈县的“土地产权 + 担保”模式排除了担保机构不认可的农业经营主体，即农户。由此可见，单一模式会影响抵押贷款的覆盖效果。因此，建议当地政府开展土地承包经营权抵押贷款时，允许多模式共存，一方面可以扩大贷款的覆盖面，尽量实现受益的整体性，另一方面多模式共存会增加模式之间的竞争，从而促进模式的自我完善。

第二，土地承包经营权抵押贷款与其他贷款产品组合。土地融资主要是为了解决现代农业投资难问题，而投资具有连续性和周期性，因此单一的资金贷款并不能完全解决现代农业的投资问题。但土地承包经营权抵押贷款从运行效果来看，却呈现出额度低、周期短，且一旦第一笔贷款未及时偿还则无法再受益的特点。这往往会产生农业经营主体后期资金不足而运营终止、突遇自然灾害而前功尽弃等现象。基于此，建议地方政府鼓励金融机构将“信用贷款”、“土地承包经营权抵押贷款”和“创业贷款”等金融产品进行多种组合，解决土地抵押贷款金额低、周期短的问题。

第三，地方三农补贴与土地抵押贷款组合。要解决现代农业持续性投资问题，充分实现土地承包经营权抵押贷款的效果，需要引入非营利性机构进行持续的农业投资。可借鉴“二战”后美国与德国的“发展幼稚工业论”，将地方政府的三农补贴与土地承包经营权抵押贷款结合，解决土地承包经营权抵押贷款持续性投资不足的问题。由地方政府和金融机构共同对现代农业的投资项目进行评估，对有发展潜力的现代农业项目进行补贴与贷款支持，建议补贴时间为 5 年，补贴的时间以发放贷款后的中后期投资为主，补贴的方式包括对贷款主体的现金补贴和对金融机构土地承包经营权抵押贷款的利率补贴。

（三）创新土地承包经营权抵押贷款模式

现阶段我国的土地承包经营权抵押贷款模式仍处于初级阶段，一方面土地承包经营权无法作为独立完整的抵押物进行贷款，另一方面土地的贷款价值仍仅限于生产要素价值，无法发挥其资本价值。随着土地承包经营权抵押贷款制度的推进及农村金融市场化程度加深，各地方政府应未雨绸缪进行土地承包经营权抵押贷款模式的创新，充分发挥土地融资的效果，并结合国外的土地融资贷款模式，设计更高层次的土地承包经营权抵押贷款模式，如图 6－1 所示。

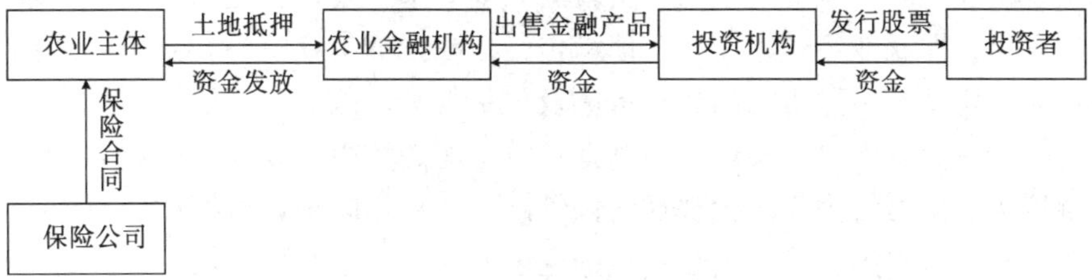

图 6－1　土地承包经营权抵押贷款证券化模式设计

在图6-1中，土地承包经营权抵押贷款证券化是土地承包经营权抵押贷款的高级阶段。当国家法律法规赋予农业经营主体土地产权抵押贷款合法性后，农业经营主体与保险公司签订保险合同再直接将土地产权抵押给金融机构，金融机构根据抵押土地的市场价值发放贷款资金，其中抵押土地的市场价值由股票市场来衡量。金融机构将抵押土地以产品形式出售给投资机构，投资机构评估市场价值后以股票形式在二级市场上向大众投资者出售，出售价格可反映土地资本的价值。该模式下，通过投资者对土地的价值评估来实现土地的资本价值。然而该模式的实现需要具备两个基本条件：一个是法律允许土地抵押及交易的合法化，另一个是高程度的金融市场化。因此，在未完全实现金融市场化之前，建议政府介入来完成过渡阶段，如图6-2所示。

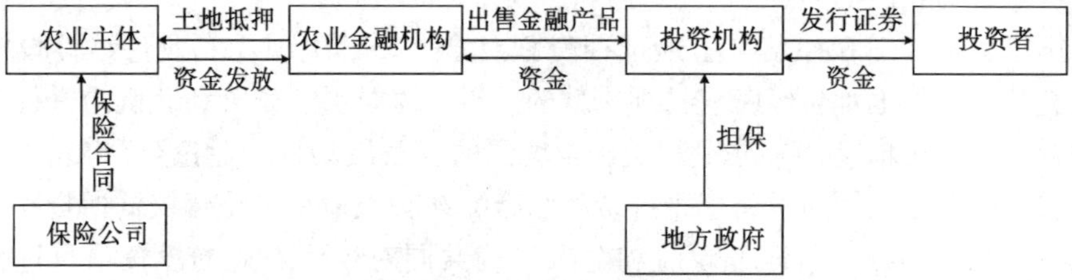

图6-2 土地承包经营权抵押贷款过渡模式设计

如图6-2所示，在金融市场还不发达的情况下，由地方政府以担保形式介入投资机构的土地证券化，以证券化替代股票化形式进行大众销售，获取抵押土地的资本价格。证券化的土地承包经营权抵押贷款会增加土地产权的流动性，扩大投资者的范围，即从原有农村居民对抵押土地要素价格的投资扩大到城市居民对土地资本价值的投资，增加对土地产权抵押贷款的资金支持，进一步实现资金在城市与农村之间的流动。

三、促供给侧改革，扩金融普惠度

从现阶段土地承包经营权抵押贷款的实施效果来看，多地均出现了需求大于供给的现象，即农业经营主体在土地承包经营权抵押贷款的参与意愿、抵押贷款申请行为，均高于金融机构的放贷意愿及放贷行为。因此，现阶段要提升土地承包经营权抵押贷款效果，实现土地抵押贷款市场的均衡，政府应通过多种途径刺激金融机构的供给行为，减少现存的供给缺口。从影响金融机构放贷意愿及放贷行为的因素分析可知，导致供给不足的主要原因有以下几点：第一，土地承包经营权抵押贷款的合法性和必要性影响金融机构的放贷意愿；第二，土地承包经营权抵押贷款的风险直接影响金融机构的放贷行为，其风险主要表现为土地产权的稳定性及违约后土地的处置风险等，具体体现在不同市场环境下金融机构放贷行为的差异及对贷款对象的选择上；第三，金融机构的放贷行为与地方政府的支持程度相关，一方面说明政策支持有利于金融机构开展并创新业务，另一方面也证实了金融机构现阶段更多表现出“响应政府号召，树立良好形象的象征性行为”（陈郁，2014）[①]。基于上述研究结论，本研究提出以下建议，以刺激金融机构增加贷款供给。

（一）积极引进金融竞争，增加金融机构供给行为

根据经济学原理，增加供给机构数量是提高供给产品数量最直接的方法。从实地调研来看，现阶段农村信用社是土地承包经营权抵押贷款的主要金融供给机构，四大银行与地方性银行亦有少量参与，外资银行由于地方政府的政策限制几乎没有涉足，但参与土地承包经营权抵押贷款的意愿却很高。基于此，本章建议地方政府放开农村金融市场，积极引进金融竞争，增加土地承包经营权抵押贷款的供给数量。

第一，地方政府应转变观念，开放农村金融市场。随着我国加入 WTO，逐步推进利率市场化，政府对金融市场的干预程度降低，农村金融领域的市场化也成为必然之举。部分地方政府限制外资金融机构介入，提高准入门槛，如贵州省凤冈县基于保护主义，认为外资金融机构的介入，会冲击本土金融机构并削弱其市场竞争力。在市场化大趋势下，地方政府应增加本土金融机构的市场竞争力，而不能以限制的方式阻止外资金融机构的进入。同时，从竞争角度而言，竞争能刺激企业创新、减少交易成本，是增加企业能力最有效的途径之一。因此，建议地方政府开放农村金融市场，允许通过竞争方式提高金融机构竞争力，增加农村金融供给。

第二，设置土地承包经营权抵押贷款的安全条款，引入农村金融市场的竞争机制。部分地方政府基于安全考虑，限制外资金融机构的介入。在嘉兴南湖区调研时农业局负责人员谈及，“尽管有不少的外资银行申请开展土地承包经营权抵押贷款业务，但由于外资银行对农村土地的处置方式不可控，可能会给社会带来不稳定性，因此，谨慎对待外资金融机构的介入问题”。鉴于此，建议地方政府设置土地承包经营权抵押贷款安全条款，消除地方政府顾虑，增加土地承包经营权抵押贷款供给。具体安全条款可设定金融机构处置农村土地的方法集，亦可建立统一的土地交易平台，通过终端控制的方法规范外资企业对土地处理的行为。与此同时，地方政府不得对贷款模式、贷款利率、贷款流程进行干预，开放农村金融市场，积极引进农村金融市场竞争，允许不同性质的金融机构参与农村金融

① 陈郁，王兵．农村土地金融的制度与模式研究［M］．北京：中国发展出版社，2014.

市场，并鼓励金融机构对土地承包经营权抵押贷款的业务创新，搭建一个平等竞争的市场环境，有效提高土地承包经营权抵押贷款供给。

（二）加大地方政府对金融机构的支持，增加金融机构供给行为

地方政府的政策导向对金融机构的放贷行为具有一定的影响，因此，加大地方政府对土地承包经营权抵押贷款的支持，有效增加金融机构的放贷行为，可从以下几个方面实现政府支持：

第一，信息、舆论上的支持。从影响金融机构的放贷意愿和放贷行为的因素来看，现阶段金融机构最担心的是土地抵押贷款的合法性和必要性。此外，不同金融机构获取抵押贷款信息的程度不同，且获取信息程度越高的金融机构其放贷意愿越强烈。因此，建议地方政府在信息与舆论上给予金融机构充分的支持，可将国家的政策导向、土地承包经营权抵押贷款从被禁止到允许尝试再到积极鼓励的转变过程、我国土地产权的变迁及稳定性、国内外开展土地抵押贷款的情况等信息，通过正规途径向地方所有金融机构宣传。具体而言，制作金融政策小册子、宣传片或讲座形式进行培训宣传，组织相关金融人员对典型示范地区进行参观学习，让更多金融机构认识到土地承包经营权抵押贷款的必然趋势性和可行性。

第二，贷款政策上的支持。贷款政策上的支持能起到稳定金融机构贷款合法性、减少交易成本的作用。政策支持具体体现在以下几点：首先，配合金融机构设定贷款模式，在一定程度上可设定政府担保；其次，对贷款金融机构所需要的土地抵押合法性给予政策支持，如由地方政府承接贷款者土地产权合法性的证明环节，减少金融机构的审核成本；最后，建议地方政府建立农业项目的评估方法体系，通过数据系统与金融机构实现评估方法、评估结果等的信息共享，从而减少金融机构的评估成本及贷后的道德风险防范成本。

第三，贷款成本上的支持。现阶段，土地交易市场还未完全建立的背景下，金融机构短期内单独放贷的成本较高，因此，建议地方政府在贷款成本上给予金融机构支持，以此减少交易成本，增加金融机构的贷款供给行为。一方面可对金融机构的土地承包经营权抵押贷款进行补贴，如按照放贷效果给予一定的现金支持，将放贷效果分成“放贷但存在违约”、“放贷不存在违约但获贷后农业效果不明显”、“放贷后不存在违约且农业效果明显”三类，每年按照三类标准给予金融机构一定的现金补贴；另一方面可通过利率的补贴达到支持效果，利率自由化决定了金融机构在制定土地承包经营权抵押贷款利率时，需考虑贷款风险及贷款成本，因此，现阶段必然会存在高利率化的现象，如重庆江津区资金互助社按照自由利率标准制定的利率高达12%～15%。但是多数地方金融机构在政府服务与支持三农的倡导下将利率制定在7%左右，远低于

自由市场利率，这也是导致金融机构缩减放贷项目的一个关键原因。因此，地方政府应遵循金融机构的市场运行规律，不要强制金融机构进行利率定价，适当对金融机构进行利率补贴，同时要注意利率补贴的阶段性，即随市场风险降低而逐渐减少。

（三）完善土地交易市场，降低市场风险，增加金融机构供给行为

地方政府应该完善土地交易市场，通过减少市场风险和降低交易成本两种途径增加金融机构的供给行为。因此，地方政府可从以下几个方面来完善土地交易市场：

第一，完善土地确权工作。确权是土地承包经营权抵押贷款的前提，借助地方政府三农工作中的土地确权，完成区域内农户土地确权环节，实现区域农户土地承包经营权抵押贷款的物权证明。在确权工作中，建议结合区域土地承包经营权抵押贷款模式进行，将农户土地的细化产权确权，不仅确集体的所有权，还分别将农户的承包权、经营权、流转权、收益权进行物权化。一方面让农户了解土地的所有权属，另一方面也利于土地资源的细化产权流通和资本化。此外，地方政府可借鉴嘉兴、广州、重庆等地股权化方法，将集体所有权股份化，赋予农户股权化土地的资本化权利。

第二，规范土地承包经营权流转市场。一方面可将流转市场与抵押贷款相链接，形成更稳定的贷款模式，减少金融机构的放贷风险，如嘉兴南湖区模式；另一方面规范的土地流转市场为违约后的土地处置提供便利条件，在成熟的流转市场上处置违约土地，可最大限度地降低交易成本。因此，建议地方政府规范土地承包经营权流转市场，促进流转市场的有效运行。在具体操作中，地方政府做好土地流转的公共服务，建立县—镇—村三级的流转平台，通过流转平台及时更新土地流入、流出信息，制定土地流转的规范文本，规范土地流转行为，尤其是农户与新型农业经营主体的流转行为，发挥村集体作用，对流转后的土地使用实时监控，一旦发现有抛荒、破坏性使用流转土地等行为，即时终止流转合同，防止土地资源状况的进一步恶化。

第三，建立土地产权交易中心。从影响金融机构放贷行为因素的分析中可见，抵押贷款制度和土地交易制度是制约金融机构放贷的主要因素，因此，建议地方政府建立土地产权交易中心，制定可行的交易制度，增加金融机构土地承包经营权抵押贷款供给意愿与行为。地方政府在建立土地产权中心和设计产权中心业务时，可从以下几个方面加以考虑：①土地产权交易中心需是独立的非营利性机构，有独立的人事权与财务权，保证土地产权交易中心的实体运转。在资金来源上，可由地方政府直接拨款，同时对土地产权交易项目按一定比例收取费用。在具体设计上，可建立多级土地产权交易中心，即县—镇—村三级的产权中心；

②就土地承包经营权抵押贷款项目而言，土地产权交易中心主要负责的业务包括：搭建村—镇—县三级的流转平台、出台参考性的土地价格评估方法与价值标准、组织专业人员对土地价值进行评估并出具评估报告、解决违约后土地的处置问题等。其中土地价值的评估需要以独立第三方的资格进行，将每块土地的位置、权属和承包期限均考虑进去，同时必须结合当地市场土地价格的变动，尤其是城镇土地价格的变动，制定出一个既能体现土地生产要素价值又能体现土地资本价值的土地评估体系；③土地产权交易中心承接违约后农地的处置问题，以再流转、拍卖、收储等方式完成违约土地的处置。具体的处理顺序与重点是：由村级主要负责非规模性违约土地的再流转问题，最佳的流转方式是村集体内部流转；由镇级主要负责规模违约土地的再流转问题，通过招商引资等方法对规模违约的土地进行再流转，以此培育新型农业经营主体及推进区域的现代农业发展；由县级主要负责违约土地的拍卖与收储，产权中心定期举行土地使用权拍卖大会，以竞价的方式让有经营能力的农户获取使用权，收回资金以偿还债务。对于多次流拍的土地，产权中心将其交付给地方土地收储中心收储，经过土地整治、农田建设等提高土地生产力，做进一步的土地开发。此外，产权中心保证农地产权回购权，即农业经营主体违约后，根据对自我能力的评估，可向产权中心申请土地产权回购，签署有回购协议的农地直接进入产权的收储环节，待农业经营主体有能力向产权中心缴纳收储费及违约资金后，获得农地的回购权，需强调的是回购期间产权中心应保证农地的耕地质量。具体的土地产权处置方法设计流程如图 6-3 所示。

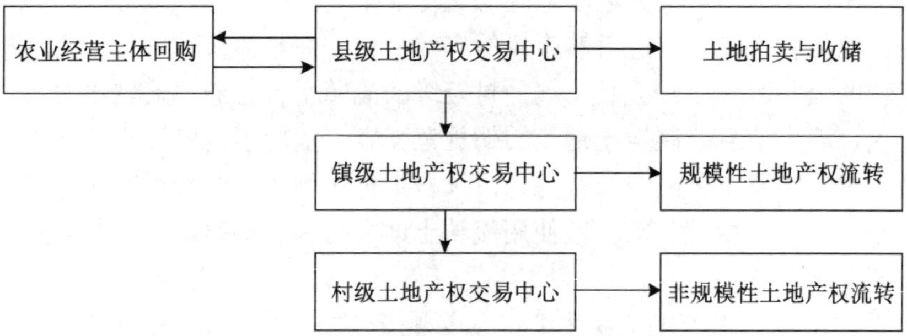

图 6-3 土地产权处置方法设计

（四）保障相关配套制度，降低农业风险，刺激金融机构供给行为

有条件的地方政府，除应完善与土地承包经营权抵押贷款直接相关的政策外，还应保障相关的配套政策，以此有效促进土地承包经营权抵押贷款的开展。配套政策包括以下几个方面：

第一，农业信用援助制度。即由地方政府设立用以缓解金融机构出现土地承包经营权抵押贷款风险的制度。一方面，建立土地承包经营权抵押贷款风险基金或补偿基金，当出现土地承包经营权抵押贷款风险时，由地方政府分担金融机构部分风险。如重庆江津区设立的风险基金，当风险出现时，由金融机构向地方政府申请13%的风险补偿基金；另一方面，建立农业信贷救济制度。当发放土地承包经营权抵押贷款的金融机构出现短期性的流动性危机时，且地方产权中心还不能直接承接违约土地处置问题时，由地方政府直接出资购买抵押土地，提供信贷救济帮助。如贵州凤冈县的救济制度，当违约土地无法处置时，由地方政府设立的国有投资公司直接购买违约土地，降低金融机构的风险。

第二，农业保险制度。农业保险可减少农业生产风险、降低金融机构的风险防范成本，达到刺激金融机构供给行为的目的。因此，建议各地方政府推动农业保险发展，建立多模式的农业保险，如商业性农业保险、政策性农业保险及社会互助保险模式。与土地承包经营权抵押贷款相关的农业保险主要有两类：一类是农业自然风险保险，即对自然所引起的农业生产风险进行防范，缓解农业主要风险。建议以商业性和社会互助保险模式对农业自然风险承保，以政策性农业保险对农业巨灾进行承保，由国家政府以补贴形式降低农户的保费。另一类是农户自身能力风险，由于意外或其他事宜致使农户丧失劳动力时，可获取保费补偿土地承包经营权抵押贷款资金，如宁夏同心县的人身意外险，该类保险可直接与商业保险模式链接。

第三，金融机构再融资制度。随着土地承包经营权抵押贷款法律制度的完善，以及市场建设的成熟，金融机构的再融资制度能有效增加土地价值的流动性、增加金融机构的供给行为。金融机构土地承包经营权抵押再融资可以通过以下两种途径达到：一方面，对抵押产权背书，即通过向其他金融机构或产权中心进行抵押产权的背书来获取流动性资金；另一方面，将抵押的土地产权向投资机构销售，由投资机构将土地产权进行产品设计，以股票或政府担保支持的证券形式向投资者销售，获取抵押土地的资产价值。

四、释放潜在需求，提高贷款效果

（一）加大土地承包经营权抵押贷款宣传，减少农业经营主体需求抑制

从土地承包经营权抵押贷款实施效果来看，依然存在大量农业经营主体因为信息不对称而导致土地承包经营权抵押贷款的需求被抑制的现象。具体表现为大量农业经营主体尤其是农户不知道土地承包经营权抵押贷款政策，倘若知晓，多数会对此政策加以利用。因此，加大政府对土地承包经营权抵押贷款的宣传，对释放农业经营主体潜在的资金需求显得至关重要。

第一，宣传内容的制定。①土地承包经营权抵押贷款的政策允许与鼓励性。在调研中询问到“你认为国家会不会允许土地承包经营权抵押贷款?”问项，58%的农户、26%的新型农业经营主体认为国家不允许，原因在于土地是集体所有。因此，国家及地方政府在政策宣传时，需首先说明土地承包经营权抵押贷款的政策鼓励性，消除农业经营主体“不合国家规定”的顾虑；②土地承包经营权抵押贷款的目的和意义。在宣传中简明扼要地说明国家及地方政府开展土地承包经营权抵押贷款的目的和意义，不仅能让农业经营主体正确运用该政策，还能让农业经营主体监督地方政府，减少地方政府的行动偏差；③明晰土地承包经营权抵押贷款的具体流程。农业经营主体，无论是农户还是新型农业经营主体，均不同程度地认为金融机构在放贷时更多考虑的是关系，担心“申请了，也因为没有关系，而得不到贷款”。因此，地方政府在宣传时，应明晰土地承包经营权抵押贷款的规则，如抵押物、放贷对象、抵押贷款流程、抵押贷款费用、抵押贷款的限制性条件等，释放符合贷款条件的但有贷款顾虑的农业经营主体的需求；④土地抵押物的违约处理。土地是农业经营主体尤其是农户的命根子，在以家庭养老为主的中国，土地依然承担着社会保障养老的功能，因此，违约土地的处置对农业经营主体贷款行为产生直接的影响。在土地抵押物违约处理中，需注意对农业经营主体赎回权的宣传。在信息对称的情况下，农业经营主体会对预期贷款收益及预期违约后果进行评估，最终作出理性贷款与否的决定。

第二，宣传途径的选择。从现有的实施效果来看，从正规渠道获取信息的农业经营主体的抵押贷款意愿及行为更加积极，因此应以正规渠道宣传为主，非正规渠道宣传为辅。其中正规渠道的宣传包括电视、报刊、书籍、村集体开会宣传等，非正规渠道宣传包括熟人圈里面的信息传播。同时地方政府可将规范后的土地承包经营权内容制作成宣传片在村里循环播放，并制作成简单明了的小册子逐家发放，定期在村会议上进行宣传，偏远山区可利用墙体广告和标语进行宣传。此外，在宣传中要特别重视村干部及示范性的作用。村干部往往是一个村信息的中心，所以应充分发挥村干部的辐射作用。在调研中发现，村干部自身普遍对土地承包经营权抵押贷款的认知度颇高，但村干部也可能由于主观认为不可行或者没有必要，而未对村民进行宣传，从而造成信息的断层。因此，在宣传时应降低村干部主观判别导致的信息阻碍，创造村民自我判别的完全信息化环境。就示范性作用而言，在农村较为封闭的社会环境中，最容易通过非正规信息传递渠道产生效果。因此，地方政府及村委会应树立典型的土地承包经营权抵押贷款的成功案例，以现身说法的方式传递真实的抵押贷款信息。

第三，宣传机构的作用。在调研中发现，大部分开展土地承包经营权抵押贷款的金融机构，并没有将该项业务作为一项产品进行宣传，往往是有需要的农业经营主体来柜台咨询才加以告之。因此，需要充分发挥金融机构的宣传作用。一方面，金融机构的宣传更具针对性，其面临的对象都是进入金融机构有资金需求的主体，瞄准性更强；另一方面，金融机构的宣传更具操作性，金融机构将土地承包经营权抵押贷款设计成一种信贷产品进行宣传，更具有直接操作性，如可以将其设计成一种产品介绍，印刷成小册子以供来往的人进行翻阅，也可通过工作人员对前往金融机构咨询的人员或办理其他业务的人员进行介绍等。

（二）营造合宜的贷款环境，提高农业经营主体土地承包经营权抵押贷款的可得性

从影响农业经营主体贷款可得性的因素分析可知，贷款利率、替代利率、受教育程度、土地面积、对土地承包经营权抵押贷款的认知等是影响农业经营主体贷款意愿的主要因素；从影响农业经营主体贷款行为的要素来看，态度、主观规范、行为控制及贷款意愿均不同程度地影响农业经营主体的实际贷款行为。基于此，从以下几个方面改善土地承包经营权抵押贷款环境，来提高农业经营主体的贷款可得性。

第一，提高农业经营主体对土地承包经营权抵押贷款的正确认识，前提是需要土地承包经营权抵押贷款信息对称及正确的判断能力。因此，地方政府一方面可通过宣传让农业经营主体获取充分且正确的贷款信息，另一方面可对我国土地产权的归属、农业经营主体所拥有且可利用的产权范围进行清晰表达，有利于农业经营主体对土地及土地承包经营权抵押贷款形成正确的认识。当然，农业经营主体对土地承包经营权抵押贷款的态度，既取决于对此的认识，又取决于对使用土地承包经营权抵押贷款的预期效果的判断。稳定的政策、市场环境是形成稳定预期效果的关键因素，因此地方政府建立一个稳定可预期的政策与市场环境是非常必要的。此外，通过示范效应也能增加农业经营主体的预期判别，地方政府对贷款成功与失败的案例均应加以重视，并在农业经营主体之间进行经验提炼与教训总结，提高预期判断力。在充分认识与稳定预期判断的前提下，农业经营主体会形成较为稳定的态度，可提高农业经营主体对土地承包经营权抵押贷款的可得性。

第二，各地方政府应推进利率市场化进程，重视贷款利率对农业经营主体可得性的影响。土地承包经营权抵押贷款利率反向影响农业经营主体贷款意愿，替代利率正向影响农业经营主体贷款意愿，结论表明地方政府在推动土地承包经营权抵押贷款时，要关注农业经营主体对利率的敏感性。根据国内外金融经验，利率是抵押担保的减函数（Bester，1985）①，即在金融市场化的背景下，有抵押担

---

① Bester H. Screening vs. rationing in credit markets with imperfect information [J]. The American Economic Review, 1985, 75 (4): 850-855.

保的土地承包经营权抵押贷款的利率应该要低于没有抵押贷款的其他产品利率。因此，各地方政府应推动利率市场化，由金融机构根据市场规律并结合当地农地价值评估制定符合市场规律的利率水平。此外，应增加农业贷款产品，丰富农户贷款选择。随着农村家庭收入水平的提高，农村生产投资性贷款增加，一方面政府应该将农业贷款逐渐从救助性、帮扶性贷款转向经济性贷款；另一方面逐步开放农村金融市场，农户会最优化地理性选择最适合的贷款途径。

第三，通过营造合宜的贷款环境，搭建农业经营主体贷款意愿与贷款行为之间的有效桥梁。①减少外部对土地承包经营权抵押贷款行为的舆论压力，为土地抵押贷款的开展创造良好的社会环境。舆论压力与各区域看待贷款的观念有关，在宁夏同心县，农户认为贷款是一种缓解资金压力的正常经济行为，因此该地的土地承包经营权抵押贷款的利用率最高，其可得性的效果也最好。相对于农户而言，新型农业经营主体看待贷款的态度更加开放，贷款是经营主体投资的一种不可或缺的来源，因此，新型农业经营主体的贷款利用率也高于一般农户。但是在贵州凤冈县部分农户认为，贷款代表着家里贫穷，会让自己背上“沉重的经济包袱，还款心理压力过大”，这种观念会造成“不到万不得已绝不贷款”的行为决策，导致土地承包经营权抵押贷款提高农业生产效率的真正目的丧失，而转为“救济”的目的。基于此，建议地方政府营造一种中立的贷款环境，树立农业经营主体正确的贷款观念，只有建立在贷款成本与预期效益基础上的判别，才能得出贷款好与否的结论；②增加农业经营主体对土地抵押贷款的主观控制力。主观控制力即农业经营主体对还款能力的评估，稳定的政策环境与市场环境是增强农业经营主体主观控制力的一种途径。此外，地方政府还可通过技术支持、市场信息平台建设增强农业经营主体经营能力，鼓励农业经营主体采用多种营销方式，比如期货、订单农业等减少农业风险，增强主观控制力；③营造平等透明的贷款环境，将意愿形成有效贷款行为。建议将金融机构贷款流程透明化，打开贷款黑箱，减少农业经营主体认为贷款存在“潜规则”的顾虑。一方面，可通过网络将申请、审核、评估等贷款全过程数字化，让贷款者清晰了解贷款的整个流程及流程中的审核、评估原理；另一方面，建议金融机构设立反馈机制，搭建贷款农户的申诉平台，保障贷款双方完全的信息交流。

（三）提高农业经营主体生产经营能力，增加土地承包经营权抵押贷款福利性

提高农业经营主体土地承包经营权抵押贷款的福利，实现土地承包经营权抵押贷款效果最大化，其本质是增强获贷农业经营主体的生产经营能力。一方面，生产经营能力越强的农业经营主体，其要素的配置效率越高，则贷款福利效果越好；另一方面，抵押贷款使用效果越好，则越能增加借贷人的生产经营能力，提高农业生产效率，从而实现现代农业的政策目标。因此，在这个良性循环中，提

高农业经营主体的经营能力是关键所在。

第一，地方政府加大区域农业经营主体的教育投资力度，提高农民人力资本。舒尔茨在《改造传统农业》中旗帜鲜明地指出，人力资本是传统农业到现代农业转变的必要投入的生产要素，人力资本新要素的增加能够提高新要素的配置，实现农业的高效率产出①。贝克尔也论证了人力资本与收入、生产效率之间的关系，证明了人力资本的重要性。因此，在我国推进现代农业的进程中，加大农业经营主体人力资本的培育是提高产出效率的关键。具体可从以下几个方面提高农业经营主体的人力资本：第一，加大教育投资力度，提高受教育水平。一方面，加大正规教育力度，可通过扩大义务教育范围，保证农村受教育质量，赋予外来务工子女同等受教育权利，提高下一代农业经营主体的人力资本。另一方面，通过培训、技术推广等方法，提高农业经营主体的人力资本。地方政府定期开展农民技术培训，与高校实施产学联盟，将高校理论与农业市场有效对接，实现农业经营主体理论与实践的一体化。此外，地方政府应逐步完善现有的农业推广体系，向农户推广国际国内最新的技术，尤其是具有生态环保意义的农业项目，提高农业经营主体的前瞻性及高技术性。

第二，搭建农业经营主体、市场之间的交流平台，增强农业经营主体的社会资本。社会资本是主体捕捉及利用机遇的能力，是提高农业经营主体经营能力的重要因素。建议地方政府搭建农业经营主体之间、经营主体与市场之间的交流平台，增强农业经营主体的社会资本，以此提高农业经营主体的经营能力。社会资本的提高可以从以下两个方面进行：①组织社会团体，提高信息交流能力。可通过合作社、农民企业家联盟等形式，定期使农业经营主体进行经验交流与信息传播，不仅可以提高与市场的链接度，也能增强农业经营主体与大市场的谈判能力；②提高农业经营主体对市场与政策的信任程度。格兰诺维特（2007）② 将社会资本分成社会组织、信任及关系三维度，其中信任是其他两维度的基础，只有建立在信任基础上的社会资本才能发挥其功效。因此，地方政府应给农业经营主体营造一个可信任的政策与市场环境，保障其社会资本的功效发挥，而稳定的政策是营造信任环境的关键。

第三，增加土地承包经营权抵押贷款的农户覆盖面。从效果来看，除宁夏同心县需求供给推动型抵押贷款模式下，土地承包经营权抵押贷款能覆盖农户外，其他调研地区的实践均表明，土地承包经营权抵押贷款的主要受益对象是新型农业经营主体，而农户鲜有涉及。从短期来看，这种目标上移的贷款政策是探索阶段的必然，也是金融机构在短期内改革的必然尝试，但是随着贷款制度的完善及

---

① 舒尔茨．改造传统农业［M］．上海：商务印书馆，2009.

② 格兰诺维特．社会网与经济行动［M］．北京：社会科学文献出版社，2007.

市场的建立，必然要求扩大土地承包经营权抵押贷款的覆盖面。①在短期内，借鉴宁夏同心县的贷款模式，将金融机构最担心的土地处理风险通过村集体、农户联合自行处理，而不依赖市场，从而降低金融机构放贷给农户的风险，提高农户的受益覆盖面。长期而言，应逐步建立健全法律制度，完善土地产权交易市场，减少金融机构的放贷风险，扩大土地承包经营权抵押贷款的覆盖受益面；②地方政府应鼓励金融机构产品创新，通过对现有农业信贷产品的组合，设计覆盖千万农户的土地承包经营权抵押贷款产品；③实现贷款模式的自我履约设计，增加农户所在意的声誉机制，从源头上减少土地承包经营权抵押贷款的风险，以此扩大土地承包经营权抵押贷款的覆盖面。

参考文献

一、中文文献

[1] 曾庆芬. 合约视角下农地抵押融资的困境与出路 [J]. 中央财经大学学报，2014，1：007.

[2] 程郁，韩俊，罗丹. 供给配给与需求压抑交互影响下的正规信贷约束：来自1874户农户金融需求行为考察 [J]. 世界经济，2009（5）：73-82.

[3] 程郁，张云华，王宾. 农村土地产权抵质押：理论争论，现实困境和改革路径 [J]. 金融监管研究，2014（10）：10-27.

[4] 褚保金，卢亚娟，张龙耀. 信贷配给下农户借贷的福利效果分析 [J]. 中国农村经济，2009（6）：51-61.

[5] 丁志国，赵晶. 农村金融有效促进了我国农村经济发展 [J]. 农业经济问题，2014（3）：111-115.

[6] 段文婷，江光荣. 计划行为理论述评 [J]. 心理科学进展，2008，16（2）：315-320.

[7] 葛永波. 企业融资行为及其影响因素 [J]. 金融研究，2008（5）：151-162.

[8] 郭红东，陈敏，韩树春. 农民专业合作社正规信贷可得性及其影响因素分析——基于浙江省农民专业合作社的调查 [J]. 中国农村经济，2011（7）：25-33.

[9] 韩俊，罗丹. 中国农村金融调查 [J]. 北京：中国金融出版社，2007.

[10] 何广文. 从农村居民资金借贷行为看农村金融抑制与金融深化 [J]. 中国农村经济，1999（10）：42-48.

[11] 何广文. 中国农村经济金融转型与金融机构多元化 [J]. 中国农村观察，2004，2：12-21.

[12] 何问陶，蒋海. 农村信用社产权制度改革与组织制度选择 [J]. 金融研究，2000（11）：78-83.

[13] 洪名勇，龚丽娟. 三资转换与农地产权制度改革——基于贵州凤冈县

改革的调查与思考［J］．农村经济，2015（2）：21-29.

［14］黄惠春，祁艳，程兰．农村土地承包经营权抵押贷款与农户信贷可得性——基于组群配对的实证分析［J］．经济评论，2015（3）：72-83.

［15］黄祖辉，刘西川，程恩江．贫困地区农户正规信贷市场低参与程度的经验解释［J］．经济研究，2009，4：116-128.

［16］黄祖辉，张静．交易费用与农户契约选择——来自浙冀两省15县30个村梨农调查的经验证据［J］．管理世界，2008（9）：76-81.

［17］惠献波．农村土地经营权抵押贷款制度运行效率评价——基于DEA模型的估计［J］．浙江金融，2014（7）：49-53.

［18］姜新旺．农地金融制度应该缓行——对构建我国农地金融制度的思考［J］．农业经济问题，2007（6）：11-14.

［19］靳聿轩，张雷刚．农户农地抵押融资方式选择行为影响因素分析——以山东临沂、枣庄、莱芜为例［J］．经济与管理研究，2012（7）：75-83.

［20］孔荣，罗剑朝．信任，利率与农村金融市场竞合关系——中国农村小额信贷市场的理论模型［J］．农业技术经济，2007（5）：4-9.

［21］孔哲礼，李兴中．农户小额信贷与农村金融机构可持续发展关系研究［J］．经济问题，2014（12）：111-117.

［22］李超．农户土地使用权抵押意愿与模式优化［D］．北京：中国农业大学，2014.

［23］李东进，吴波，武瑞娟．中国消费者购买意愿模型——对Fishbein合理行为模型的修正［J］．管理世界，2009（1）：121-129.

［24］李孔岳．农地专用性资产与交易的不确定性对农地流转交易费用的影响［J］．管理世界，2009（3）：92-98.

［25］李璞玉．农民专业合作社的融资难题及其对策［J］．农村经济，2013，5：117-120.

［26］李庆海，李锐，汪三贵．农户信贷配给及其福利损失——基于面板数据的分析［J］．数量经济技术经济研究，2012，8：35-48.

［27］李锐，朱喜．农户金融抑制及其福利损失的计量分析［J］．经济研究，2007，2（3）：146-155.

［28］李韬，罗剑朝．农户土地承包经营权抵押贷款的行为响应——基于Poisson Hurdle模型的微观经验考察［J］．管理世界，2015（7）：54-70.

［29］李伟伟，张云华．土地承包经营权抵押标的及其贷款操作：11省（区，市）个案［J］．改革，2011（12）：76-84.

［30］林乐芬，王军．农村金融机构开展农村土地金融的意愿及其影响因素分析［J］．农业经济问题，2011（12）.

［31］林毅夫，李永军．中小金融机构发展与中小企业融资［J］．经济研究，2001（10）：10－18.

［32］刘会荪，李汉铃，冯兴元．我国农村中小企业融资问题与对策［J］．中国软科学，2005（1）：51－58.

［33］刘西川，陈立辉，杨奇明．农户正规信贷需求与利率：基于 TobitⅢ模型的经验考察［J］．管理世界，2014（3）：75－91.

［34］刘艳华，辉敏敏，李明．农户信贷配给程度的空间异质分析［J］．农业经济问题，2014（7）：52－58.

［35］刘艳华，王家传．中国农村信贷配给效率的实证分析［J］．农业经济问题，2009（5）：23－28.

［36］罗必良，何一鸣．资源特性，行为能力与产权匹配——来自中国农地制度变迁的经验证据（1949—2009）［J］．制度经济学研究．2010（2）：46－72.

［37］罗必良，李尚蒲．农地流转的交易费用：威廉姆森分析范式及广东的证据［J］．农业经济问题，2010（12）：30－40.

［38］罗丞．消费者对安全食品支付意愿的影响因素分析——基于计划行为理论框架［J］．中国农村观察，2010（6）：22－34.

［39］罗剑朝，聂强，张颖慧．博弈与均衡：农地金融制度绩效分析——贵州省湄潭县农地金融制度个案研究与一般政策结论［J］．中国农村观察，2003（3）：43－51.

［40］马九杰，郭宇辉，朱勇．县域中小企业贷款违约行为与信用风险实证分析［J］．管理世界，2004（5）：58－66.

［41］马智利，董瑾等．农村三权抵押贷款运行机制分析与建议——以重庆为例［J］．武汉金融，2014（10）：49－51.

［42］牛荣，张珩，罗剑朝．产权抵押贷款下的农户信贷约束分析［J］．农业经济问题，2016（1）：76－83.

［43］曲小刚，池建宇，罗剑朝．正规借贷与民间借贷对农户生产的影响［J］．农业技术经济，2013（9）：011.

［44］史清华，陈凯．欠发达地区农民借贷行为的实证分析——山西 745 户农民家庭的借贷行为的调查［J］．农业经济问题，2002（10）：29－35.

［45］史卫民．农地抵押贷款模式的比较考察与我国的路径选择［J］．现代经济探讨，2010（9）：40－43.

［46］田秀娟．我国农村中小企业融资渠道选择的实证研究［J］．金融研究，2009（7）：146－160.

［47］童馨乐，杜婷，徐菲菲等．需求视角下农户借贷行为分析——以六省

农户调查数据为例［J］．农业经济问题，2015（9）：89－96.

［48］汪险生，郭忠兴．农地承包经营权抵押贷款：两权分离及运行机理——基于对江苏新沂市与宁夏同心县的考察［J］．经济学家，2014（3）：49－60.

［49］王定祥，田庆刚，李伶俐等．贫困型农户信贷需求与信贷行为实证研究［J］．金融研究，2011（5）：124－138.

［50］王平，邱道持，李广东．农村土地抵押贷款发展浅析——以重庆市开县为例［J］．西南大学学报，2011（3）：90－95.

［51］王文献，董思杰．农民专业合作社融资难问题的形成及原因分析［J］．农村经济，2008（12）：75－77.

［52］王向楠．农业贷款，农业保险对农业产出的影响［J］．中国农村经济，2011（10）：44－51.

［53］王兴稳，纪月清．农地产权，农地价值与农地抵押融资——基于农村信贷员的调查研究［J］．南京农业大学学报：社会科学版，2007（4）：71－75.

［54］王修华，刘灿，金洁．地方政府融资平台风险测算与规范发展研究［J］．财经理论与实践，2011（2）：25－29.

［55］伍振军，张云华，孔祥智．交易费用，政府行为和模式比较：中国土地承包经营权流转实证研究［J］．中国软科学，2011（4）：175－183.

［56］肖轶，魏朝富，尹珂．农户农村“三权”抵押贷款需求意愿及影响因素分析——基于重庆市22个县（区）1141户农户的调查数据［J］．中国农村经济，2012（9）：88－96.

［57］徐婷婷．农村土地承包经营权抵押融资的实践及启示——基于宁夏两种典型模式的研究［J］．青海金融，2013（9）：51－54.

［58］杨家才．农户小额信用贷款实证研究［J］．金融研究，2003（3）：86－97.

［59］杨婷怡，罗剑朝．农户参与农村产权抵押融资意愿及其影响因素实证分析——以陕西高陵县和宁夏同心县919个样本农户为例［J］．中国农村经济，2014（4）：51－54.

［60］杨婷怡，罗剑朝．农户参与农村产权抵押融资意愿及其影响因素实证分析——以陕西高陵县和宁夏同心县919个样本农户为例［J］．中国农村经济，2014，4：42－57.

［61］尹学群，李心丹，陈庭强．农户信贷对农村经济增长和农村居民消费的影响［J］．农业经济问题，2011（5）：21－27.

［62］于丽红，陈晋丽．农村土地承包经营权抵押贷款的经营与启示；昌图县案例［J］．农村经济，2014（4）：83－86.

［63］张兵，许国玉．江苏省农村信贷资金配置效率［J］．中国农村经济，2007（6）：54－61.

［64］张高亮，张璐璐，邱咸等．基于计划行为理论的渔民参与专业合作组织行为的产生机理［J］．农业经济问题，2015（8）：97－104.

［65］张红宇．关于深化农村改革的四个问题［J］．农业经济问题，2016（7）：4－11.

［66］张杰．解读中国农贷制度［J］．金融研究，2004，2（004）.

［67］张立．土地承包经营权抵押制度障碍与重构［D］．成都：西南财经大学，2012.

［68］张龙耀，王梦珺，刘俊杰．农民土地承包经营权抵押融资改革分析［J］．农业经济问题，2015（2）：70－78.

［69］张龙耀，杨军．农地抵押和农户信贷可获得性研究［J］．经济学动态，2011（11）：60－64.

［70］张宁，张兵，周明栋．利率对农村家庭贷款决策的影响——基于带删失的probit模型及Tobit模型的实证分析［J］．南京农业大学学报（社会科学版），2013（5）；79－86.

［71］张文秀，李冬梅，邢姝媛等．农户土地流转行为的影响因素分析［J］．重庆大学学报：社会科学版，2005（1）：14－17.

［72］张迎春，吕厚磊，肖小明．农村产权确权颁证后融资困境解决了吗——以成都市为例［J］．农村经济，2012（5）：74－77.

［73］赵建欣，张忠根．基于计划行为理论的农户安全农产品供给机理探析［J］．财贸研究，2007（6）：40－45.

［74］赵学军．华北农户借贷渠道变迁之管窥——基于“无锡保定农村调查”系列资料（1930—2010）的分析［J］．中国经济史研究，2013（004）：128－139.

［75］赵振宇．基于不同经营主体的农地承包经营权抵押问题研究［J］．管理世界，2014（6）：174－175.

［76］周月书，杨军．农村中小企业融资障碍因素分析——来自江苏吴江和常熟的问卷调查［J］．中国农村经济，2009（7）：77－85.

［77］朱喜，李子奈．改革以来我国农村信贷的效率分析［J］．管理世界，2006（7）：68－76.

二、中文书目

［1］阿罗．信息经济学［M］．北京：北京经济学院出版社，1989.

［2］埃克哈特·施里特．习俗与经济［M］．秦海等（译），长春：长春出

版社，2005.

[3] 奥利弗·E. 威廉姆森．资本主义经济制度［M］．北京：商务印书馆，2002.

[4] 奥利弗·E. 威廉姆森．资本主义经济制度［M］．北京：商务印书馆，2002.

[5] 巴泽尔．产权的经济分析［M］．上海：三联出版社，1997.

[6] 贝克尔．人类行为的经济分析［M］．王业宇（译），上海：格致出版社，1992.

[7] 贝克尔．人力资本［M］．北京：北京大学出版社，1987.

[8] 陈郁，王兵．农村土地金融的制度与模式研究［M］．北京：中国发展出版社，2014.

[9] 道格拉斯·C. 诺思．制度，制度变迁与经济绩效［M］．上海：上海三联出版社，1994.

[10] 费孝通．乡土中国［M］．北京：北京大学出版社，2005.

[11] 冯友兰，赵复三．中国哲学简史［M］．北京：北京大学出版社，1985.

[12] 格兰诺维特，社会网与经济行动［M］．北京：社会科学文献出版社，2007.

[13] 郭红东．农业龙头企业与农户订单安排及履约机制研究［M］．北京：中国农业出版社，2005.

[14] 哈罗德·德姆塞茨．关于产权的理论［M］．北京：北京大学出版社，2003.

[15] 何广文．中国农村金融发展与制度变迁［M］．北京：中国财政经济出版社，2005.

[16] 赫尔曼等．人类交换规律与人类行为准则的发展［M］．北京：商务印书馆，2000.

[17] 黄宗智．长江三角洲小农家庭与乡村发展［M］．北京：中华书局，2000.

[18] 康芒斯．制度经济学［M］．上海：商务印书馆，2009.

[19] 科斯，哈特，斯蒂格利茨等（著）．契约经济学［M］．李风圣（译）．北京：经济科学出版社，1999.

[20] 李勇坚．三农互联网金融蓝皮书［M］．北京：社会科学文献出版社，2016.

[21] 梁漱溟．中国文化要义［M］．香港：三联书店有限公司，1987.

[22] 林毅夫．关于制度变迁的经济学理论：诱致性变迁与强制性变迁［M］．

上海：三联书店，1994.

［23］卢现祥，朱巧玲．新制度经济学［M］．北京：北京大学出版社，2007.

［24］罗必良．新制度经济学［M］．山西：山西经济出版社，2005.

［25］罗纳德·科斯．企业的性质［M］．北京：三联出版社，2003.

［26］罗纳德·科斯．社会成本问题［M］．北京：三联出版社，2003.

［27］穆勒．政治经济学原理［M］．北京：商务印书馆，1991.

［28］诺思．经济史中的结构与变迁［M］．上海：三联书店上海分店，1991.

［29］诺思．制度变迁与经济绩效［M］．上海：格致出版社，2008.

［30］舒尔茨．改造传统农业［M］．北京：商务印书馆，2006.

［31］西奥多·W. 舒尔茨．论人力资本投资［M］．北京：中国人民大学出版社，2007.

［32］徐烺光．美国人与中国人——两种生活方式的比较［M］．北京：华夏出版社，1989.

［33］亚当·斯密．国民财富的性质和原因的研究［M］．北京：商务印书馆，1974.

［34］杨国枢．中国人的蜕变［M］．北京：中国人民大学出版社，2013.

［35］杨小凯．新古典与新兴古典框架［M］．北京：社会科学文献出版社，2003.

［36］伊利．土地经济学原理［M］．北京：商务印书馆，1982.

［37］张五常．佃农理论［M］．北京：中信出版社，2010.

［38］中国人民银行农户借贷情况问卷调查分析小组．农户借贷情况问卷调查分析报告［M］．北京：经济科学出版社，2009.

［39］朱道华．农业经济学［M］．北京：中国农业出版社，2002.

三、外文文献

［1］Ajzen I，Madden T J. Prediction of goal - directed behavior：Attitudes，intentions，and perceived behavioral control［J］. Journal of experimental social psychology，1986，22（5）：453 - 474.

［2］Ajzen I，Fishbein M. The influence of attitudes on behavior［J］. The handbook of attitudes，2005：221 - 321.

［3］Ajzen I. Nature and operation of attitudes［J］. Annual review of psychology，2001，52（1）：27 - 58.

［4］Ajzen I. The theory of planned behavior［J］. Organizational behavior and human decision processes, 1991, 50 (2): 179 -211.

[5] Armitage C J, Conner M. Efficacy of the theory of planned behaviour: A meta - analytic review [J]. British journal of social psychology, 2001, 40 (4): 471 -499.

[6] Bandura A. Self - efficacy mechanism in human agency [J]. American psychologist, 1982, 37 (2): 122 -136.

[7] Baron R M, Kenny D A. The moderator - mediator variable distinction in socia psychological research: Conceptual, strategic, and statistical considerations [J]. Journal of personality and social psychology, 1986, 51 (6): 1173.

[8] Bester H. Screening vs. rationing in credit markets with imperfect information [J]. The American Economic Review, 1985, 75 (4): 850 -855.

[9] Breckler S J, Wiggins E C. Affect versus evaluation in the structure of attitudes [J]. Journal of Experimental Social Psychology, 1989, 25 (3): 253 -271.

[10] Chan Y S, Kanatas G. Asymmetric valuations and the role of collateral in loan agreements [J]. Journal of money, credit and banking, 1985, 17 (1): 84 -95.

[11] Crites L, Fabrigar, Petty E. Measuring the affective and cognitive properties of attitudes: Conceptual and methodological issues [J]. Personality and Social Psychology Bulletin, 1994, 20 (6): 619 -634.

[12] Conceptual and methodological issues [J]. Personality and Social Psychology Bulletin, 1994, 20 (6): 619 -634.

[13] Dehejia R, Montgomery H, Morduch J. Do interest rates matter? Credit demand in the Dhaka slums [J]. Journal of Development Economics, 2012, 97 (2): 437 -449.

[14] Feder G, Onchan T, Raparla T. Collateral, guaranties and rural credit in developing countries: evidence from Asia [J]. Agricultural Economics, 1988, 2 (3): 231 -245.

[15] Granovetter M. Economic action and social structure: The problem of embeddedness [J]. American journal of sociology, 1985: 481 -510.

[16] Grossman S J, Hart O D. The costs and benefits of ownership: A theory of vertical and lateral integration [J]. The Journal of Political Economy, 1986: 691 -719.

[17] Hagger M S, Chatzisarantis N, Biddle S J H. The influence of self - efficacy and past behaviour on the physical activity intentions of young people [J]. Journal of sports sciences, 2001, 19 (9): 711 -725.

[18] Haugtvedt C. Beyond fact or artifact: An assessment of Fishbein and Middlestadt's perspectives on attitude change processes [J]. Journal of consumer psychology, 1997, 6 (1): 99 -106.

[19] Herzenstein M, Sonenshein S, Dholakia U M. Tell me a good story and I may lend you money: the role of narratives in peer - to - peer lending decisions [J]. Journal of Marketing Research, 2011, 48 (1): 138 -149.

[20] Hodgman D R. Credit risk and credit rationing [J]. The Quarterly Journal of Economics, 1960: 258 -278.

[21] Jaffee D M, Modigliani F. A theory and test of credit rationing [J]. The American Economic Review, 1969, 59 (5): 850 -872.

[22] Judd C M, enny D A. Process analysis estimating mediation in treatment evaluations [J]. Evaluation review, 1981, 5 (5): 602 -619.

[23] Kahneman, D. and A. Tversky. Prospect Theory: An analysis decision under risk [J]. Econometrica, 47 (2), 1979 (2): 402 -516.

[24] Karlan D S, Zinman J. Credit elasticities in less - developed economies: Implications for microfinance [J]. The American Economic Review, 2008: 1040 -1068.

[25] Klein B. Why hold - ups occur: the self - enforcing range of contractual relationship [J]. Economic inquiry, 1996, 34 (3): 444 -463.

[26] Krosnick J A, Petty R E. Attitude strength: An overview [J]. Attitude strength: Antecedents and consequences, 1995, 1: 1 -24.

[27] Lee C, Green R T. Cross - cultural examination of the Fishbein behavioral intentions model [J]. Journal of international business studies, 1991, 22 (2): 289 -305.

[28] Mazé A. Contract Law and the self - enforcing range of contracts in agriculture [J]. General Information, 2005 (4): 28 -39.

[29] Menkhoff L, Neuberger D, Rungruxirivorn O. Collateral and its substitutes in emerging markets' lending [J]. Banking & Finance, 2012, 36 (3): 817 -834.

[30] Millar M G, Tesser A. The effects of affective - cognitive consistency and thought on the attitude - behavior relation [J]. Journal of Experimental Social Psychology, 1989, 25 (2): 189 -202.

[31] Okurut F N, Schoombee A, Berg S. Credit demand and credit rationing in the informal financial sector in uganda1 [J]. South African Journal of Economics, 2005, 73 (3): 482 -497.

[32] Parker D, Manstead A S R, Stradling S G. Extending the theory of

planned behaviour: The role of personal norm [J]. British Journal of Social Psychology, 1995, 34 (2): 127 – 138.

[33] Petty R E, Wegener D T, Fabrigar L R. Attitudes and attitude change [J]. Annual review of psychology, 1997, 48 (1): 609 – 647.

[34] Schwartz A, Scott R E. Contract theory and the limits of contract law [J]. Yale Law Journal, 2003 (2): 541 – 619.

[35] Sparks P, Guthrie C A. Self – identity and the theory of planned behavior: A useful addition or an unhelpful artifice? [J]. Journal of applied social psychology, 1998, 28 (15): 1393 – 1410.

[36] Stiglitz J E, Weiss A. Credit rationing in markets with imperfect information [J]. The American economic review, 1981 (4): 393 – 410.

[37] Telser L G. A theory of self – enforcing agreements [J]. Journal of business, 1980 (12): 27 – 44.

[38] Yau O H M. Chinese cultural values: Their dimensions and marketing implications [J]. European Journal of marketing, 1988, 22 (5): 44 – 57.